붓다의 제자

비구니

붓다의 제자 비구니

초판 1쇄 발행 2016년 6월 30일
초판 4쇄 발행 2018년 11월 30일

지은이 하 춘 생
펴낸이 전 홍 덕
펴낸곳 국제문화재단
출판등록 제300-2016-42호
주소 서울시 종로구 북촌로 42-9
홈페이지 www.icfkorea.com
전화번호 (02)743-2089 팩스 (02)763-1543

ISBN 979-11-958119-0-8 03220(종이책) 979-11-958119-1-5 05220(전자책)

이 도서의 국립중앙도서관 출판예정도서목록(CIP)은 서지정보유통지원시스템 홈페이지(http://seoji.nl.go.kr)와 국가자료공동목록시스템(http://www.nl.go.kr/kolisnet)에서 이용하실 수 있습니다.
(CIP제어번호: CIP2016015333)

붓다의 제자

비구니

하춘생 지음

비구, 비구니 따로 없다. 수행정진만이 있을 뿐!

한국문화의 재발견, 비구니에 대한 역사가 다시 쓰여진다!

ICF 국제문화재단
The International Cultural Foundation

발간사

재단법인 국제문화재단(The International Cultural Foundation)은 한국문화의 올바른 해외 소개와 국제간 문화 교류를 목적으로 1968년 2월에 조직된 민간단체입니다. 따라서 금년은 국제문화새단 설립 48수년이 되는 해입니다.

국제문화재단은 설립자이자 선친인 故전신용 초대이사장께서 1960년대 당시 해외를 방문할 때마다 찾은 명문대학 도서관에서 한국학 관련 서적이 없다는 데 아쉬움을 갖고 설립한 문화재단입니다. 설립목적은 국제간 문화교류를 꾀하되 구체적으로는 한국문화, 특히 그 전통적 모습을 올바르게 해외에 알리고자 하는 것이었습니다.

이후 50년에 이르는 세월 동안 한국문화예술진흥원장과 고려대미국문화연구소장을 역임하신 故여석기 박사, 서울 법대 故서돈각 교수 등 국내 저명한 학자들과 함께 한국문화의 다양성을 주제별로 발간한 것은 국내외 학계에 제대로 알려야겠다는 열의와 노력의 결과라고 할 수 있습니다. 특히 1970년대 한국의 전통문화가 해외에 소개되지 못한 상황에서 이루어진 이 성과는 한국문화의 뿌리 캐기 노력의 일환으로 지금까지 22권에 이르고 있습니다.

초대이사장께서 생존해 계실 때 한국문화 관련 학자를 만날 때마다 '좋은 기획안과 필자'를 찾은 노력은 『한국문학의 해학』·『한국의 선비문화』·『한국의 불교문화』·『한국의 민속문화』 등 '한국문화시리즈' 전체 10권을 발간하는 결과로 나타났으며, 이어 '한국문화시리즈 별권'으로 『한국문화의 諸문제』, 『한국인과 한국문화』의 발간으로 이어졌습니다. 그리고 '한국문화선집시리즈'를 새로 기획하여 『한국문화의 뿌리』·『한국의 무속문화』·『암행어사란 무엇인가』·『한국의 풍수문화』·『한국의 판소리문화』·『한국의 규방문화』·『한국의 아리랑문화』를 연속해서 발간하고, 이를 다시 영문과 일어판으로 출간하여 국내외 도서관을 비롯한 한국학 관련 연구단체에 무료 배포한 것은 값진 성과라고 할 수 있습니다. 특히 이들 출판물은 각각의 주제에 따라 5~6명의 전문가와 함께 1명의 외국인이 필진으로 참여해 한국문화를 객관적 입장에서 보려는 균형감각을 유지했으며, 필진들의 대담 내용을 함께 담아 독자의 이해 폭을 높이려는 노력도 보였습니다.

특히 초대이사장의 마지막 출판물이 됐던 『한국의 아리랑문화』는 현재 한민족 구성원 모두에게 학습·공유·양식화·전승되어 살아있는 실체로 존재하는 우리의 '아리랑문화'를 기획·출간한 것으로 매우 뜻깊은 일이었습니다.

그리고 이제 아버님의 유지를 받들어 2대 이사장에 취임한 본인은 첫 출간 주제로 '한국의 비구니문화'를 선택했습니다. 이는 1974년 5월 국제문화재단이 한국문화시리즈 3번째 출판물로 '한국의 불교문화'를 발간하며 한국불교의 시작과 흐름을 체계적으로 정리한 데 이어 올해 42년 만에 불교의 다른 한 축인 '한국의 비구니문화'를 통해 한국과 한국인의 정신문화가 차지하고 있는 불교문화를 종합적으로 정리하게 된 것은 의미 있는 일이라 하겠습니다.

당시 발간한 '한국의 불교문화'는 원효의 사상과 생애, 신라의 조각(彫刻), 고려시대 불교서적 간행과 인쇄문화, 만해 한용운論 등 4개의 주제와 함께 한국의 불교문화를 주제로 한 대담을 담았습니다. 이는 4세기 말에 처음으로 고구려에 전래된 한국불교가 그 후 삼국으로 이어져 각각의 사상체계를 지니며 통일국가를 형성하는 통합이념을 제시하는 점에서 기획의도가 있었다고 여겨집니다. 그리고 1,600여 년의 오랜 역사 속에서 다양한 형태로 나타난 문화의 꽃, 특히 철학과 문학, 조형미술 분야에서 독특한 미를 창조하면서 많은 국보급 문화재의 대부분을 차지하고 있는 신라의 불교조형문화의 대표작들을 사진과 함께 수록하며 한국불교의 흐름을 종합적으로 볼 수 있도록 했습니다.

이번에 출간되는 '붓다의 제자 비구니'는 하춘생 박사(동국대)가 집필을 맡았습니다. '붓다의 제자 비구니'는 붓다가 완전한 깨달음을 성취하고 먼저 비구승단이 성립된 이후 탄생한 최초의 비구니에서 시작하여 372년 이 땅에 불교가 전래된 이후 오늘날까지 한국불교를 찬란하게 꽃피운 비구니의 역사와 그 역동성을 담고 있습니다. 또한 한국 내 현존하는 11개 비구니문중을 중심으로 개창조(초조)를 위시한 문중성립의 인연과 문중본찰 49개 사암 및 몇몇의 기타 문중을 통해 비구니문중의 시·공간적 원류와 현재를 소개하고 있습니다.

그동안 국제문화재단에서 출판한 서적들은 5명 내외의 저자가 함께 저술하는 것이 특징이었으나, 이번 한국의 비구니문화는 동국대 교수이자 국내 비구니 관련 권위자인 하춘생 박사 한 분에 의해 저술된 것으로 저자의 비중이 높은 출판물입니다.

'붓다의 제자 비구니'는 일반사회에 감춰져 있는 비구니를 대변하는 것에서 나아가 오랜 종교적 역할과 기여에도 불구하고 사회적 관심에서 소외된 비구니에 대한 것으로, 이 책의 출판을 통해 한국불교에서 차지하고 있는 비구니의 위상을 다시 설정하는 기회가 되기를 바랍니다.

국제문화재단은 앞으로 초대이사장을 비롯한 각각의 연구진들이 보여준 한국문화에 대한 애정을 이어 나가며 IT시대에 걸맞은 사업들을 통해 한국문화와 세계가 서로 교류하고 이해하는 폭을 넓힐 수 있도록 다양성을 추구하고자 합니다. 이를 위해 국제문화재단 설립 50주년을 2년 앞둔 시점에서 그동안 발간된 모든 서적을 국제문화재단 홈페이지에 게시해 많은 국내외 학자를 비롯해 한국학을 공부하는 학생들이 쉽게 접근할 수 있도록 했습니다.

또한 서적출판에만 머물지 않고 한국에서 근무 중인 미군과 그의 가족을 대상으로 한국문화를 직접 보고 체험하는 행사를 갖고 있습니다. 지금까지 진해 군항제와 청송 사과축제, 남원 춘향제, 김포 뱃길축제를 통한 한강 철책선 내부를 다녀왔으며, 미8군의 USO 연중행사인 육성장군 행사에 지원하고 있습니다. 그리고 최근 제86회 춘향제를 통해 국제문화재단과 춘향제전위원회가 MOU를 체결하기에 이르렀습니다. 이는 지난 2년간 남원 춘향제에 미군 군악대와 미군 및 가족과 함께 참여한 것이 계기가 되었으며, 향후 이러한 지원과 교류를 확대하기 위한 약속으로 내년에는 남원시와 MOU를 체결할 예정입니다.

마지막으로 이 책의 저술을 맡아준 동국대 하춘생 박사에게 감사드립니다. 하춘생 박사는 '한국 근·현대 비구니 문중형성과 그 의의'를 통해 역사적으로 소외됐던 비구니승가 연구의 단초를 마련한 국내 비구니 관련 전문가로서, 이번 '붓다의 제자 비구니'는 비구니에 대한 총체적 이해를 위해 중요한 자료가 될 것입니다.

그리고 '붓다의 제자 비구니'에 수록된 사진은, 지난 20년간 대학에서 사진학을 강의하며 특히 오랜 세월 국내 사찰 사진을 중점적으로 촬영해온 장명확 작가가 맡았습니다. 장명확 작가는 이를 위해 5개월간 전국의 비구니사찰을 찾아다니는 열정을 보였습니다. 그리고 기꺼이 어려운 가운데 출판이 되기까지 많은 도움을 주신 김의한 사무국장, 곽종규 대표, 전형기 홍보이사를 포함한 여러분께 감사드리며 '붓다의 제자 비구니'가 한국불교를 이해하고 연구하는 데 기여할 수 있기를 간절히 바랍니다.

2016년 6월

국제문화재단

이사장 **전홍덕**

지은이의 말

"수행자들이여, 아침 해가 떠오를 때 아침 해가 곧 떠오르겠구나 하고 먼저 나타나는 조짐과 징후가 있으니 불그스레한 여명(黎明)이 바로 그것이다. 이와 마찬가지로 여덟 가지 성스러운 길(팔정도八正道)을 일으키는 데는 그 선구가 있고 전조가 있느니, 그것은 좋은 벗과 사귀는 것이니라.
수행자들이여, 그렇기에 좋은 벗과 사귀는 수행자라면, 그는 마침내 여덟 가지 성스러운 길을 배우고 닦아 익히게 되리라는 것을 기대해도 좋으니라."

『상윳따니까야』 45:49

나는 붓다의 이 말씀을 참 좋아한다. 유독 마음이 가는 경구(經句) 하나를 손꼽으라면 나는 주저하지 않고 이것을 든다. 여기에서 붓다가 말하고자 하는 뜻은 좋은 벗(善友, kalyāṇamitta)을 갖고 있느냐가 곧 팔정도를 닦는 선구가 되고 전조가 된다는 것이다. 팔정도는 열반(涅槃, nibbāna)으로 가는 여덟 가지 성스러운 길이다. 그러니까 좋은 벗은 도(道)를 이루는 전부라는 말이다.

그래서 붓다는 한 경(『숫따니빠따』 1:3 『무소의 외뿔경』 11)에서 "만일 그대가 어질고 정진력을 갖춘 동반자, 성숙한 벗을 얻는다면 어떠한 난관들도 극복하리니 기쁘게 새김(챙김)을 갖추어 그와 함께 가라"고 일렀다. 붓다의 입장에서는 승가(僧伽, saṃgha)가 바로 그런 것이다. 그렇다면 팔정도를 방해하는 사람은 좋은 벗이 될 수 없다는 역설이 가능하다. 이에 대해 붓다는 같은 경(『숫따니빠따』 1:3 『무소의 외뿔경』 12)에서 "만일 그대가 어질고 정진력을 갖춘 동반자, 성숙한 벗을 얻지 못한다면 왕이 정복한 나라를 버리듯 무소(코뿔소)의 외뿔처럼 혼자서 가라"고 다시 일렀다.

이 책은 좋은 벗과 그의 좋은 벗들에 관한 글이다. 그들은 온갖 욕망과 집착과 번뇌의 불을 꺼버린 최상의 성취를 위해 여덟 가지 성스러운 길에 나선 비구니들이다. 그런데 우리는 그동안 그들을 신비 속에 가둬왔다. 역사는 그들을 기록조차 허락하지 않았고, 그들 스스로도 세상에 오르내리기를 원하지 않았다. 가서는 안 되는 길을 나선, 베일 속의 주인공으로 이해했다. 현실도피자로 낙인찍었고, 호기심 어린 애처로운 눈으로 바라보았다.

비구니는 정말 그런 존재인가….

이 『붓다의 제자 비구니』를 기술하면서 나는 세 가지 과제를 염두에 두고 있다.

첫째 과제는 대중적인 이해다. 이 책을 기획한 의도가 그것이거니와, 일대사인연(一大事因緣)으로 구도의 길에 들어선 '비구니'에 에 대한 바른 이해를 도모하는 일이다. 물론 이해의 대상은 불자(佛子)와 일반대중을 아우른다. 지금은 시절이 변해 크게 염려할 일은 아니겠으나, 비구니에 대한 인식은 과거 오랜 기간에 걸쳐 잘못 전달되거나 곡해되어온 바 없지 않았다. 한마디로 비구니의 길을 선택한 여인들의 배경에 색안경을 끼고 바라보곤 했다는 말이다. 과거 비구니를 소재로 한 소설이나 영화·드라마들도 대체로 비구니의 출가 동기를 그런 뒷이야기에 맞추는 경우가 있었다.

이러한 인식태도가 바뀐 것은 근래의 일이다. 사람들이 저마다 세간적 성취를 위해 노력을 기울이듯, 이제는 출세간적 성취를 목표로 여성들이 출가를 자율적이고 주체적으로 선택하는 경향이 보편화되었기 때문이다. 명문대 졸업과 미국 유학파로서 젠(Zen) 센터의 경험으로 출가했다는 어떤 행자, 인터넷 검색으로 절에 왔다는 신세대형 행자, 어린 시절 절에 맡겨져 동진출가의 업(業)을 지니고 정진하고 있다는 젊은 비구니, 두 자녀와 남편이 있고 대기업 부장까지 하다가 10년 서원 끝에 마흔아홉 살에 가족의 허락을 받고 출가했다는 중년의 비구니, 속세는 고통의 장소이니 뜻도 마음도 두지 말고 수행에 정진하라는 어머니의 편지를 받고 37년간 수행의 외길을 걸어오고 있다는 노(老)비구니 등. 이러한 에피소드(episode)는 360일간 카메라에 담긴 비구니들의 삶의 여정에서 확인된다. 바로 3년 전 대중에게 선보인 이창재 감독의 비구니영화 '길 위에서'다.

이처럼 저마다의 사연을 안고 출가를 선택하지만, 비구니의 길은 도피도 회피도 아닌 치열함 그것이겠다. 나(我)·나의 것(我所)·나라는 실체(我體)를 내려놓고 내면의 평화를 찾아가는 수행자로서의 삶, 대중의 고통을 외면하지 않는 게으름 없는 정진만이 그들 앞에 놓일 터이다. 그렇게 스스로 테리(Therī, 성자의 경지에 들어선 장로비구니)가 되고, 진흙 속의 연꽃이 되어가고 있는 것이다. 우리가 그들을 공경하고 공양해야 하는 이유이다.

둘째 과제는 성차별에 대한 인식개선이다. 비구니는 비구와 다르지 않은 이른바 비남비녀(非男非女)의 수행자인데도 남존여비(男尊女卑)의 의식구조에서 헤어나질 못하고 있다. 적지 않은 비구니들이 출가 당시 『팔경법(八敬法)』과 '여인은 성불할 수 없다'는 『여인오불가설(女人五不可說)』을 접하고 마치 어떤 트라우마(trauma)에 빠진 것처럼 의기소침하고 폐쇄적인 행동을 보인다는 지적을 받아온 것은 그 때문이다.

기실 역사와 현실 속에서 비구니는 우리에게 어떤 모습으로 다가오는가. 나는 일찍이 비구니와 관련된 여러 글을 통해 이 물음을 끊임없이 화두로 던졌다. 그것은 구도와 교화현장에서 열정을 불사르며 전법·수행과 교육·복지·문화에 이르기까지 비구니들이 보여주고 있는 역동성과 생명성에 한국불교의 미래를 담보할 수 있다는 희구(希求)를 담고 있다. 우리 사회에서 성차별의 벽을 허물지 못하고 있는 사각지대로서 불교 교단을 위시한 종교계가 지목되고 있는 현실이 얼마만큼 부조리한지를 깊게 인식하기를 기대하는 바 크다.

셋째 과제는 위상정립의 문제이다. 이는 가장 현실적인 숙제이거니와, 그러한 사실은 최근에 사상 첫 경선으로 치러진 대한불교조계종 전국비구니회 회장 선거에서도 확인할 수 있다. 제10대(2011.10.17) 및 제11대(2015.10.12) 회장 후보들이 공약 일성(一聲)으로 "종단의 중앙종회의원(국회의원)과 교역직(장·차관직)에 비구니들의 진출을 확대하는 등 비구니의 위상을 드높이겠다"고 이구동성 역설했던 그것이다.

한국불교를 대표하는 대한불교조계종의 출가자 숫자는 대개 1만3천여 명이고, 비구니(사미니 포함)가 대체로 절반을 차지한다. 사찰 수에서도 2천5백여 개 가운데 비구니의 사찰이 9백92개로 전체 40%에 달한다. 이러한 통계수치는 대부분 비구 중심으로 이루어지고 있는 교단운영이 얼마나 이율배반적인가를 여실히 보여준다.

그러면 어떻게 해야 할까. 그 과제에 대한 나의 대답은 책 속에 담아 놓았다. 성차별 문제도 그렇거니와, 위상정립의 과제와 관련해서도 이 책의 기획 의도상 독립된 주제로서 특별히 강조하는 유형을 피하고 있지만, 눈치 빠른 독자는 아마도 행간 곳곳에서 그 비원(悲願)을 찾아낼 것이다.

나는 먼저 전문성에 입각한 난해한 어투를 벗고 비구니의 개념을 비롯해 그의 성립과 절차를 살펴보려고 했다. Ⅰ장 '비구니는 누구인가'와 Ⅱ장 '비구니가 되는 길'은 그런 역할을 담당한 것이어서, 나는 그것을 통해 첫째와 둘째 과제에 대답하는 양상을 띠었다. 계속해서 Ⅰ, Ⅱ장이 갖는 임무와 관련해서 둘째 과제의 대답을 한 번 더 확인해주는 것이 Ⅲ장 '역사 속 비구니'이다. 여기에서는 붓다가 직접 칭송한 장로 비구니들을 위시해 한국사에서 이름을 남기고 있는 비구니들을 한 분이라도 더 수면 위로 끌어올리려고 애썼다. 그들이 있어서 비구니의 성성한 숨결이 오늘날까지도 도도하게 흐를 수 있었거니와, 사회의 다양성과 대중의 눈높이에 맞춘 활발발한 교화활동이 가능했다고 보았기 때문이다. 비구니 스스로 각각의 독립문중을 형성한 저력(底力)의 역사성을 검토하고 그 뿌리를 찾아 나선 것도 그에 따른 것이다. 그것이 Ⅳ장 '비구니의 현재적 활동'과 Ⅴ장 '비구니문중과 그 원류'의 여러 절에서 다룬 내용들이다. 거기서 셋째 과제에 대한 대답을 읽을 수 있을 터이다.

이 책이 이루어지는 데 지혜가 높은 많은 분들의 직·간접 은혜를 입었다. 우선 글의 흐름에 큰 도움을 받은 붓다의 말씀(가르침)은 국내 초기불전연구원과 한국빠알리성전협회 등이 발행한 빠알리 니까야(Pāli-

Nikāya)를 저본으로 삼았다. 각묵·대림스님과 전재성 박사, 그리고 일아스님이 역주한 것들이다. 개인적으로는 빠알리어 원전전문가인 선일스님(용인 화운사 주지)과 내자(內子)인 화연보살의 조언을 직접 받았다. 다수의 저작과 사찰연혁 표지·사적비(寺跡碑)·금석문 등도 자료로 참고했다. 아울러 '한국문화(韓國文化)'시리즈의 일환으로 과감하게도 불교 냄새가 물씬 풍기는 '비구니'를 선택해 발간 프로젝트를 세워주신 국제문화재단 전홍덕 이사장 등 임원진과 김의한 사무국장의 공은 말로 표현하기 어렵거니와, 경향각지를 직접 발로 뛰어준 덕으로 이 책의 품격을 높여준 나의 벗 장명확 사진작가도 빼놓을 수 없다. 이에 덧붙여 모든 분들께 감사의 뜻을 대신하는 바이다.

나는 본래 과문(寡聞)한 탓으로 글쓰기에 꼭 표시를 내곤 한다. 독자의 양해와 질책을 바랄 뿐이다.

2016년 성하지절에

우성(宇晟) **하춘생**

Ⅳ. 비구니의 현재적 활동

Ⅴ. 비구니문중과 그 원류

❶

비구니는 누구인가

1
가출과 출가

"기분을 망치네, 가련한 늙음이여
아름다움을 시들게 하는 늙음이여
그렇게 매혹적이던 육신도
늙어감에 따라 산산이 부서지네.

백년을 산다고 해도
그 종착역은 죽음이네
죽음은 아무도 피할 수 없는 것
죽음은 모든 것을 부숴버리네."

『상윳따니까야』 48:41

누구라도 붙잡고 '삶이 확실한가, 죽음이 확실한가'라고 묻는다면, 대개 죽음이 확실하다고 말할 것이다. 그런데도 사람들은 대체로 자신의 삶이 천년만년 계속될 것처럼 믿으며 살아가고 있다. 착각이다. 불행한 사고로 운명을 달리하지 않아도 태어난 이상 늙음과 병듦과 죽음은 결코 피할 수 없는 인간의 한계이다.

출가, 어디로 향하는가….

어느 날 한 청년이 아버지에게 말했다. "제 목숨이 죽지 않는다면, 제가 질병으로 건강을 해치지 않는다면, 늙음이 저의 젊음을 무너뜨리지 않는다면, 불행이 저의 행복을 앗아가지 않는다면, 저는 출가하지 않겠습니다."[1]라고.

아버지는 아들의 말에 그런 당치도 않는 생각일랑 버리라고 하면서 말도 되지 않는 허황된 꿈일 뿐이라고 잘라 말했다. 어쩌면 대개의 부모는 자신의 아들딸들이 이 청년의 생각처럼 이유를 대며 출가(出家)하겠다고 한다면, 그 대답은 이 아버지와 별반 다르지 않을 것이다. 태어나 늙고 병들고 죽는 일은 아무리 발버둥 쳐도 벗어날 수 없는 우리의 삶의 모습이라는 사실을 너무도 잘 알기 때문이다.

하지만 이 청년은 네 가지 소망이 이루어지지 않는다면 죽음이 예견된 불타는 집을 떠나려는 자신을 붙잡는 것은 잘못된 일이거니와, 어떤 형태로든 서로 이별하는 것은 분명한 법칙이니 삶과 죽음에서 벗어날 수 있는 가르침을 얻고자 떠나는 것이 다른 형태의 헤어짐보다 훨씬 더 나은 일이라고 아버지에게 말씀드렸다. 그리고는 마침내 집을 나서는 출가를 결행했다.

이 청년이 바로 훗날 인간 붓다가 되는 싯닷타(싯다르타) 태자이며, 아버지는 당시 태양의 후예로 일컫던 사꺄족의 숫도다나 왕이다.

이러한 내용은 붓다 자신이 왜 출가를 단행했고, 마침내 깨달음을 성취하고 인간 붓다가 될 수 있었던 근본배경을 알게 해준다. 그것은 "이 세상에 만약 늙고 병들고 죽는 이 세 가지가 없었다면 여래(如來: 붓다)는 세상에 출현하지 않았을 것"[2]이라는 훗날 붓다 스스로의 고백을 통

1) 『붓다짜리따』 5장.

2) 『잡아함』 14, 346경.

해서도 잘 알 수 있다.

세월이 흘러 인간 붓다 말년의 일이다. 오늘날 비서실장격인 시자(侍者) 아난다(Ananda)가 어느 날 양지바른 곳에서 햇볕을 쬐고 있는 붓다의 손과 발을 문질러 드리면서 이렇게 말했다.

> "부처님, 놀라운 일입니다. 부처님의 안색은 더 이상 맑지 않고 빛나지 않고 사지는 주름지고 물렁해졌습니다. 등도 앞으로 굽고 감각기관의 변화가 눈에 보입니다."[3)]

붓다는 늙지도 병들지도 죽지도 않을 것이라는 생각이 있었던 모양이다. 아난다의 이러한 내색에 붓다는 젊은 사람은 늙게 마련이고 건강한 사람은 병들게 마련이라고 말하면서 아난다의 조바심에 할아버지가 손자에게 이야기를 들려주듯 다정하게 자신의 늙어가는 모습에 대해 설명해 주었다. 그런 후 마지막에 게송으로 말을 마쳤는데, 그 장면이 앞에 인용한 두 절의 운문을 읊는 모습이다. 이 게송이 말해주는 의미는 무엇일까.

그것은 아마도 마음속에 타오르는 욕망과 집착에서 벗어나 해탈하고, 마음속의 온갖 번뇌를 여의어 열반한 붓다라고 해도 한번 태어난 이상 늙고 병들고 죽어가는 육신은 어찌할 수 없다는 고백일 터이다.

그래서다. 이 세상의 모든 만들어진 것들은 무너지게 마련이니, 부지런히 정진하는 일밖에 다른 길이 없다고 당부하신 붓다의 마지막 유언이야말로 이 게송이 던져주는 진정한 뜻일 게다. 물론 정진이 지향하는 바는 욕망과 집착과 번뇌에서 벗어나(상구보리上求菩提) 존재하는 모든

3) 『상윳따니까야』 48:41

것들과 더불어 살아가는(하화중생下化衆生) 진정한 삶의 가치를 실현하는 일이다. 붓다는 그 방법으로 여덟 가지 바른 길을 제시하고 있으니, 곧 팔정도(八正道)다. 그것은 수행자의 기본적인 삶이며, 청정한 삶이며, 그러한 삶의 목표는 탐욕과 성냄과 어리석음을 쳐부수는 것이다.

'가족과 살던 집을 등지고 나간다'는 통상적 개념의 가출과 출가의 목적과 의의가 갈라지는 지점이 바로 여기다. 일시적 감정의 충동에서 야기된 반항적 소행이나 자기에 대한 무관심과 욕구불만의 현실이 가출의 주된 원인이라고 한다면, 근본적으로 실체가 있다고 볼 수 없는 육신에 집착함으로써 발생하는 욕망과 생로병사우비뇌고(生老病死憂悲惱苦)의 속박으로부터 벗어나는 최상의 안온한 경지, 곧 열반(涅槃)에 이르는 길(팔정도)을 찾아나서는 유행(遊行)이 바로 출가인 것이다.

이에 대해 어떤 경(『맛지마니까야』 26 「아리야빠리예사나경」)은 붓다의 술회를 통해 출가의 본질을 이렇게 전한다.

> "내가 출가한 것은 태어남이 없고, 병듦이 없고, 늙음이 없고, 죽음이 없고, 근심 걱정 번뇌가 없고, 지저분함이 없는 최상의 안온하고 행복한 삶인 열반을 얻기 위해서였다."

그렇다면 열반의 궁극적 의미는 무엇이고, 이를 얻기 위해서는 어떻게 해야 하는가. 이에 대해 한 경(『상윳따니까야』 38:1)은 매우 간략하면서도 요지를 분명히 밝히고 있다.

출가, 그 길을 만나다.

출가, 깨달음으로의 여정.

"열반이란 탐욕을 소멸하고, 성냄을 소멸하고, 어리석음을 소멸한 경지다. 이 열반에 이르는 길은 성스러운 여덟 가지 바른 길, 팔정도이다. 즉 바른 견해(정견正見), 바른 생각(정사유正思惟), 바른 말(정어正語), 바른 행위(정업正業), 바른 생활(정명正命), 바른 정진(정정진正精進), 바른 새김(정념正念), 바른 집중(정정正定)이 바로 열반에 이르는 훌륭한 길이다. 그래서 팔정도는 정진하기에 합당한 것이다."

이것이 출가이다. 따라서 뚜렷한 출가의 이유와 목적 없이 집을 떠났다면 그것은 단지 가출에 불과할 것이며, 현실도피가 되기 십상일 것이다. 그래서 진정한 출가가 매우 중요하다. 출가는 크게 신출가(身出家)와 심출가(心出家) 두 가지로 나뉜다. 신출가는 몸이 출가한 것이요, 심출가는 마음이 출가한 것이다. 이는 다시 네 가지로 세분된다. 몸과 마음이 모두 출가한 신심구출가(身心具出家), 몸은 출가했으나 마음은 세속에 남아 있는 신출가 심불출가(身出家 心不出家), 몸은 비록 세속에 남아 있으나 마음은 이미 출가한 신재가 심출가(身在家 心出家), 몸과 마음이 모두 세속에 남아 있는 신심구불출가(身心具不出家)가 그것이다. 이 가운데 신심구출가와 신재가 심출가를 진정한 출가라고 한다.

신심출가와 관련해 초기불교 경전 가운데 가장 오래된 한 경(『숫따니빠따』 1:3 「무소의 외뿔경」 9)은 어떤 인연담을 통해 게송으로써 다음과 같이 그 의미를 부여하고 있다.

> "어떤 자들은 출가해도 섭수가 어렵고
> 가정에 사는 재가자와 같으니
> 다른 사람들의 자식들에게 관심 두지 말고
> 무소의 외뿔처럼 혼자서 가라."

이 게송은 몸만 출가하고 마음은 세속에 있는 자의 모습을 그리고 있다. 그래서 그들은 만족하지 못하고 불만으로 가득 찬 재가자와 같으니, 수행에 도움 되는 좋은 벗이 옆에 없을 때는 무소(코뿔소)의 외뿔처럼 혼자서 가라는 당부의 뜻을 담고 있다.

이 게송의 인연담은 이렇다. 왕궁생활에 혐오를 느낀 와라나시의 왕이 왕위를 버리고 출가하자 많은 대신들도 함께 출가했다. 그러나 이 왕은 대신들이 욕망을 채우지 못하는 현실에 불만이 많은 것을 보고 비록 몸은 출가했으나 마음은 출가하지 않았음을 알게 되었다. 이에 왕은 홀로 숲 속에 들어가 수행한 끝에 연기법(緣起法)을 통찰하고 깨달음을 성취했다는 이야기다.

또 다른 경(『숫따니빠따』 3:1 「출가의 경」 3, 20)은 다시 이렇게 노래한다.

"출가한 뒤에는
신체적으로 악행을 피하고
언어적으로도 악행을 버리고
아주 청정한 생활을 하였으니.

감각적 욕망에서 재난을 보고
그것에서 벗어남을 안온으로 보고
그렇게 정진하고자 하느니
이 마음은 이것에 기뻐하리오."

2
성직과 수행

"탁발을 한다는 것은 가장 낮은 형태의 생계수단이다. 그런데도 훌륭한 가문의 아들들이 타당한 이유에서 그런 삶의 길을 선택했다. 그대들이 선택한 삶의 길은 왕이 강요해서도 아니며, 강도에게 쫓겨서도 아니며, 빚졌기 때문도 아니며, 두려움 때문도 아니며, 생계를 유지하기 위해서도 아니다. 그렇다면 무슨 이유 때문인가?
'나는 생로병사에 헤매며, 슬픔과 고통과 절망에 빠져 있다. 나는 괴로움에 빠져 있고, 괴로움에 싸여 있다. 이 모든 괴로움의 덩어리를 끝내는 길을 알아야 하겠다'라는 이유 때문이다.
이렇게 출가한 훌륭한 가문의 아들들이 아직까지도 탐욕스러운 마음이 있고, 감각적 쾌락의 욕망으로 불타고 있으며, 악의와 증오로 마음은 혼란해서 갈피를 잡지 못하고, 선명한 마음챙김도 잃어버리고, 집중도 못하고, 정신도 흩어지고, 감각기관의 통제마저 잃어버린다.
이러한 사람은 이미 가정의 즐거움도 잃었고, 출가자의 목표도 성취하지 못한다. 그대들은 이와 같이 자신을 반조해 보아야 한다.
'이 세상에 비난받지 않고 집착할 수 있는 것이 있을까? 그러나 이 세상에는 비난받지 않고 집착할 수 있는 것은 아무것도 없다' 고."

『상윳따니까야』 22:80

어느 때 붓다가 사꺄족 사람들이 사는 곳인 까삘라왓투의 니그로다 승원에 있었다. 까삘라왓투는 붓다의 고향이다. 붓다가 비구 대중과 함께 그곳에 도착하자 사꺄족 사람들이 많은 선물을 갖고 붓다를 친히 보려고 찾아왔다. 사꺄족 사람들이 선물을 비구들에게 나눠주는 동안 소란스러운 다툼이 발생했다. 붓다는 이를 보고 비구들을 꾸중하고서 모두 해산시켰다.

그런데 붓다에게도 인지상정의 연민심이 없지는 않았던 모양이다. 다음날 아침에 탁발(托鉢)[4]한 후 공양(식사)을 마치고 나서 홀로 명상에 들었을 때 문득 한 생각이 일어났다. '대중 가운데는 세속에서 떠나온 지 얼마 안 된 신참 비구도 있고, 나의 가르침과 계율에 들어온 지 얼마 안 된 비구들도 있다. 만약 그들이 붓다를 보지 못하면 어린 송아지가 어미 소를 보지 못해 좋지 않은 변화가 오는 것처럼, 어린 씨앗이 물을 얻지 못하면 씨앗에 안 좋은 변화가 오듯이 그들에게도 안 좋은 변화가 일어날지 모른다. 그러니 붓다 자신이 예전에 비구들을 도와주었던 것처럼 지금도 그들을 도와야 한다'는 생각이 문득 일어났던 것이다.

붓다는 생각이 여기에 이르자 명상을 끝내고 비구 대중을 불러 모았다. 붓다에게 이미 꾸중을 들은지라 비구들은 저마다 눈치를 보며 붓다의 곁으로 다가와 조용히 앉았다. 붓다가 이윽고 비구들에게 말을 건네

4) 탁발이란 손에 밥그릇을 들고 집집마다 돌면서 음식을 구하는 행위를 말한다. 달리 걸식(乞食) 또는 걸행(乞行)이라고도 한다. 출가자에게는 수행을 방해하는 아집(我執)과 아만(我慢)을 없애게 하고, 재가자에게는 음식을 베풂으로써 선업공덕(善業功德)을 쌓게 하는 행위로 정의한다. 초기 불교 당시에는 상행걸식(常行乞食), 차제걸식(次第乞食), 수일식법(受一食法)이라 하여 항상 음식을 빌어 생명을 부지하고, 가난한 집과 부잣집을 가리지 않고 차례대로 돌며, 하루에 한 끼만 먹는 것을 규정화했다.

수행, 나를 낮추는 하심으로 시작하다.

기 시작했다. 그것이 바로 앞에 소개한 일단의 경전 내용이다. 이 경전을 읽어가노라면 때론 정감있게, 때론 엄하게 붓다 자신의 심정을 토로하는 장면이 눈에 선하다.

그것은 사꺄족 사람들이 선물을 나눠주었을 때 눈·귀·코·입·몸·의식 등 여섯 가지 감각기관을 통제하지 못한 몇몇의 비구들이 서로 다투었던 일전의 상황에 대해 붓다가 느꼈던 뼈아픈 심정의 발로였을 것이다. 그것은 출가자의 기본적인 삶의 방식이거니와, 수행의 목적이 무엇인가를 알게 해주는 붓다의 진심을 엿보게 하기도 한다. 그것은 왜 출가하고 수행하는가에 대한 근본적 물음에 붓다가 직접 답을 제시해준 것이었다.

불교에서 말하는 수행(修行)은 바로 이를 두고 이르는 말이다. 출가의 이유가 분명하고, 출가의 목적이 명확하며, 출가 이후 삶의 방식이 철저하고, 나아가 수행의 목표가 확실하다. 거룩하고 바른 수행이란 그런 것이며, 거룩하고 바른 수행자의 삶이란 그렇게 이루어지는 것이다.

그것은 한마디로 괴로움, 괴로움의 근원, 괴로움의 소멸, 괴로움의 소멸에 이르는 길을 말한다. 이를 네 가지 거룩한 진리(사성제四聖諦)라고 한다. 이 네 가지 거룩한 진리는 초전법륜(初傳法輪)이라고 해서 붓다가 와라나시 녹야원에서 다섯 비구에게 행한 최초의 설법내용이다.

첫 설법의 내용을 담고 있는 한 경(『상윳따니까야』 56:11)은 붓다가 처음 설하는 것이라서 그런지 사성제에 대해 상세히 설명해놓고 있다.

"이것이 괴로움의 거룩한 진리다. 태어나고 늙고 병들고 죽는 것은 괴로움이며, 미워하는 사람과 만나는 것도 괴로움이며, 좋아하는 사람과 헤어지는 것도 괴로움이며, 원하는 것을 얻지 못하는 것도 괴로움이며, 한마디로 말하자면 집착의 대상이 되는 이 몸뚱이 자체가 괴로움이다."

"이것이 괴로움의 근원의 거룩한 진리다. 갈애(渴愛)는 쾌락과 욕망을 수반하며, 여기저기서 쾌락을 찾아 헤매고 윤회로 이끈다. 갈애에는 감각적 쾌락에 대한 욕애(欲愛), 다시 태어남에 대한 유애(有愛), 다시 태어나지 않겠다는 무유애(無有愛)가 있다."

"이것이 괴로움의 소멸의 거룩한 진리다. 갈애를 남김없이 소멸하고 버리고 떠나서 더 이상 갈애에 집착하지 않고 벗어나는 것이다."

"이것이 괴로움의 소멸에 이르는 길의 거룩한 진리다. 그 길은 바로 성스러운 여덟 가지 바른 길이다. 그것은 바른 견해(정견正見), 바른 생각(정사유正思惟), 바른 말(정어正語), 바른 행위(정업正業), 바른 생활(정명正命), 바른 정진(정정진正精進), 바른 새김(정념正念), 바른 집중(정정正定)이다."

수행, 번뇌를 씻어내듯이….

이것이 네 가지 거룩한 진리다. 불교인들은 예로부터 이를 고(苦)·집(集)·멸(滅)·도(道) 사성제(四聖諦)라고 했다.

첫 번째 고성제(苦聖諦), '이것이 괴로움의 거룩한 진리다'라는 명제는 무엇을 말해주는가. 이것은 현실을 직시하라는 과제의 제시라 할 수 있다. 생로병사우비뇌고는 물론이거니와, 인생 자체가 괴로움 아닌 것이 없다는 현실의 속성을 그대로 통찰하라는 것이다. 이때서야 비로소 어떻게 괴로움을 벗어날 수 있는가에 대한 실제적인 고민으로 이어져 자신의 삶을 가지런히 할 것이기 때문이다.

두 번째 집성제(集聖諦), '이것이 괴로움의 근원의 거룩한 진리다'라는 명제는 무엇인가. 이것은 인생의 부정할 수 없는 현실을 통찰한 후 그

수행, 좋은 벗과 함께 운력을 하다.

발생의 근본원인이 무엇인지를 묻는 것이다. 흔히 정신적이든 육체적이든 어떤 형태로든 괴로움이 발생한 것은 필시 무엇인가 원하는 것을 얻지 못하는 데서 그 원인을 찾을 수 있다. 원하는 바가 크면 클수록 집착도 목마른 이가 물을 찾는 것처럼 커질 확률이 높다. 곧 욕망과 집착은 비례함수관계인 것이다. 불교에서는 이것을 갈애(渴愛)로 표현했다.

세 번째 멸성제(滅聖諦), '이것이 괴로움의 소멸의 거룩한 진리다'라는 명제는 괴로움을 소멸함으로써 가장 안온한 경지에 다다랐다는 뜻이다. 이것은 괴로움의 근원이 되는 갈애를 철저히 뿌리 뽑았다는 말이다. 불타는 욕망과 집착으로부터 벗어남이다. 그러나 이게 어디 말처럼 쉬운 일인가. 그래서 붓다의 마지막 유훈이 그렇듯이, 게으름 없는 정진수행을 요구받는다.

네 번째 도성제(道聖諦), '이것이 괴로움의 소멸에 이르는 길의 거룩한 진리다'라는 명제는 멸성제에 이르는 방법론이다. 괴로움의 소멸을 위해서는 감각기관을 잘 통제하는 일이 매우 중요한데 그 방법으로 제시한 내용이 바로 성스러운 여덟 가지 바른 길, 곧 팔정도다. 그것은 정견(正見)·정사유(正思惟)·정어(正語)·정업(正業)·정명(正命)·정정진(正精進)·정념(正念)·정정(正定)이다.

이 팔정도는 붓다가 45년간 교화행각을 통해 설법한 모든 가르침의 바탕을 이루고 있다고 해도 과언이 아니다. 그래서 팔정도는 불교의 가장 핵심적 가치요 실천론이다. 한 경(『디가니까야』 22 「마하사띠빳따나경」 18-21)은 사성제를 자세히 설명해놓고 있는데, 그에 의거해 팔정도의 의미를 옮기면 다음과 같다.

무엇이 정견인가. 괴로움에 대한 이해, 괴로움의 근원에 대한 이해, 괴로움의 소멸에 대한 이해, 괴로움의 소멸에 이르는 길에 대한 이해를 말한다. 이는 곧 사성제를 보는 지혜다. 사성제는 연기(緣起)의 핵심이자 축소판이다. 따라서 정견은 연기와 사성제에 대한 완전한 통찰을 의미하는 올바른 지혜다. 연기는 우주 인생의 보편타당한 진리로서, 무상(無常)한 가운데서도 일정한 법칙성이 존재하고 있다는 이치를 말한다. 그것은 붓다가 성취한 깨달음의 실제이거니와, 인간과 세계 사이에는 원인과 결과의 원칙이, 사물의 생멸변화에는 인(因: 직접적 조건)과 연(緣: 간접적 조건)의 소멸화합이, 존재와 존재 사이에는 서로 의지하면서 관계를 맺고 있다는 상의상관성이 그것이다.

무엇이 정사유인가. 욕망에서 떠난 생각(출리사유出離思惟), 성냄을 떠난 생각(무에사유無恚思惟), 폭력을 떠난 생각(무해사유無害思惟)을 말한다. 이는 평소의 생각이 매우 중요하다는 것을 말해준다. 감각적 쾌락인 오욕락(五欲樂)[5]을 내려놓고 의도적으로 자애와 연민의 마음을 자꾸 드러내야 한다는 가르침이다.

무엇이 정어인가. 거짓말하지 않고(불망어不妄語), 이간질하지 않고(불양설不兩舌), 악담을 하지 않고(불악구不惡口), 쓸모없는 말을 삼가는 것(불기어不綺語)을 말한다. 이는 말에 해당하는 내용이다. 말이라는 것은 적재적소(適材適所)에서 올바르게 행해져야 위엄과 가치가 있으며, 그렇지 못한 경우에는 침묵을 지키는 게 더 낫다는 교훈이다.

무엇이 정업인가. 살아있는 생명을 죽이지 않고(불살생不殺生), 주지 않는 것을 갖지 않으며(불투도不偸盜), 감각적 쾌락을 위해 잘못된 성행위를 하지 않는 것(不邪淫)을 말한다. 이는 행위에 해당하는 내용이다. 행위에는 세 가지 무서운 독이라고 하는 삼독(三毒)-탐욕과 성냄과 어리석음-의 의도가 반드시 뒤따른다. 바른 행위라 함은 이러한 삼독에 대한 의

5) 재물욕 · 색욕(성욕) · 식욕 · 명예욕 · 수면욕의 즐거움.

도적인 소멸을 의미한다. 그래서 의도적으로 살생하고, 훔치고, 비윤리적인 성적 행위를 하는 것으로부터 벗어나려는 끊임없는 노력이 중요하다. 덧붙이자면 음행은 정음(正淫)과 사음(邪淫)으로 나뉘는데, 이것이 출가자와 재가자를 구분하는 분기점이다. 재가자에게는 정음을 인정하나, 출가자에게는 음행 자체를 인정하지 않는다.

무엇이 정명인가. 잘못된 생활수단을 버리고 바른 생계유지 방법으로 생활하는 것을 말한다. 불교에서는 살생무기의 판매, 인신매매 및 매춘이나 동물판매 등 생명의 판매, 고기의 판매, 술의 판매, 독극물의 판매 등 다섯 가지 판매에 종사해서는 안 된다고 가르친다. 기만·요설·점술·고리대부 등도 잘못된 생활로 분류된다.

무엇이 정정진인가. 번뇌를 억제하려는 노력(율의근律儀勤), 번뇌를 버리려는 노력(단근斷勤), 선업을 계발하려는 노력(수근修勤), 선업을 유지하려는 노력(수호근守護勤)을 말한다. 바른 정진이라 함은 한마디로 선(善)은 키우고 악(惡)은 끊고자 하는 게으름 없는 노력(사정근四正勤)을 의미한다고 할 수 있다.

무엇이 정념인가. 온전한 알아차림과 마음챙김으로 세상에 대한 탐욕과 낙담을 버리고 몸을 몸으로, 느낌을 느낌으로, 마음을 마음으로, 존재를 존재로 관찰하며 머무는 것(사념처四念處)을 말한다. 이는 몸(身)과 느낌(受)과 마음(心)과 존재(法)에 대해 사실상 실체가 없고 항상함이 없다는 이치를 관찰함으로써 있는 그대로의 모습이 아닌 것에 집착하지 말라는 교훈이다.

무엇이 정정인가. 선하고 건전한 마음의 상태에서 집중하는 것이다. 마음의 다섯 가지 장애(오장五障)를 선정의 다섯 가지 요소(오선지五禪支)로 전환시키는 집중명상을 말한다. 마음의 다섯 가지 장애라 함은 해태와 혼침(혼침수면昏沈睡眠), 의심(의疑), 성냄(진에瞋恚), 홍분과 회한(도거악작掉擧惡作), 감각적 쾌락(애탐愛貪)이다. 이에 각각 대조되는 선정의 다섯 가지 요소라 함은 사유(심尋), 숙고(사伺), 기쁨(희喜), 즐거움(낙樂), 심일경성(心一境性: 마음을 하나의 대상에 집중하는 명상)이다. 이는 마음의 멈춤과 대상의 관찰을 의미한다. 마음의 멈춤은 지(止: samatha)이며, 대상의 관찰은 관(觀: vipassana)을 말한다. 그래서 가장 오래된 한 경(『담마빠다』 372)은 이렇게 노래한다.

"지혜롭지 않은 자 명상은 존재하지 않으며
명상하지 않는 자 지혜는 존재하지 않는다
누구에게나 명상과 지혜가 공존한다면
그는 참으로 열반의 눈앞에 있다."

우리는 이러한 사성제의 지혜와 통찰을 추구하고 실천하는 사람을 올바른 수행자라고 한다. 그렇다면 어떻게 해야 올바른 수행자의 삶을 살 수 있는가. 이에 대해 한 경(『숫따니빠따』 2:13 「올바른 유행의 경」)은 이렇게 정의한다.

"길조의 점, 천지이변의 점, 해몽, 관상 보는 일을 완전히 버리고 길흉화복의 운세에 관심을 두지 않는다. 인간계와 천상계에 대한 감각적 쾌락과 욕망을 벗어버린다. 중상모략하는 말을 버리고, 분노하는 것과 인색함을 버리고, 편견과 선입견의 생각에서 자유롭다. 좋아하는 것이나 좋아하지 않은 것에 집착하지 않고, 아무것에도 의존하지 않고, 온갖 속박에서 벗어난다. 집착의 대상에서 실체를 찾지 않고, 모든 집착에 대한 욕망과 탐욕을 삼가며, 의존함 없이 아무것에도 이끌리지 않는다. 몸과 말과 의지로 어긋나게 살지 않고, 바르게 진리

수행, 지극한 마음으로 예경하오니…

> 를 알아 열반의 경지를 구한다. 남이 나에게 절을 한다고 해서 우쭐거리지 않고, 남이 욕한다고 악의를 품지 않고, 음식을 얻었다고 교만하지 않는다. 자기 분수를 알고, 아무것도 해치지 않고, 그대로 그 진리를 깨닫는다. 믿음과 학식이 있고, 여덟 가지 바른 길을 보고, 당파에 있으면서도 당파에 맹종하지 않고, 현명한 자로서 탐욕과 성냄과 분노를 삼간다."

한마디로 몸과 말과 의지로 행하는 올바른 수행의 총화다. '신사(紳士)를 만드는 것은 옷이 아니다'라는 영국 속담이 있다. 값비싼 옷, 화려한 옷만 입었다고 해서 신사가 되는 것이 아니라는 뜻이다. 그것은 그 사람의 행위와 됨됨이가 중요하다는 뜻일 게다. 그래서 붓다는 이렇게 노래했다.

"이름이나 가계는
세상에서 다만 정하여 쓰는 것일 뿐
관습에서 생겨 여기저기 쓰인다.

이 사실을 알지 못하는 사람에게
그릇된 견해가 오랫동안 마음속에 남는다
알지 못하고 그들은 단언한다
출생에 의해 바라문[6]이 된다고.

출생에 의해 바라문이 되는 것도 아니고
출생에 의해 바라문이 안 되는 것도 아니다
행위에 의해 바라문이 되기도 하고
행위에 의해 바라문이 안 되기도 한다.

행위에 의해 하인이 되고
행위에 의해 도둑이 되고
행위에 의해 제왕이 된다.

참으로 지혜로운 이는
이처럼 행위를 있는 그대로 본다
그들은 연기(緣起)를 보는 자이며
행위와 그 결과를 잘 알고 있다."

『맛지마니까야』 98「와셋타경」

이 경전의 핵심술어는 행위이다. 출생이나 신분이 나를 만드는 게 아

6) 산스끄리뜨어 brāhmaṇa의 음사. 고대 인도의 사성(四姓) 가운데 가장 높은 계급으로, 제사와 교육을 담당하는 바라문교의 사제(司祭)집단이다.

니라, 내가 행한 행위가 곧 나를 만든다는 것이다. 출생이나 신분을 막론하고 어느 누구라도 살생하고, 주지 않는 것을 가지며, 삿된 음행을 하고, 거짓말하고, 이간질하고, 악담하고, 사기치고, 탐욕스럽고, 성냄이 있고, 어리석어 잘못된 견해를 가진다면 그는 부도덕하고, 비난받아 마땅하고, 피해야 하는 것이고, 해롭고, 사람들이 싫어한다. 출생이나 신분을 막론하고 어느 누구라도 살생하지 않고, 주지 않는 것을 갖지 않으며, 삿된 음행을 하지 않고, 거짓말하지 않고, 이간질하지 않고, 악담하지 않고, 사기 치지 않고, 탐욕을 떠나고, 성냄이 없고, 지혜로워 바른 견해를 가지고 있다면 그는 도덕적이고, 칭찬받아 마땅하고, 따라야 하고, 유익하고, 사람들이 좋아한다. 출생이나 신분을 막론하고 어느 누구라도 이러한 잘못에 떨어질 수 있으며, 이렇게 훌륭하게 살 수도 있다. 이렇듯 행위는 몸과 말과 의지로 나타나기 마련이다. 행위가 성스럽다거나 거룩하다는 말이 성립되는 분기점이 바로 여기다.

그러고 보니 불교에서 성스럽다거나 거룩하다는 말이 붙어있는 술어는 오로지 사성제(四聖諦)와 팔지성도(八支聖道=팔정도)일 뿐이다. 이미 앞에서 구체적으로 고찰한 바에 따르면 사성제의 네 번째가 팔정도이고, 팔정도의 정견(正見)이 사성제를 포함하고 있으니, 서로 등치(等値)의 관계이다. 이들 술어는 수행자가 열반을 위해 행해야 하는 치열하고 철저한 수행의 당체이다. 인간 스스로의 노력으로 마침내 진리를 발견하는 것을 깨달음(bodhi)이라고 정의하는 까닭도 그에 따른 것이다.

그것은 본래 신(神) 또는 하나님께 봉사하는 직무나 직분을 지칭하는 성직(聖職)이라는 술어가 불교에서는 어떠한 경우라도 성립될 수 없다는 사실을 말해준다. 성직이라는 술어 자체가 서구 기독문명의 소산일뿐더러, 그것은 복음을 널리 전하기 위한 사도(使徒)로서의 역할을 충실히 행하는 직분일 따름이다. 또한 인간의 인식으로는 알 수 없는 어떤 것을 신(神)이 특정한 인간에게만 보여주는 것을 계시(revelation)라는 말로 정의하고, 그 경계에 들어와 있는 사람을 성직자로 부르는 유신교적(有神敎的) 발상이 불교 안에서는 존립될 수 없다는 것을 뚜렷이 확인해준다. 성직이라는 말이 사성제 팔정도로 대변되는 불교에서의 수행과 등치되거나 혼용될 수 없는 근본적인 이유가 여기에 있다.

오늘날 본질적 의미마저 불분명한 종교(宗敎)와 관련해서 그 직분을 맡은 교역자를 뭉뚱그려 성직자라고 부르고 있는 사회현실에 부화뇌동(附和雷同)하며, 직분만을 취하고 수행을 상실하고 있는 불교 교단에 엄중한 경책이 시급한 까닭도 예서 비롯한다.

3
비구와 비구니

"믿음은 씨앗이고 고행은 비이며
지혜는 나의 멍에와 쟁기다
마음은 멍에의 끈이며, 부끄러움은 막대기이며
마음챙김은 보습과 소몰이 막대기일세.

몸을 단속하고, 말을 조심하고, 음식을 알맞게 먹네
진실은 나의 제초기이며, 온화함은 멍에를 벗음일세
정진은 나의 짐을 진 소이며
속박으로부터 안온함으로 이끈다네.

쉼 없는 정진으로 슬픔 없는 곳에 이르네
이렇게 밭갈이가 끝나면 불사(不死)의 열매를 거두며
모든 괴로움에서 벗어난다네."

『상윳따니까야』 7:11

탁발걸식, 무소유를 배우다.

발우공양, 중생의 노고를 깨우치다.

어느 때 붓다가 탁발(托鉢)하기 위해 어느 집을 찾았다. 마침 씨 뿌리는 때인지라 그 집 주인은 오백 개의 쟁기를 멍에에 싣고 있었다. 당시 신분이 바라문이었던 까시 바라드와자라는 이름의 그 집 주인은 붓다가 탁발하러 온 것을 보자 힐난이라도 하는 듯 이렇게 말했다.

> "사문이여, 나는 밭 갈고 씨 뿌려 내가 먹을 양식을 마련해 먹고 있소. 그대도 밭 갈고 씨 뿌려 먹을 양식을 스스로 마련해 드십시오."

훗날 불교가 중국으로 전해져 선불교가 발생하면서 '하루 일하지 않으면 하루 먹지 않는다(일일부작 일일불식一日不作 一日不食)'[7]는 중국적 특징의 규칙이 만들어진 바도 있거니와, 아마도 이때 그 바라문의 말뜻이 이와 다르지 않았으리라. 하지만 붓다는 흔들림 없이 그의 말을 받아 다음과 같이 응답했다.

> "바라문이여, 나 또한 밭 갈고 씨 뿌려 먹을 양식을 마련해 먹고 있답니다."

"나도 밭을 간다"는 붓다의 답변을 들은 이 바라문은 어이가 없었는지 붓다를 얼마간 빤히 쳐다보더니 핀잔주듯 "우리는 그대의 멍에나 쟁기·밭 가는 연장·소몰이 막대기·황소 등을 보지 못했는데, 어찌 밭 갈고 씨 뿌려 먹을 양식을 마련해 먹고 있다고 합니까?"라고 묻고서 다음과 같은 게송으로 재차 따져 물었다.

---

7) 중국 당나라 때 선승 백장회해(百丈懷海, 720~814)가 제정한 선원청규. 선종이 경제적 자립과 안정적인 수행 환경을 통해 독립된 교단으로 성립되는 전기를 마련해주었다.

"그대는 밭 가는 사람이라고 말하지만
그대의 밭 가는 모습을 보지 못했네
그대가 밭 가는 사람이라면 말해주시오
그대의 밭 가는 모습을 어떻게 알 수 있는지?"

바라문의 이 같은 질문에 붓다가 대답한 내용이 이 절의 맨 앞에 인용한 게송이다. 비록 탁발의 삶을 선택해 이집 저집 돌면서 먹을 것을 구하고 있지만, 세상 어느 누구한테도 기죽거나 부끄러울 것이 없는 수행자로서의 신념과 자신감이 배여 있는 모습이 마치 앞에 있는 것처럼 눈에 선하다. 붓다를 가장 아름다운 사람으로 느끼게 해주는 대목이 아닐 수 없다. 아마도 우리가 '참 멋지다'라고 하는 것은 이를 두고 하는 말일 게다.

빈 수레가 요란하고, 벼는 익을수록 고개를 숙인다는 속담이 있다. 소금물에 볍씨를 띄우면 속이 빈 쭉정이 볍씨는 뜨고, 속이 꽉 찬 좋은 볍씨는 가라앉는다. 붓다의 탁발행위에서 묻어나는 당당함은 그처럼 속이 튼실하게 여문 무게감의 발로가 아닐까. 훗날 불교가 북방-중국·한국·일본-으로 전해지면서 황금 옷으로 자신의 몸을 치장하게 되는 일부 출가자들의 물욕 극치가 얼마나 부질없는 겉치레인가를 알게 해주는 내용이라서 더욱 값진 교훈으로 다가온다.

붓다에 의하면 내가 뿌린 씨앗은 믿음이고, 씨앗을 싹 틔우는 비는 고행과 같으며, 나의 멍에와 쟁기는 지혜와 다르지 않다. 멍에를 다루는 끈이 곧 마음이며, 보습과 소몰이 막대기는 다름 아닌 마음챙김이다. 몸을 단속하고 말을 조심하고 진실하다 함은 악업을 제어하는 제초작업, 곧 김매는 작업이다. 이는 다시 말해 도덕적 절제를 뜻하는 계율을 지키는 일이다. 계율을 지킨다 함은 소극적으로는 악을 제어하는 일(방비지악防非止惡)이고, 적극적으로는 선을 증장시키는 일(제선증상諸善增上)이다.

또한 소는 정진과 같으며, 그렇기에 소가 밭을 갈아 농사짓도록 하듯이 정진은 안온하고 슬픔 없는 곳으로 나를 인도해 마침내 불사(不死)[8]와 괴로움에서 벗어나도록 해준다. 이런 것이 바로 나의 농사요 수확이라고 붓다는 말했던 바이다. 이른바 땅을 개발해 농사짓고 수확하는 일이 인간이 계율을 지키고 정진을 통해 삼독(三毒)-탐욕·성냄·어리석음-을 내려놓는 수행과 다르지 않다는 논리를 설파하고 있는 것이다.

남녀의 출가수행자에게 비구(比丘)·비구니(比丘尼)라는 칭호를 부여한 본질적 의미가 여기에 있다고 하겠다. 그것은 '음식을 빌어먹는다'는 뜻의 탁발로 말미암아 '걸식자(乞食者)'라는 의미로 개념화된 술어가 다름 아닌 '비구'와 '비구니'이거니와, 이는 무욕(無慾)과 무소유(無所有)를 실천하고자 하는 생활방식이자 수행방식이라는 사실을 한시도 잊어서는 안 되는 까닭이다. 그런즉 탁발수행하는 그 마음자리는 물론이거니와, 올바른 수행자로서 몸과 말과 의지에 어찌 탐욕과 욕망이 있을 것이며, 어찌 악의와 증오의 감정을 제어하지 못할 것이며, 자신을 높이고 남을 업신여기는 아만(我慢)이나 자신만이 잘났다고 하는 교만이 드러날 수 있겠는가.

다시 그 개념을 정리하면 비구는 붓다의 제자로 출가해 수행하는 남자 걸식자요, 비구니는 붓다의 제자로 출가해 수행하는 여자 걸식자이다. 그처럼 두 용어는 단지 성별을 가를 뿐, 그 술어가 갖는 어원과 개념과 가치는 오차 없이 동일할 따름이다. 하지만 오늘날의 비구와 비구

8) '죽지 않는다'는 한자어가 주는 의미는 12연기에 의하면 '태어나지 않는다'는 뜻이다. 『디가니까야』 14 「마하빠다나경」에 수록된 붓다의 탄생게 후반 구절의 "이번 생이 나의 마지막 태어남이다. 나에게는 더 이상 다시 태어남은 없다(ayamantimā jāti, natthi'dāni punabbhavo)"는 말과 같다.

고무신, 길 위에서 길을 찾다.

유행, 중생을 다 건지오리다.

니는 남녀의 승려를 통칭하는 말로 변용되어 쓰이고 있는바, 한국불교의 현실에서는 본래적 의미를 상실한 지 오래다.

그래서다. 오늘날과 같은 사회에서 출가자가 탁발로써 생활과 수행의 기본을 삼는다는 것은 분명 가혹한 일임에 틀림없다. 또한 그러한 삶을 요구하지도 않을뿐더러, 출가자 스스로도 탁발수행을 이미 오래전부터 박제화한 사실을 부정할 수 없다. 하지만 요체는 그 형식에 있는 것이 아니라, 그 정신을 계승하는 의식(意識, consciousness)에 있다는 사실을 상기해야 한다는 것이다. 어느 경(『유마경』 『제자품』)이 던져주는 교훈이 진한 울림으로 다가서는 것은 그 때문이다. 그것은 붓다가 존자 마하깟사빠에게 유마거사를 문병하라고 하자, 존자 마하깟사빠가 자신의 능력으로는 그 일을 감당할 수 없다고 하면서 유마거사의 전언을 붓다에게 고백형식으로 전하는 내용이다.

> "부처님, 제가 가난한 마을에서 걸식하던 일이 생각납니다. 그때 유마힐은 저에게 다가와 이렇게 말했습니다.
> '존자 마하깟사빠이시여, 자비심이 있다 해도 부자를 버리고 굳이 가난한 사람에게서 걸식하는 것은 그 자비심을 널리 펴는 일이 못 됩니다. 걸식은 평등한 법에 머물러 차례대로 행해야 합니다. 걸식은 식용을 위한 것이 아니며, 음식을 얻기 위한 것도 아닙니다. 마을에 들어갈 때는 사람이 살지 않는 빈 마을이라는 생각으로 들어가야 하며, 형상을 보더라도 장님과 같이 보고, 들리는 소리는 메아리와 같이 듣고, 냄새는 바람과 같이 느끼고, 맛을 분별하지 않으며, 온갖 느낌은 지혜와 같이 알아차려야 하고, 모든 것은 환상과 같은 줄 알아야 합니다. 걸식한 한 끼의 밥은 모든 중생에게 베풀고 모든 부처님과 성현에게 공양한 다음에 먹을 수 있어야 남의 보시를 헛되이 먹었다고 하지 않을 것입니다. 이와 같이 먹을 수 있는 사람은 번뇌를 버리지 않고서도 해탈에 들 수 있고, 집착을 끊지 않고서도 바른 가르침에 들 수 있습니다. 보시하는 사람의 복덕도 많고 적음이 없습니다. 손해나 이득을 떠날 때 이것을 깨달음의 길에 바르게 들어갔다고 하고, 자기만의 깨달음을 구하는 길에 의지하지 않았다고 합니다.'
> 부처님, 저는 유마힐로부터 이와 같은 말을 듣고서 남에게 성문(聲聞)이나 독각(獨覺)의 수행을 권하지 않게 되었습니다."

여기에 인용한 경전의 일절은 탁발하는 자세와 공덕을 알게 해주는 대목이다. 탁발이 그저 음식을 빌어먹는 행위가 아니라, 차별과 분별과 탐욕과 집착과 번뇌를 넘어 해탈과 깨달음의 경계에 들어서게 하는 선교방편(善巧方便)[9]임을 확인해준다. 논밭을 갈며 직접 생산활동으로 출가교단에 경제적 후원을 하는 재가자-우바새(남자)·우바이(여자)-와 마음 밭을 갈며 풍요로운 정신적 수확으로 재가대중의 정신적 갈망을 채워주는 출가자-비구·비구니-간의 관계구조를 예시하고 있는 것이다. 이를 통해 우리는 탁발수행의 사상성과 그 이념이 무엇인지를 살필 수 있음이다. 이것이 비구와 비구니의 실체(實體)요 정체(正體)인 것이다.

9) 대중의 수준이나 능력에 따라 잘 교화해 그들의 삶을 향상시키거나 열반으로 인도할 수 있는 여러 가지 훌륭한 방법.

발원, 번뇌를 다 끊으오리다.

4
최초의 비구니와 그 에피소드(episode)

어느 때 붓다는 까삘라왓투의 사꺄족 사람들이 사는 곳의 니그로다 승원에 있었다. 그때 마하빠자빠띠 고따미가 붓다를 방문해 예를 갖추고서 이렇게 말했다.

"부처님께서 말씀하신 계율과 가르침에 여성도 출가할 수 있도록 허락해 주신다면 좋겠습니다."

"고따미이시여, 계율과 가르침에 여성도 출가하는 것에 마음 쓰지 마십시오."

마하빠자빠띠 고따미는 다시 요청했지만 붓다는 허락하지 않았다. 고따미는 슬픔의 눈물을 흘리며 그곳을 나왔다.

붓다는 까삘라왓투를 떠나 웨살리의 대림중각강당으로 갔다. 그때 마하빠자빠띠 고따미는 삭발하고 노란 가사를 입고 5백 명의 사꺄족 여인들과 함께 웨살리로 출발해 중각강당에 도착했다. 발은 붓고 사지는 온통 먼지로 뒤덮인 채 문밖에 서서 눈물을 흘리고 있었다. 그때 존자 아난다가 그녀를 보고 이렇게 말했다.

"고따미이시여, 어찌 그리 발은 붓고 사지는 온통 먼지로 뒤덮인 채 문밖에 서서 울고 계십니까?"

"아난다여, 부처님께서 말씀하신 계율과 가르침에 여성도 출가할 수 있도록 부처님께 허락해 주십사 말씀해 주십시오."

존자 아난다는 붓다께 가서 이렇게 말했다.

"부처님, 마하빠자빠띠 고따미께서 발은 붓고 사지는 온통 먼지로 뒤덮인 채 밖에서 울고 있습니다. 여성도 부처님의 계율과 가르침에 출가할 수 있도록 허락해 주신다면 좋겠습니다."

그러나 붓다는 허락하지 않았다. 존자 아난다는 다른 방식으로 말해야겠다고 생각하고 다시 이렇게 여쭸다.

"부처님, 만일 여성이 부처님의 계율과 가르침에 출가한다면, 그들도 수다원과(예류과)·사다함과(일래과)·아나함과(불환과)·아라한과[10]를 성취할 수 있습니까?"

"아난다여, 그들도 성취할 수 있느니라."

"부처님, 만일 그들이 수다원과·사다함과·아나함과·아라한과를 성취할 수 있다면 마하빠자빠띠 고따미께서는 부처님의 이모요, 양모요, 양육자로서 부처님의 친모가 돌아가셨을 때 부처님께 젖을 먹여 길렀습니다. 그러니 부처님, 여성도 부처님의 계율과 가르침에 출가할 수 있도록 허락해 주신다면 좋겠습니다."

붓다는 마침내 여성의 출가를 허락했다.

율장 『쭐라왁가』 10편

이제 나는 불교 교단사에서 최초의 비구니가 탄생하는 과정을 고찰해보고자 한다. 붓다가 와라나시의 녹야원을 찾아 처음으로 설법한 다섯 수행자가 최초의 비구라고 한다면, 앞에 제시한 율장에서도 알 수

10) 수행의 네 단계 도달경지를 말한다. 흔히 목표[향]와 경지[과]를 한 쌍으로 해서 사향사과(四向四果)라고 한다. 그것은 수다원(sotāpanna, 예류預流)·사다함(sakadāgāmi, 일래一來)·아나함(anāgāmi, 불환不還)·아라한(arahant, 무학無學)의 네 단계에 각각 깨달음에 이르는 길을 의미하는 향(magga: 道)과 깨달음의 경지에 도달함을 의미하는 과(phala)를 배정한 수다원향·수다원과, 사다함향·사다함과, 아나함향·아나함과, 아라한향·아라한과 등 여덟 단계를 말한다. 그래서 사향사과를 '네 쌍의 여덟 단계에 있는 성자'라고 해서 사쌍팔배(四雙八輩)라고도 한다.

있는 바와 같이 최초의 비구니는 붓다의 이모이자 양모인 마하빠자빠띠 고따미(Mahāpajāpatī-Gotamī)를 비롯한 5백 명의 사까족 여인들이다.

비구니가 탄생한 것은 비구의 그것보다 훨씬 훗날의 일이다. 독자들의 이해를 돕기 위해 초기불교 교단의 성립을 잠깐 언급하고자 한다. 첫 비구의 탄생은 붓다가 6년여의 정진수행을 통해 위없는 원만하고 완전한 깨달음을 성취한 그 이듬해의 일이다. 나이 서른다섯에 깨달음을 성취했으니, 붓다가 다섯 비구를 만나 처음 법(法, dhamma)을 설한 때는 서른여섯 살이 되던 해 초였다. 이들 다섯 비구-꼰단냐(Koṅḍañña) · 왑빠(Vappa) · 밧디야(Bhaddiya) · 마하나마(Mahānāma) · 앗사지(Assaji)-는 붓다에게 처음으로 설법을 듣고 더 이상 배울 것이 없는 경지에 오른 성자, 곧 아라한이 되었던 붓다 이후 최초의 인물들이다. 그해 야사(Yasa)를 위시해 4명의 친구-위말라(Vimala) · 수바후(Subāhu) · 뿐나지(Puṇṇaji) · 가왐빠띠(Gavampati)-와 그들의 친구 50명 등 도합 55명이 붓다의 제자가 되어 비로소 일정한 승가 대중의 모습을 갖추게 되었다. 이때 야사의 출가소식을 듣고 자식을 집으로 데려가기 위해 부랴부랴 녹야원을 찾아왔던 야사의 부모도 붓다에 교화됨으로써, 불법승(佛法僧) 삼보에 귀의한 최초의 재가불자-우바새(남) · 우바이(여)-가 되었다. 60명의 아라한 제자가 탄생하자 붓다는 마침내 전도선언(傳道宣言=전법선언傳法宣言)을 통해 본격적인 전법의 깃발을 높이 올렸다.

당시 60명의 제자들은 붓다의 당부에 따라 짝지음 없이 한 사람씩 60곳을 향해 길을 나섰다. 붓다도 법을 설하기 위해 다섯 비구를 찾아 나서면서 유념해두었던, 자신이 깨달음을 성취해 붓다가 되었던 바로 그곳, 붓다가야의 우루웰라 세나니마을(장군촌)을 다시 찾았다. 붓다는 이곳에서 깟사빠(Kassapa) 3형제-우루웰라 깟사빠(Uruvela-Kassapa) · 나디 깟사빠

(Nadi-Kassapa)·가야 깟사빠(Gaya-Kassapa)-를 비롯한 그들의 교도 1천 명을 교화했으며, 훗날 붓다의 상수제자가 되는 사리뿟따와 마하목갈라나를 위시한 동료수행자 250명이 붓다의 제자로 들어왔다. 『금강경』 등 대승경전에 명시된 비구 대중 1,250이라는 숫자가 승가 대중의 규모를 상징하게 된 배경이 이로부터다. 마하깟사빠가 붓다와 인연을 맺게 된 것도, 마가다국 빔비사라 왕이 최초의 불교사원인 라자가하(왕사성)의 죽림정사를 기증한 것도 모두 그해의 일이다.

그리고 붓다가 일생을 통해 가장 오랫동안 머물며 교화활동의 일대 거점이 되었던 꼬살라국 사왓띠(사위성)의 기원정사(기수급고독원)를 수닷따 장자가 기부하고, 꼬살라국의 빠세나디 왕이 귀의하게 된 것은 깨달음을 이룬 후 3년째 되는 붓다의 나이 서른여덟 살 때이다. 훗날 붓다의 뛰어난 제자로서 교단의 중추역할을 하게 되는 사꺄족 왕자들-이모이자 양모인 마하빠자빠띠 고따미의 친아들로서 붓다의 이복동생인 난다, 붓다의 출가 전 아들인 라훌라, 붓다와 사촌형제간인 아난다와 아누룻다 등-과 그들의 이발사였던 우빨리가 출가하게 된 때는 붓다의 나이 마흔 살, 깨달음을 이룬 지 5년차 안짝의 일이다. 그즈음 음도살망(淫盜殺妄: 음행·도둑질·살생·거짓말)의 사건이 순차적으로 발생하면서 교단의 질서를 지키기 위한 계율이 수범수제(隨犯隨制: 죄를 범하는 자가 발생할 때마다 이를 제지하기 위해 규정을 정함)식으로 제정되기 시작한 것도 깨달음을 이룬 후 5~6년째부터이다. 이로써 교단의 성립과 승가의 일정한 틀이 갖춰지는 가운데 붓다의 45년 교화행각과 초기불교의 사회적 실천을 통한 불교의 지표가 구축되어 오늘에 이르는 토대를 형성했다.

불교 교단사에서 출가양중의 한 축을 담보해온 비구니승가가 비로소 그 성립을 본 것은 비구승가에 비해 한참 후의 일이다. 마하빠자빠

인도 웨살리 대림중각정사. 붓다가 마하빠자빠띠 고따미 등 사꺄족 여인 500명의 출가를 처음 허락했던 사원이다. 이로부터 비구니승가가 탄생했다. 상단에 사자상으로 조성된 아소까왕의 원통형 석주가 온전히 남아있는 곳이기도 하다.

띠 고따미를 비롯한 5백 명의 사꺄족 여인들이 붓다에게 출가를 허락받는 일련의 과정은 비구니승가의 성립을 알게 해주는 매우 중요한 사건이다. 이제 그의 역사적 정황을 살펴 최초의 비구니와 관련된 에피소드(episode)를 소개하고자 한다.

어느 때 붓다가 고향인 까삘라왓투를 방문했다. 그때 나이 마흔 살이었고, 깨달음을 이룬 후 5년째 되던 해였다. 부왕인 숫도다나 왕의 병환이 위중하다는 전갈을 받은 직후였다. 거처를 까삘라왓투 교외의 큰 숲 니그로다 승원으로 옮겼다.

그런데 그해 여름 극심한 가뭄이 계속되었다. 사꺄족과 혼인관계로 맺어진 이웃나라 꼴리야족의 농부들은 로히니 강을 사이에 두고 서로 논에 물을 대기 위한 말다툼이 일어났고, 주먹질을 넘어 피투성이가 되는 싸움으로 번지면서 급기야 종족간의 전쟁으로까지 확산되기 일보 직전이었다. 이때 붓다가 나서 양쪽의 왕족들에게 "강물과 사람 중에 어느 쪽이 더 소중한가"를 묻고 "평화와 정의를 사랑하는 부족만이 번영할 수 있다"며 "원한과 고뇌와 탐욕이 가득한 사람들 속에서 원한과 고뇌와 탐욕을 벗어나 즐겁게 살자"고 강조함으로써 일촉즉발의 전쟁위기를 막았다. 사꺄족과 꼴리아족은 본래 같은 조상(옥까까 왕)의 후손들이었다.

다시 평화를 찾은 양 종족은 붓다의 위엄과 덕을 더욱 찬탄하며 각각 250명씩 5백 명의 귀공자들을 선발해 붓다를 시중들도록 하였으나, 붓다는 그들에게 시중드는 사람이 아닌 자율적인 법(法)의 제자로 들어오기를 요구했다. 붓다의 자발적인 제자로 새롭게 출가의 길에 나선 그들은 부모 아래서 살고 있던 유능한 젊은 청년들이었고, 아내를 둔 남편들도 있었다.

양 종족의 물싸움 사건이 있은 후 얼마 되지 않은 그해 부왕 숫도다나 왕이 돌아가셨다. 붓다는 부왕을 임종하고 몸소 관을 들겠다고 나섰으나, 친족들의 만류로 향로를 들고 다비장(화장장)으로 앞장섰다. 정성을 다해 장례의 모든 절차를 마치고 다시 머물던 숲으로 돌아왔다.

그러던 어느 날 마하빠자빠띠 고따미가 고운 가사(袈裟)[11]를 손수 만들어 붓다를 찾아왔다. 붓다는 가사를 받아달라는 고따미의 간청을 끝내 뿌리치고 승가 대중에게 기증하는 게 낫겠다며 가사를 승가에 넘겨주었다. 그렇게 가사의 기증문제로 상심한 고따미는 눈물을 머금고 붓

11) 출가한 이가 장삼 위에 왼쪽 어깨에서 오른쪽 겨드랑이 밑으로 걸쳐 입는 법의(法衣). 종단마다 색깔과 형식이 다르다.

다를 찾아온 진정한 이유를 말했다. 선왕의 그늘에 의지해 살아왔으나 이제 그 그늘이 사라졌으니, 자신을 비롯한 왕궁에 혼자 남은 많은 여인들이 지금부터라도 붓다의 그늘에 의지해 살 수 있도록 해달라는 애원이었다.

그랬다. 당시의 인도사회에서 여자의 일생은 삼종지도(三從之道)의 삶이었다. 그러한 삶은 중국도 그랬고, 우리나라도 그런 시대가 있었다. 그것은 곧 여자는 태어나 아버지에게 의지하다가 혼인하면 남편에게 의지하고 남편이 세상을 떠나면 아들을 의지해 살아가는 삶의 구조를 말한다. 고따미는 선왕도 돌아가시고, 두 아들(붓다와 난다)과 손자(라훌라)마저도 모두 출가해버린 지금 의지할 곳이 아무도 없다는 자신의 처지를 불쌍히 여겨 붓다의 그늘에서 살도록 해주기를 간청하고 있는 것이었다.

붓다는 거절했고, 고따미는 눈물로 세 번에 걸쳐 거듭거듭 애원했다. 까삘라왓투의 교외 큰 숲에서 붓다에게 여성출가를 허락해달라는 고따미의 간청은 모두 거절당했다. 그리고 붓다는 사꺄족과 꼴리야족에서 새롭게 제자로 들어온 5백 명의 비구들을 데리고 웨살리로 거처를 옮겨갔다. 놀랄 만한 광경이 벌어진 것은 그 후의 일이었다. 어느 날 고따미가 스스로 삭발하고 거친 베옷을 입고 맨발로 까삘라왓투의 거리로 나선 것이다. 경이로운 일은 여기서 멈추지 않았다. 한때 왕비였던 여인이 걸식수행자의 모습을 하고 나타나니, 남편과 아들을 그리워하던 사꺄족과 꼴리야족 5백 명의 여인들이 그 뒤를 따른 것이었다.

그들이 향한 곳은 붓다가 거처를 옮겨간 웨살리 교외의 큰 숲 대림중각정사였다. 까삘라왓투에서 웨살리까지의 거리는 약 50유순, 1,500리가 넘는 머나먼 길이었다. 먼 길을 맨발로 걷다 보니 발은 붓고 터지고,

온몸은 상처에다가 먼지투성이였다. 그들은 그에 굴하지 않고 정사의 문밖에 서서 눈물을 흘리며 출가의 허락을 다시금 애원했다.

이 장면을 보게 된 존자 아난다가 고따미를 가엾게 생각하고서 붓다에게 여성출가의 허락을 요청했다. 이때 존자 아난다는 붓다를 측근에서 24시간 모시고 시중들며 간언하는 상시(常侍: 상근시자, 오늘날의 비서실장에 해당)로 선출되어 원년을 맞고 있었다. 이에 따르면 이때 붓다의 나이 쉰다섯 살이었고, 깨달음을 이룬 지 20년째 되던 해였다. 고따미는 어느덧 일흔다섯의 세월을 맞고 있었다. 고따미의 입장에서는 아난다가 가족관계로 보면 조카뻘에 해당되거니와 비서실장의 지위에 있었던 만큼, 다른 어떤 이보다도 자신의 절실한 심정을 붓다에게 오롯이 전할 수 있는 최적임자였음에는 틀림없었다.

그러나 아난다의 요청을 받은 붓다는 도리어 논리 위의 논리로써 아난다를 설득하며 여성출가를 허락하지 않았다. 그러자 아난다는 "여성도 출가수행한다면 수다원과 내지 아라한과를 성취할 수 있는가"라는 본질적인 물음으로 붓다의 심중을 파고들었다. 붓다의 "그렇다"라는 대답이 이어지자 아난다는 다시 한 번 간곡히 청을 드렸다. "여자도 아라한이 될 수 있다면 그 첫 번째 인연이 어머니이신 고따미에게 주어지길 바란다"는 애원과 함께.

이에 붓다는 마침내 아난다의 청을 받아들여 여덟 가지 법인 『비구니팔경법』[12]을 받아 지닐 것을 전제로 고따미 등 5백 여인들의 출가를 허락했다. 고따미를 비롯한 붓다의 출가 전 부인 야소다라, 이복동생 난다의 아내 자나빠다깔랴니, 난다의 여동생 순다리난다도 여성출가자로서

12) 전하는 자료에 따라 「팔경계(八敬戒)」·「팔중법(八重法)」·「팔경지법(八敬支法)」·「팔존사법(八尊事法)」·「팔불가월법(八不可越法)」·「진형수불가과법(盡形壽不可過法)」·「필추니팔존경법(苾芻尼八尊敬法)」이라고도 한다.

비구니가 되었다.

이로써 불교 교단사에서 최초로 비구니가 탄생되었으며, 뒤를 이어 여성출가자들의 급속 확산에 힘입어 비구니승가가 성립되기에 이르렀다. 그것은 훗날 비구니들이 존자 아난다를 매우 존경하게 되는 이유가 되었다. 또한 마하깟사빠를 위시한 바라문 출신의 일부 비구장로들이 여성출가와 관련한 아난다의 행위를 용인하지 않고 붓다가 돌아가신 직후에 소집된 제1차 결집 때 그 죄를 물어 참회하도록 촉구하는 배경이 되기도 했다.

아무튼 붓다가 여성출가를 허락하자 마하빠자빠띠 고따미는 자기가 마치 머리에 연꽃 다발을 받는 청춘남녀처럼 기쁘기 이를 데 없었다.

이상의 정황에 의거하면, 마하빠자빠띠 고따미가 처음 출가를 요청한 때는 그녀의 남편이자 붓다의 부왕인 숫도다나 왕이 돌아가신 직후로서 붓다가 깨달음을 이룬 지 5년째였다. 그리고 고따미를 비롯한 사꺄족 여인들의 자발적인 출가 의지와 아난다의 간절한 권청과 붓다 자신의 결심에 의해 마침내 최초의 비구니가 탄생한 것은 붓다의 나이 쉰다섯 살 때의 일이다. 깨달음을 이룬 지 20년째 되던 해이다. 그러니까 비구 탄생 이후 거의 20년이 지난 시점일뿐더러, 고따미가 붓다에게 출가의 허락을 간청한 것이 깨달음을 이룬 후 5년으로 보는 경향에 비추어 보면 고따미의 직접 요청이 있었던 시기로부터도 15년이나 지나서야 여성출가가 비로소 수용된 것이었다.

최초 재가불자가 탄생한 배경을 앞에서도 잠깐 언급했거니와, 붓다는 처음부터 남녀를 구별해 법(法, dhamma)을 설하지는 않았다. 비구니의 탄생 훨씬 이전부터도 위사카 미가라마따(Visākha Migāramātā)·반둘

라말리까(Bandulra mallika)·꿋줏따라(Khujjuttarā)·벨루깐다끼야(Velu-kandakiya) 등 많은 여성들이 재가불자로서 붓다의 가르침을 받은 실례가 적지 않기 때문이다. 그럼에도 불구하고 비구승가의 성립과 비교해 비구니승가의 구성요건이 되는 여성출가에 대해서만큼은 붓다 스스로가 왜 그렇게 오랫동안 망설였는지 의아하게 생각하지 않을 수 없다. 그리고 또 한 가지, 여덟 가지 법(「비구니팔경법」)을 받아 지닐 것을 여성출가의 전제조건으로 제시한 붓다의 의중은 과연 무엇이었을까. 그것이 궁금하지 않을 수 없는 것이다.

이제 나는 다시 그 의아함과 궁금증을 살펴 붓다의 심정을 헤아려보는 것으로써 이 장을 마무리하고자 한다. 비구니의 탄생장면을 묘사하고 있는 한 경(『사분율』48 「비구니건도」)을 보면 다음과 같은 붓다의 말씀을 살필 수 있다.

> "여인의 출가를 허락할 수 없으니, 여인이 불법(佛法) 중에 출가해 대계(大戒)를 받으면 불법이 오래 머물지 못하기 때문이니라. 비유컨대 장자의 집에 남자가 적고 여인이 많으면 그 집은 쇠멸하는 것과 같느니라. 또 좋은 곡식밭에 서리나 우박이 내리면 곧 파괴되어 버리는 것과 같느니라."

여기에 인용한 일절은 아난다가 마하빠자빠띠 고따미 등 5백 명의 사꺄족 여인들의 출가를 허락해 달라고 요청하자 붓다가 대답한 내용이다. 여인의 출가를 허락할 수 없는 이유를 불법(佛法)이 단절될 우려 때문으로 읽히는 대목이다. 불법이 단절된다는 말은 정법 교단이 오래 지속되지 못한다는 뜻일 게다. 몇몇 경전들도 붓다가 사꺄족 여인들의 출가요청을 처음부터 받아들이지 않은 이유로 '정법기간 오백 년 감소설'

'여인오장설' '변성남자성불설' 등을 내세우고 있다.

정법기간 오백 년 감소설은 정법 교단이 1천 년 동안 지속될 수 있는데, 여인이 교단에 들어옴으로써 그 절반밖에 유지하지 못한다는 주장이다.[13] 여인오장설(女人五障說)은 실상 그 내용을 보면 여인오불가설(女人五不可說)이며, 이는 여인의 몸으로는 제석천·범천·마왕·전륜성왕·붓다 등 다섯 가지를 성취할 수 없다는 말이다.[14] 변성남자성불설은 여인오불가설의 하나인 붓다가 될 수 없다는 내용을 순화시킨 것으로, 금생에 여자의 몸으로는 붓다가 될 수 없으나 다음 생에 남자로 태어나면 가능하다는 논리다.[15]

과연 그럴까. 여인이 출가해 교단에 들어오면 정법기간이 줄어들고, 여인의 몸으로는 붓다가 될 수 없으니 남자의 몸으로 바꾼 후에야 비로소 가능하다는 게 타당한 것인가. 그렇다면 존자 아난다가 붓다에게 "여성이 불법(佛法) 가운데에 출가한다면 수다원과·사다함과·아나함과·아라한과를 성취할 수 있냐"고 묻자 "성취할 수 있다"고 대답한 붓다의 진의는 무엇인가.

이쯤에서 당시 인도의 바라문 사회 구조와 초기불교 교단의 내부사정을 들여다볼 필요가 있다. 먼저 교단 바깥의 사정을 살펴보자. 당시 인도의 사회적 정서나 관습에 따르면 여인은 집과 같은 개념이 강했다. 여인이 집을 나와 유행생활을 한다는 자체가 가정을 파괴하고 사회기반을 무너뜨린다는 통념은 붓다라고 해도 여인들을 교단 안으로 선뜻 받아들일 수 없었던 이유가 되기에 충분했다. 당대 사회의 일반적 전통과

13) 『구담미경』·『비니모경』·『근본설일체유부나야잡사』 등에 기술되어 있다.

14) 『불설초일명삼매경』은 이에 대해 구체적으로 설명하고 있다. 『증일아함』·『중본기경』·『오분율』·『법화경』·『대지도론』 등은 구체적인 이유 없이 언급만 되어 있다.

15) 『대반야경』·『법화경』·『화엄경』·『대보적경』·『대집경』 등 대체로 대승경전에서 주장하고 있다.

관습을 하루아침에 파기하거나 사회 근간을 흔드는 제도를 성급히 수용하려다 아직은 규모화되지 못한 초기불교 교단 전체가 사회적 외면 내지 붕괴에 직면할 수도 있었기 때문이다.

한 경(율장 『마하왁가』)은 이러한 우려가 적지 않았다는 사실을 전해준다. 초기불교 당시 야사와 그 친구들의 집단출가의 경우처럼 젊은이들이 집과 가족을 뒤로하고 출가하다 보니, 바라문과 그의 교도들이 붓다를 향해 "사문 고따마는 집안의 남자들을 빼앗고 과부들을 만듦으로써 가정을 파괴하고 있다"고 비난을 퍼부었던 것이다. 승가가 탁발수행을 삶의 기본으로 삼고 있는 이상 일반사회와 무관할 수 없을뿐더러, 오히려 더욱 밀접한 관계 속에서 재가대중의 외호를 받아야 하는 것은 교단유지를 위한 매우 절실한 문제였다. 마하빠자빠띠 고따미 등 5백 명의 사꺄족 여인들이 출가를 처음 요청했을 때가 교단성립 불과 5년째였다는 현실을 상기해본다면 적절한 때를 기다리며 신중한 결단을 기할 수밖에 없었던 붓다의 심중을 헤아리기에 족하다.

불교 교단의 내부사정은 어떠했는가. 마하빠자빠띠 고따미는 붓다를 29년간 친아들보다 더 애지중지 길러주었던 이모요 양모였다. 그리고 5백 명의 사꺄족 여인들은 다수가 붓다의 제자로 출가해 불교 교단에서 수행생활을 하고 있던 비구들의 출가 전 부인들이었다. 거기에는 붓다의 출가 전 부인이었던 야소다라도 속해 있었다. 이는 바라문들을 비롯한 외도들이 불교 교단을 비난할 수 있는 빌미가 되기에 충분했다. 부부라는 세간인연과 함께 붓다와 고따미의 경우처럼 모자인연도 적지 않았던바, 여성출가를 받아들일 경우 남성이 비록 나이가 적더라도 여성에게 먼저 예를 갖추는 일이 가당하지 않았던 당대의 관습에 비춰 비구와 비구니의 관계에 일정한 혼란을 초래할 수도 있었다.

불교 교단사를 살펴보면 처음 비구승가가 성립된 이래 교단체계가 어느 정도 정립되기까지의 20여 년 동안 비구들은 헝겊조각으로 기워 만든 누더기 가사를 입고 여기저기 유행(遊行)[16]하면서 생활했다. 이는 당시 외도들이 신도들로부터 의복이나 옷감을 받는 관행을 거부했으며, 특히 자이나교 등 나체주의자들의 경우 오히려 신도들의 공경까지 받았던 수행자 집단의 생활양식에 따른 것이라 볼 수 있다. 또한 비구들은 오늘날의 사찰 개념처럼 아직은 마땅한 거처가 일반화되지 않았으므로 숲이나 야산, 공터나 일반인들의 숙소 등지에서 밤을 지냈다. 그러다 보니 신체적 조건에서도 남성보다 여성에게 더욱 적합하지 않았을 뿐더러, 여성이 혼자 있을 때 남성에게 겁탈당할 우려마저 지나칠 수 없는 노릇이었다. 훗날 비구니승가가 성립된 이후에도 비구니들로 하여금 숲이나 산속에서 머무는 것을 금지한 것이나, 불교가 잘 뿌리내린 지역에서만 거주하도록 한 배경도 이에 연유한 것이다.

이러한 교단 안팎의 사정은 붓다가 여성출가를 거부한 이유가 여성의 정신적 또는 지적 능력을 부정해서가 아니라, 당시의 일반적 전통과 관습과 신변안전 등의 제도적 문제들과 관련되어 있다는 사실을 알게 해준다. 여성출가를 허락하면서 여덟 가지 법(「비구니팔경법」)에 제시한 조건적 제한은 바로 그러한 사정을 염두에 둔 붓다의 사려 깊은 조치라 할 수 있다. 그것은 또한 붓다가 여성출가를 받아들이는 데 오랫동안 망설였던 배경의 타당성을 설명해주기에 충분하다. 빠알리율장(Vinayapiṭaka: 『쭐라왁가』 10편1)에 명시된 「비구니팔경법」은 다음과 같다.

16) 인도의 지역 특성상 비가 집중적으로 내리는 우기(雨期)가 아닌 기간에 여러 곳을 돌아다니면서 중생을 교화하거나 수행하는 일.

여성출가, 교단의 역사를 다시 쓰다.

① 출가한 지 백년 된 비구니일지라도 (당일 출가한) 비구를 보면 공손히 합장하며 합당한 예를 갖춰야 한다.[비구니만백세(比丘尼滿百歲)]

② 비구니는 비구가 없는 곳에서 안거를 하면 안 된다.[무비구주처불득안거(無比丘住處不得安居)]

③ 비구니는 보름마다 비구들에게 포살에 대해 의견을 묻고, 붓다의 가르침에 대한 설법을 청해야 한다.[반월문포살구교계(半月問布薩求敎誡)]

④ 비구니가 안거를 마치거든 비구들에게 가서 보고 듣고 의심한 세 가지 일을 마음대로 들추어 자자해주기를 청해야 한다.[안거경이부승중구자자(安居竟二部僧中求自恣)]

⑤ 비구니가 중한 잘못을 범했거든 이부대중 앞에서 보름 동안 마나타 갈마를 행해야 한다.[반월행마나타(半月行摩那埵)]

⑥ 비구니는 식차마나가 2년 동안 육법계를 지킨 후에야 비로소 이부승가에서 구족계를 받을 수 있다.[이세학계이부승중수구족(二歲學戒二部僧中受具足)]

⑦ 비구니는 비구가 계를 범했다, 소견을 깨뜨렸다, 위의를 깨뜨렸다고 해서 욕하거나 책망하면 안 된다.[비구니불득매비구설추죄(比丘尼不得罵比丘說麤罪)]
⑧ 비구니는 비구를 꾸짖지 못하나 비구는 비구니를 꾸짖을 수 있다.[폐비구니언로(閉比丘尼言路)]

이 여덟 가지 법은 당시의 비구니와 비구의 관계를 여실히 보여준다. 비구니에 대한 비구의 역할도 엿볼 수 있다. 명시된 규칙만을 본다면 비구와 비구니의 차별성을 당연시하고 있는 듯하다. 하지만 분명한 사실은 여성출가에 대한 교단 안팎의 문제제기를 이 여덟 가지 법을 제시함으로써 비로소 잠재울 수 있었다는 것이다. 이는 곧 여덟 가지 법이 여성출가를 수락하기 위한 방편설이었을 뿐, 교단 내 비구와 비구니의 성차별제도로서 규성된 것이 아니라는 사실을 알게 해준다.

따라서 최초의 비구니가 탄생되는 일련의 과정에서 우리가 놓쳐서는 안되는 몇 가지 중요한 사항이 있다. 그것은 붓다의 여성에 대한 사려 깊은 의중은 물론이거니와, 기필코 출가하기를 갈구했던 여성들의 자율적인 열망과 열정, 당대 사회의 보편적 가치와 전통적 관습, 외도수행자 집단의 생활양식까지 살펴볼 수 있다는 사실이다. 최초의 비구니와 관련된 에피소드(episode)가 오늘의 우리에게 던져주는 교훈이 그와 같다.

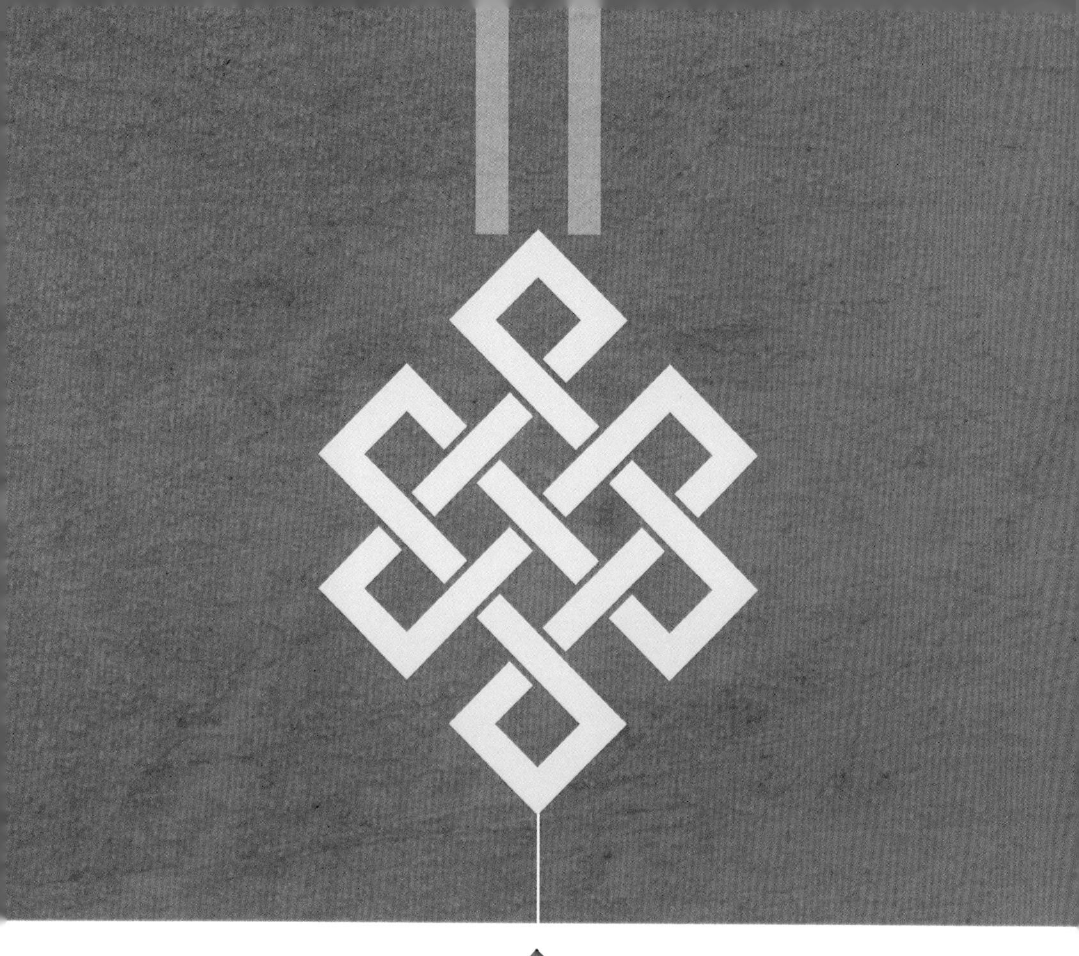

❷

비구니가 되는 길

1
비구니가 되는 길
득도수계(得度受戒)

"저는 평안한 경지를 즐기렵니다. 형성된 모든 것들은 설령 천계(天界)에 속하는 것이나 신(神)일지라도 영원히 머물 수 없습니다. 더욱이 공허하고 불쾌하며 괴로움만 큰 갖가지 욕망은 한결 더합니다. (450)
어리석은 자들이 잘 빠져드는 갖가지 욕망은 괴롭기가 뱀독에 비유됩니다. 그들은 지옥에 가도록 정해져 있으며, 오랜 동안 괴로워하며 몸을 상합니다. (451)
어리석은 자들은 항상 몸과 마음과 말을 조심하지 않고 고약한 심보로 나쁜 짓을 하며, 악한 경계에 떨어져 비참해집니다. (452)
어리석은 자들은 악한 지혜만 있고 생각도 깊지 않으며, 괴로움에 부딪치면 멈칫거리기만 할 뿐 아는 것이 없어서 누가 타일러 가르쳐 주어도 네 가지 거룩한 진리(사성제四聖諦)를 깨닫지 못합니다. (453)
제가 열 가지 능력을 갖춘 붓다의 가르침을 좇아 출가하려는 것을 부모님께서는 허락해 주십시오. 저는 달리 바라는 것도 없고 오직 생사를 벗어나기 위해 정진하렵니다. (457)
미혹한 삶, 견고하지 못한 육신으로 살아야 하는 숙명을 어떻게 기뻐

하겠습니까? 삶에 대한 애착을 끊기 위해 저는 출가하렵니다." (458)

『장로니게(Therīgāthā)』 450-458

이번 장에서는 비구니가 되는 길을 따라가고자 한다. 그 길에 나서면서 먼저 비구니가 되고자 하는 한 여인의 열망이 어떤 감명을 줄 수 있는가를 그녀의 고백을 통해 살펴보는 것으로써 이번 장의 서두를 열까 한다. 한 경(『장로니게』)[17]의 후반부를 장식하고 있는 비구니장로의 유려한 고백이 눈길을 끈다.

아름다운 한 여인이 있었다. 그녀는 중인도의 도시국가인 만타바티의 콘차 왕과 제1 왕비 사이에서 태어난 공주였다. 그녀는 후덕하고 박학했으며, 붓다의 가르침을 늘 염두에 두고 있었다. 그러던 어느 날 부왕과 모후는 이웃나라인 아니카랏타 왕과 혼인을 약속했다는 사실을 그녀에게 알렸다. 그녀는 한 나라의 왕비로 예정되어 있었던 것이다. 그러나 그녀는 전혀 기쁜 내색 없이 부모님께 출가의 뜻을 밝혔다. 그녀의 한 마디 한 마디는 왜 출가해야 하는가의 이유와 목적이 분명했고, 신념과 의지가 너무나도 확고부동했다. 이 말은 들은 그녀의 어머니는 괴로움에 울었고, 아버지도 큰 충격을 받았다. 왕비가 되면 온갖 재산과 명예와 권력과 즐거움을 누릴 수 있다는 말로 그녀를 달랬다. 그녀는 만약에 출가할 수 없다면 곡기를 끊고 죽음만을 기다리겠다고 단언했다. 약혼자인 아니카랏타 왕도 그녀를 찾아와 보석과 황금으로 몸을 단장하고 혼인해줄 것을 두 손 모아 간청했다. 그녀는 요지부동했고 육체의 쾌락이 얼마나 덧없는 것인지를 역설했다. 그녀는 굳은 결심을 증명해

17) 테리(Therī), 즉 성자의 길에 들어선 장로비구니들의 깨달음과 수행, 해탈의 기쁨을 노래로 표현한 시집과도 같은 경전이다. 1게(偈)의 시송으로부터 70여 게(偈)의 시송에 이르기까지 전체 522게송으로 이루어져 있다. 이름 있는 장로니 73명과 이름 없는 장로니 19명을 합해 모두 92명의 장로니를 확인할 수 있다.

주기 위해 긴 머리카락을 잘라 부모님과 약혼자에게 던졌다. 약혼자는 그녀의 마음을 이해하게 되었고, 부모님에게 그녀의 출가를 허락해 줄 것을 청했다. 그녀는 끝내 부모의 허락을 받고 출가했으며, 궁극의 경지를 닦고 익혀 마침내 성자의 지위에 올랐다.

그녀는 수메다(sumedha)라는 비구니였다. 훗날 젊은 시절에 출가할 당시를 회상하며 게송을 읊었는데, 앞에 인용한 시가 그의 일부이다. 이 게송은 비구니장로들의 깨달음의 시집이라고 할 만한 『장로니게』에 75수(448~522절)의 게송으로 고스란히 집대성되어 지금까지도 우리에게 감동을 주고 있다.

이 게송을 보면 수메다가 출가하기 전에 이미 붓다의 가르침이 멀리 중인도까지 전파되어 있었다는 사실을 알 수 있다. 수메다의 고국인 만타바티는 논의제일존자 마하깟짜나의 고향인 아완띠국 웃제니의 북쪽에 위치한 도시국가이다. 이 게송은 또한 사성제가 불교의 핵심명제라는 것도 알려주고 있어 당시의 전도활동이 정확하게 이루어졌다는 것을 보여준다. 부족함이 없는 한 나라의 공주가 부동의 신념으로 부모의 허락을 받고 마침내 출가하게 된 모습에서도 비구니승가의 조직화와 여성 출가가 어느덧 보편화되어 있었다는 사실을 확인해준다.

불교 교단사에서 비구니승가는 마하빠자빠띠 고따미가 「비구니팔경법」을 받아 지님으로써 그 돛을 올렸다. 고따미에게는 「비구니팔경법」의 수지(受持, 받아 지닌다는 뜻)가 곧 구족계(具足戒) 수지였다. 구족계는 '완전한 계율을 갖추게 된다'는 뜻이다. 달리 대계(大戒)라고도 하며, 비구(니)계를 말한다. 이를 받아 지님으로써 비구(니)가 되는 절차의식을 비구(니) 수계의식(受戒儀式) 또는 수구의식(受具儀式, upasampadā)이라

삭발, 성불도생을 향한 첫걸음.

고 하며, 흔히 득도(得度)라고 표현한다.

이처럼 비구(니)가 되기 위해서는 계율이 정한 구족계를 받아 지녀야 한다. 구족계 수지방법과 관련해서는 한 경(『비니모경』1)을 보면 다섯 가지 종류를 살필 수 있다. 이를 열거하면 다음과 같다.[18)]

①사법수구(師法受具): 마하빠자빠띠 고따미가 『비구니팔경법』을 수지함으로써 출가와 구족계를 동시에 갖추게 된 것. 팔중득이라고도 한다.

②백사갈마수구(白四羯磨受具): 백사갈마에 의해 구족계를 받아 지니는 것. 갈마득이라고도 하며, 비구니의 경우는 양중승가에서 이루어지는 갈마라고 해서 이부승득이라고도 한다.

③견사수구(遣使受具): 구족계 수계자가 위험한 상황에 처하게 되어 비구계단에 이르지 못할 경우 대리인을 보내 구족계를 받게 하는 것을 말한다.

④선래수구(善來受具): 붓다가 "잘 왔구나, 비구니여"라고 말함으로써 구족계를 수지하게 되는 것을 뜻한다.

18) 이밖에 『십송율』에서는 자연득(自然得)·견제득(見諦得)·자서득(自誓得)·논의득(論議得)·변오득(邊五得)·수중득(受重得)·견사득(遣使得)·선래득(善來得)·삼귀득(三歸得)·갈마득(羯磨得) 등 열 가지의 수구를 제시하고 있다. 이 가운데 수중득(사법수구)과 견사득(견사수구)은 비구니 수구이고, 선래득(선래수구)과 갈마득(백사갈마수구)은 비구·비구니에 모두 해당한다. 『살바다부비니마득륵가』에서도 열 가지 종류의 수구를 들고 있는데, 이 가운데 비구니는 팔중득·견사득·이부승득의 구족계가 있음을 밝히고 있다.

⑤상수구(上受具): 붓다의 설법을 듣고 아라한이 된 것으로 수구가 이루어진 것을 의미한다.

구족계 수지는 초기불교 이래 대체로 백사갈마(白四羯磨)에 의한 절차에 따르고 있다. 사법수구 등 네 가지 방식은 모두 붓다에 의해 당대에 이루어진 것으로, 그 이후 곧바로 폐지되었기 때문이다. 백사갈마라 함은 합의에 의해 어떤 사항을 결정할 때 그 사항의 내용을 대중에게 한 번 알리고 나서 다시 세 번에 걸쳐 각각 세 번씩의 동의를 구하는 의식이다.

지금부터는 비구니가 되는 대강의 과정을 처음부터 살펴보고자 한다. 여성이 출가해 승가에 들어오기 위해서는 먼저 비구니승가의 허락이 필요하다. 즉 출가를 원하는 여성은 비구니 대중 앞에서 호궤합장(胡跪合掌)[19]으로 예를 갖추고 승가에 입문(入門)할 수 있도록 허락해 달라는 간청을 1차, 2차, 3차를 반복해야 한다. 비구니승가의 허락이 있게 되면 머리를 자르고 가사를 입은 후 삼귀의(三歸依)를 세 번 다짐함으로써[20] 비로소 승가에 발을 들여놓게 된다. 삼귀의는 불교를 이루는 가장 중요한 세 가지 요소-붓다·가르침·승가-에 돌아가 의지하겠다는 다짐 의식을 말한다. 붓다(佛)·가르침(法)·승가(僧伽)는 불교의 세 가지 보배라고 해서 흔히 삼보(三寶)라고 한다.

이렇게 승가에 발을 들여놓으면 첫 번째로 치르는 의식이 사미니 십계(十戒)라고 하는 열 가지 계율을 받아 지니는 것이다. 십계는 ①생명을

---

19) 무릎을 꿇고 허리를 바로 세운 채 두 손을 공손히 모으고 대중 앞에 경의를 표하는 자세. 장궤합장(長跪合掌)이라고도 한다.

20) 부처님께 귀의합니다. 가르침에 귀의합니다. 승가에 귀의합니다. 두 번째도 부처님께 귀의합니다. 두 번째도 가르침에 귀의합니다. 두 번째도 승가에 귀의합니다. 세 번째도 부처님께 귀의합니다. 세 번째도 가르침에 귀의합니다. 세 번째도 승가에 귀의합니다.

고불문 낭독, 수행자가 되기 위한 다짐을 하다(대한불교조계종 제50기 사미니 수계교육/2016.2.25.~3.11 직지사).

삼보일배, 출가의 길에서 나를 낮추다.

죽이지 말라 ②주지 않는 것을 훔치지 말라 ③음행하지 말라 ④거짓말하지 말라 ⑤술 마시지 말라 ⑥때 아닌 때에 먹지 말라 ⑦춤, 노래, 음악을 멀리 하라 ⑧화환, 향수, 화장품으로 치장하지 말라 ⑨높고 큰 침상을 사용하지 말라 ⑩금과 은을 받지 말라 등 열 가지이다. 앞의 다섯 가지는 출·재가자가 공히 지켜야 할 기본계율로서 근본오계라고 한다. 다만 음행과 관련해서는 출가자에게는 음행 자체를 허용하지 않지만, 재가자에게는 사음(邪淫)하지 말라고 해서 부부간의 정음(正淫)을 인정하고 있다.

이를 '사미니 수계의식'이라고 한다.[21] 사미니가 수지해야 할 열 가지 계율은 사미의 그것과 같거니와, 율장(『마하왁가』 1편 56)에 명시된 다음과 같은 붓다의 말씀에 따른 것이다.

> "사미들에게 이런 생각이 들었다. '우리가 수행하기 위해 지켜야 하는 계율은 몇 가지나 될까?' 비구들이 이 일을 붓다께 여쭈었다. 붓다가 이르셨다.
> '사미가 수행을 위해 지켜야 할 계율은 열 가지이니, 이 열 가지 계율(十戒)을 닦아야 하느니라.'"

사미와 사미니는 본래 20세 이하의 남자와 여자 예비승려를 말하며, 오늘날에는 20세 이상이라도 비구(니)가 되기 전의 예비승려는 모두 사미(니)로 통칭한다. 이 과정을 거쳐야 비로소 비구(니)가 될 수 있다. 다만 사미니의 경우는 식차마나(sikkhamānā: 正學女)라는 신분으로 2년간의 특별교육과정을 통과해야 비구니가 될 수 있다. 다시 말해 식차마나

21) 사미니의 수계작법은 『사분비구니갈마법』이나 『근본설일체유부백일갈마』에 구체적으로 기술되어 있다.

(式叉摩那)는 비구니가 되기 위한 직전 단계의 사미니로서, 비구니계를 받을 수 있는 자격을 부여받은 자를 말한다.

물론 식차마나 제도는 비구니승가가 성립된 초기부터 시행된 것이 아니었다. 그러니까 '비구니는 식차마나가 2년 동안 육법계(六法戒)를 지킨 후에야 비로소 이부승가에서 구족계를 받을 수 있다'는 「비구니팔경법」의 한 조항은 마하빠자빠띠 고따미 등 5백 명의 사까족 여인들의 출가방식에는 적용되지 않았다는 얘기다. 따라서 이들은 당시 비구승가에 의해 구족계를 수지했으며, 얼마 동안의 초기 비구니들에게는 구족계라는 수계방식만 있었다는 사실을 말해준다. 차츰 불교 교단이 확장되면서 비구승가에서 구족계(비구계)와 사미계가 분리되고, 비구니승가에서도 사미니계와 식차마나계와 비구니계로 분리되기에 이르렀다.

식차마나에게는 자신들의 일거수일투족을 책임지게 될 스승이 반드시 있어야 하거니와, 화상 내지 의지 비구니라고 불리는 은사가 그것이다. 식차마나가 되기 위해서는 승가에 처음 들어올 때와 마찬가지로 비구니 대중 앞에서 호궤합장으로 경의를 표하고 다음과 같이 청하기를 세 번 반복해야 한다.

> "대중이시여! 저는 을 비구니를 은사로 모시고 있는 갑 사미니입니다. 바라건대 식차마나로서 육법계를 지키며 2년간 수행할 수 있도록 허락해 주시기를 삼가 비구니승가 앞에 간청합니다."

이에 따르면 식차마나가 2년간 학습 받는 내용은 육법계이다. 이에 대해 빠알리율장(Vinayapiṭaka)은 ①살생하지 않는다(이살생離殺生) ②주지 않는 것을 취하지 않는다(이불여취離不与取) ③음행하지 않는다(비범행非梵行) ④거짓말하지 않는다(이망어離妄語) ⑤술을 마시지 않는다(이음주離飮酒) ⑥때 아닌 때에 먹지 않는다(이비시식離非時食) 등 여섯 가지 규칙을 명시하고 있다. 이는 사미니 십계 가운데 근본오계와 '때 아닌 때에 먹지 않는다'는 규칙을 더한 여섯 가지 계율과 일치한다. 하지만 사미니 때 반드시 지켜야 할 열 가지 계율 가운데 식차마나 기간에는 네 가지나 결여되어 있다. 이는 무엇을 의미하는가.

이러한 의아함은 어떤 율장(『근본설일체유부필추니비나야』 18)을 보면 일말 해소됨을 알 수 있다. 이 율장은 육법계에 대해 "①혼자서 길을 걷지 말라 ②혼자서 강을 건너지 말라 ③남자의 몸에 접촉하지 말라 ④남자와 함께 자지 말라 ⑤중매를 서지 말라 ⑥니(尼)의 중죄를 감추지 말라"고 명시하고 있다. 대체로 여성의 안전문제와 성(性)과 관련된 학계(學戒)로 집중되어 있다.

많은 율장들은 몇몇 비구니들이 외딴 길과 숲 또는 심지어 강을 건너는 배 안에서 혼자 있을 때 겁탈당하는 사례가 적지 않았다는 사실을 전하고 있다. 비구니들이 숲이나 산속에 머무는 것을 금지하거나 '비구니는 비구가 없는 곳에서 안거를 하면 안 된다'는 「비구니팔경법」의 한 조항은 바로 이러한 염려의 소산으로 볼 수 있다. '남자의 몸에 접촉하지 말라'라든가 '남자와 함께 자지 말라'는 육법계의 내용도 식차마나 기간에는 사미니 십계 가운데 제외된 네 가지 계율이 조문상 금지되어 있지 않았던 것이나, 은사와 반드시 함께 살아야 했던 사미니와는 달리 어느 정도 자율적인 예외가 가능했다는 사실에 비추어 그 의미를 살펴볼 수 있다.

이렇게 보면 비구니가 되기 직전에 2년간의 특별과정을 두게 된 배경을 어느 정도 이해할 수 있다. 그것은 계속 출가의 삶을 살 것인지 말 것인지를 숙고하는 기간이거니와, 여성으로서의 임신 여부를 판단하는 잣대로 삼은 게 아닐까 싶은 것이다. 한마디로 승가는 여성출가에 있어서는 정신적으로나 현상적으로나 사미니에서 곧바로 비구니로 나아가는 것을 허락하지 않았던 것이다.

이제 여성의 출가생활을 규정짓는 마지막 관문인 비구니의 수계절차를 살펴보겠다. 비구니가 되기 위해서도 비구니 대중 앞에서 호궤합장으로 예를 갖추고 다음과 같이 청하기를 세 번 반복해야 한다.

> "대중이시여! 저는 비구니승가에 구족계 수계를 청합니다. 이를 가엾이 여기시어 제가 비구니승가에 들어갈 수 있도록 허락해 주시기를 간청합니다."

비구니 구족계 수지절차는 대략 이렇다.[22] 먼저 식차마나는 반드시 스승이 되는 화상이 있어야 하고, 그 화상이 될 수 있는 자격은 법랍(法臘)[23] 12세 이상의 비구니라야 한다. 화상은 제자가 비구니 자격을 얻게 되면 구족계 수구의식을 청해 허락을 받는다. 구족계 수지대상자는 식차마나이고, 2년간 육법계를 지켜 승가의 허락을 받은 자에 한한다. 수구자격이 주어진 식차마나는 비구니계단에 나아가 수계절차에 따른다. 수계식에는 계를 전해주는 스승을 비롯해 이를 주관하고 증명할 3화상7증사[24]의 비구니 10인이 있어야 하며, 식차마나는 계를 전해주는 스승으로부터 구족계 수지가 적합한지에 대해 질문을 받는다. 이때 가

22) 빠알리율장(Vinayapiṭaka)「비구니건도」,『사분율』「비구니건도」,『오분율』「비구니법」,『십송율』「비구니단문」,『마하승기율』「비구니법」 등에서 그 절차를 확인할 수 있다.

23) 출가득도한 이후의 나이를 말한다.

24) 3화상은 계를 받는 이에게 계를 전해주는 전계화상, 수계식을 주관하는 갈마화상, 계를 받는 이에게 규율이나 몸가짐을 가르치는 교수화상 등 세 분의 덕 높은 스승을 말한다. 7증사는 수계식을 증명해주는 일곱 분의 존증화상을 뜻한다. 화상을 아사리(阿闍梨)라고도 한다.

사미니 수계교육, 출가정신과 습의를 익히다.

식차마나니계 수계식, 비구니가 되는 길목에서 (2015.4.21.~24 봉녕사).

사(옷)와 발우(밥그릇)를 받게 된다. 적합판정을 받으면 수계가 증명되고 율장의 바라제목차(pātimokkha)[25]에 따라 계율을 수지한다. 한국불교에서 비구니 구족계는 348계이다.[26]

그런데 비구니계 수지는 이로써 끝나는 것이 아니다. 비구 수계식은 단일계단에서 모든 것이 이루어지지만, 비구니 수계식은 비구니승가에서 1차 구족계를 수지하고, 다시 즉일(卽日)에 비구계단에서 2차 수계식을 치러야 비로소 비구니로서 인정된다. 이러한 절차를 이부승수계의식 또는 양중수계의식이라고 한다. 이때 비구계단에도 3사7증사의 비구 10인이 있어야 한다. 이는 공히 비구·비구니 20명의 스승이 있어야 본계(本戒)를 받고 비로소 교단 편입과 함께 비구니로서 공식적인 행보를 시작할 수 있다는 것을 의미한다. 율장에 따르면 비구·비구니 각각의 3사7증사 가운데 한 명이라도 부족하면 수계는 성립되지 않을뿐더러 3사7증사도 죄를 범하게 되는 것이다.[27] 이러한 이부승 수계 전통은 붓다 당시 최초 비구니승가의 성립을 본 인도로부터 스리랑카를 위시한 동남아권의 남방불교와 중국을 위시한 동북아권의 한국·일본 등 북방불교로 전승되었다.

---

25) 계율의 모든 조항을 종류별로 나눠 열거한 조문(條文). 계본(戒本)이라고도 한다.

26) 율장에 따라 구족계의 조목은 비구계의 경우 218계에서 259계까지, 비구니계의 경우 290계에서 380계까지 다양하다.『사분율』에 의지하고 있는 대한불교조계종의 구족계 조목은 비구계 250계, 비구니계 348계이다.

27) 물론 예외는 있다. 붓다는 지역이나 환경에 맞춰 3화상2증사만으로도 구족계를 줄 수 있도록 예외 규정을 제정했다. 그 에피소드는 십대제자 가운데 논의제일존자 마하깟짜나(마하가전연)에 의해서였다. 마하깟짜나가 붓다의 허락을 받고 고향인 아완띠국 웃제니로 돌아와 교화활동을 하게 되면서 많은 사람들이 제자로 출가하기를 원했다. 붓다가 주로 활동했던 동북 및 서북지역과는 거리가 먼 남쪽 변방이었던 아완띠국에서는 3사7증사의 비구 10명을 모으기가 어려워 구족계를 줄 수 없었다. 마하깟짜나는 어느 날 붓다를 뵙기 위해 사왓띠의 기원정사로 떠나는 제자 소나 꼬띠깐나에게 아완띠국 교단 사정을 말씀드리고 지역 특성을 고려하는 계율 적용이 필요하다는 것을 붓다에게 요청하도록 했다. 소나는 변방국 아완띠의 이러한 교단 사정과 마하깟짜나의 신중한 처신에 의해 출가 염원 3년 만에야 비로소 구족계를 받을 수 있었던 경험자였다. 소나의 전언을 들은 붓다는 그 요청을 받아들여 지역과 환경에 따라 필요시에는 3화상2증사만으로도 구족계를 줄 수 있도록 예외 규정을 제정했다. 이러한 계율의 편의 적용은 마우리아 왕조 아소까 왕이 세계 9개 지역에 최초의 국제포교사단을 파견할 때도 그대로 적용되어 5명의 비구로 짝을 지어 파송한 바 있다.

2
수계의식의 역사적 흐름

이처럼 여성이 비구니가 되기 위해서는 출가의지에 따라 비구니승가의 허락과 함께 사미니 십계 수지와 식차마나의 신분으로 2년간 육법계를 배운 연후에야 비로소 구족계 수지자격을 얻게 되는 과정을 거쳐야 한다. 비구니의 구족계 수지와 관련해서는 비구니승가와 비구승가에서 당일에 두 번에 걸쳐 수계의식을 치러야 하는 이부승 수계의식에 따라야 한다. 이는 '비구니는 식차마나가 2년 동안 육법계를 지킨 후에야 비로소 이부승가에서 구족계를 받을 수 있다'는 「비구니팔경법」의 한 조항에 의거한 것이다.

이부승 수계제도는 현재 한국불교의 대표종단인 대한불교조계종이 제도적으로 복원·시행하고 있는 비구니 수계의식의 핵심이다. 이 수계제도는 상좌부불교로 지칭되는 동남아권의 남방불교[28]와 대승불교로

28) 비구니 수계 전통과 관련해 스리랑카는 11세기, 미얀마는 13세기 이후 완전히 사라졌다. 한국과 대만의 비구니승가는 1997년 11월과 1998년 2월 인도 붓다가야에서 세계 비구니 수계식을 개최해 당시 스리랑카 여성불자 30여 명에게 구족계를 주었거니와, 그들이 스리랑카로 돌아가 비구니승가의 복원을 천명했으나 기존승단은 이를 대승교단의 수계식으로 치부하고 인정하지 않았다.

대한불교조계종 단일계단 첫 사미니계 수계식(1981.2.17 영축산 통도사).

대한불교조계종 단일계단 첫 이부승 구족계 수계식(1982.10.19 금정산 범어사).

대한불교조계종 단일계단 첫 식차마나니계 수계식(1995.9.21 금정산 범어사).

지칭되는 동북아권의 북방불교로 전승되어 오늘에 이르고 있다.

비구니의 이부승 수계를 알게 해주는 우리나라의 직접적인 기록은 찾아보기 힘들다. 다만 일본 자료에 국내에서 이부승 수계가 이루어졌다는 사실이 명시되어 있어 주목된다. 그것은 백제불교의 정황을 알려주는 기록이기도 한다. 백제의 인도구법승 겸익(謙益)이 범본율부(梵本律部)를 갖고 귀국한(526) 이후 72권의 율부 번역과 36권의 율소(律疏)가 저술되는 등 계율연구와 무관하지 않은 것으로 보여 더욱 신빙성을 높여준다. 우리나라의 비구니 수계의식에 관한 최초의 기록으로 보이는 일본 자료(『원흥사가람연기』)의 한 대목을 옮겨보자.

> "비구니 수계식은 먼저 비구니사찰에서 10명의 비구니스승을 청해 수계한 뒤, 곧바로 비구사찰로 가서 10명의 비구스승을 청해 비구니스승 10명과 도합 20명의 스승으로부터 구족계를 수지한다. 하지만 이 나라에는 비구니스승만 있고 비구사찰과 비구스승이 없기 때문에 비구니들이 법대로 수계하려면 비구사찰을 세우고 백제국의 승니들을 초청해 계를 받아야 할 것이다."

이것은 용명 2년(587, 위덕왕 34)에 백제의 사신들이 일본의 비구니 수계의식에 대해 조언하는 내용이다. 이에 따라 일본 대신 소아마자(蘇我馬子)가 백제승을 청해 수계의 법을 물었거니와, 고구려승 혜편(惠便)에 의해 584년경 일본 최초로 여성출가자가 된 선신(善信)[29] · 선장(禪藏) · 혜선(惠善)이 588년에 이르러 백제로 건너와 3년 동안 머물면서 계율을 공부하고 정식 비구니가 되어 590년에 돌아갔다.[30] 이로 보아 백제에서

29) 선신은 도래인 사마달등(司馬達等)의 딸이다.

30) 『조동종니승사』에 따르면 이로부터 일본에서는 세 비구니에 의해 출가자들이 급증했다고 한다. 선신의 남동생으로 추정되는 덕제(德齊)도 이때 출가해 일본의 첫 비구가 되었다고 한다.

대한불교조계종 제36회 단일계단 구족계 수계산림이 2016년 3월 29일~4월 6일 금정총림 범어사에서 개최되었다. 비구 130명, 비구니 73명이 새롭게 탄생했다.

는 이미 비구니 수계가 이부승 수계로 이루어지고 있었다는 사실을 알게 한다.

신라불교는 자장(慈藏)이 당나라 유학을 마치고 귀국할 때(643) 『사분율』에 의지하고 있는 도선(道宣)의 남산율맥을 들여온 데서 계율 전래의 시초를 이룬다. 자장은 귀국 3년 후 통도사 창건과 함께 금강계단을 세우고 『사분율』에 의거한 비구(니)의 수계의식을 여기서 주도했다. 현재 대한불교조계종의 모든 율사들이 중국의 남산율맥을 전지(傳持)

하게 된 배경[31]은 그에 따른 것이다. 신라불교가 『사분율』에 의지했다는 것은 『사분율』 「비구니건도」에 명시된 「비구니팔경법」을 호지했을 가능성이 매우 높았다는 사실을 말해준다.

고려불교도 대체로 남산율맥의 전승에 따라 『사분율』에 의지한 것으로 보고 있다. 고려 말의 천태종 승려 운묵무기(雲默無奇)가 1328년(충숙왕15)에 쓴 『석가여래행적송』에는 「비구니팔경법」을 잘 지키면 정법이 다시 1천년 머물 것이라는 내용이 기술되어 있다. 이는 비구니의 이부승 수계의식이 이 시대까지 줄곧 이루어졌을 개연성을 짐작하게 하는 대목이다.

조선불교는 조정의 숭유척불(崇儒斥佛)로 교단제도의 구체적인 기록을 찾기가 쉽지 않다. 유생들과는 달리 왕실의 숭불경향이 없지 않았으나 조선불교의 교단유지와 수계를 위한 계단시설(戒壇施設)이 어떻게 존속되었는지 구체적으로 확인할 수 없는 실정이다. 19세기 말 개화기를 거쳐 일제강점기와 현대기를 맞아 교단에서 시행된 계단시설과 수계방식을 살펴보면 비구니의 이부승 수계제도는 억불척승(抑佛斥僧)의 조선조를 거치는 동안에는 단절된 것으로 보인다.

---

31) 이와 관련해 학담은 「용성진종선사의 원돈율사상과 선율겸행의 선풍」(『대각사상』 10호)에서 “우리의 율법은 화엄·범망 등 대승경을 의지해 심지계법(心地戒法)으로 이어왔기에 중국 남산율종과 자장율사의 오대산 상서감응을 통한 통도사 금강계단 설치는 아무런 인연관계가 없다”며 자장과 남산율맥은 무관하다고 주장한다. 『삼국유사』(「의해」제5 ‘자장정율’)의 기록에 의거하더라도 자장은 오대산에서 서상수계(瑞祥受戒=자서수계自誓受戒)한 것이지 남산율맥을 계승한 게 아니라는 설명이다. 환성지안(1664~1729) 이후 끊어진 율맥을 복원한 대은낭오(1780~1841)의 수계와 관련해서도 서상수계(자서수계)를 거론하고 있다. 서상수계로 율맥을 이어왔다는 기록은 가산지관의 『한국불교계율전통』에도 명시되어 있다. 이에 따르면 대한불교조계종의 비구율맥은 초전(初傳)과 복원 당시의 전지(傳持)가 모두 서상수계로써 이루어졌다는 사실을 말해주거니와, 서상수계로써 율맥을 복원하기 전에는 끊어져 있었던 것으로 이해된다. 그렇다면 출가양중의 차별구조를 나타내는 비구니 양중수계 등의 팔경법 수칙을 전통 복원이라며 이를 제도화한 교단 현실이 아이러니하다.

3 수계전통의 복원과 문제점

비구니의 이부승 수계제도가 복원된 것은 최근의 일이다. 그것은 당대의 지계제일율사(持戒第一律師)로 이름 높았던 자운성우((慈雲盛祐, 1911~1992)에 의해서였다. 자운성우는 『사분율』에 의지한 계목(戒目)을 작성하고 율장을 일일이 사서하며 수십만 권의 계본(戒本)을 인출하는 등 율장에 의거한 출가양중의 전통적인 수계절차를 복원시키는 데 일대 공헌했다. 나아가 비구율사인 일우종수(一愚宗壽)·동곡일타(東谷日陀)·가산지관(伽山智冠)·무봉성우(無縫性愚)·석엽철우(石葉鐵牛) 등에게 계맥을 전수하고, 비구니율사인 보월정행(寶月淨行)·원허인홍(圓虛仁弘)·법계명성(法界明星)·세주묘엄(世主妙嚴) 등에게도 계맥을 전수해 이부승 수계의식을 전승할 수 있는 체제를 갖추도록 했다.

자운율사에 의해 대한불교조계종이 단일계단을 시행한 것은 1981년 2월 17일 거행된 제1회 사미·사미니계 수계산림부터다. 그로부터 1년이

봉녕사 금강율원 '계율과 수행' 세미나(2015.10.14~16).

봉녕사 금강율원 '계율과 수행' 세미나.

경과된 1982년 초에 자운성우는 비구니 이부승 수계의 전통 복원을 종단에 제안했다. 조계종은 자운성우의 제안을 받아들여 '비구니 이부승 구족계 수계제도'를 그해 6월 중앙종회에 안건으로 상정했고, 마침내 입법화되어 오늘에 이르고 있다. 이 수계제도가 정식 복원된 당해연도인 1982년 10월 15일~20일 부산 범어사 대성암에 시설된 단일계단 별소계단에서 역사적인 이부승 구족계 수계식을 거행했다.

이러한 비구니 이부승 수계의식은 앞에서 살펴본 것처럼 중국의 남산율맥이 의지하고 있는 『사분율』에 근거를 두고 있다. 이는 출가양중이 공히 「비구니팔경법」을 호지하고 있다는 사실을 말해준다. 더욱 안타까운 일은 「비구니팔경법」이 붓다의 참뜻과는 무관하게 그를 받아들이는 비구승가에 의해 오늘날까지도 비구니의 비구에의 예속을 명문화한 계목으로 이해하고 있다는 것이다. 이부승 수계제도의 복원을 마냥 반길 수 없는 까닭은 그 때문이다.

나는 2014년 어느 학회지(『한국교수불자연합학회지』20-1)에 발표한 논문(「현대 정보사회에서 팔경법의 적용문제 고찰」)에서 이부승 수계제도가 복원된 시점과 관련해 다음과 같은 논지로 팔경법의 부당함을 지적한 바 있다.

> "「비구니팔경법」이 논쟁의 핵심으로 급부상하게 된 것은 이즈음부터다. 이로 보면 역사 속에 묻혀 있던 팔경법이 다시 수면 위로 부상하면서 비구와 비구니의 차별성 논쟁에 불을 지핀 기간이 그리 길지 않다. 더욱이 당시는 우리 사회에 여성학이 도입되고 페미니즘 물결

이 급류를 타던 시기로서,[32] 정보사회로 접어들기 시작하던 초입시기에 불교 교단은 율장에 명시된 비구니 양중수계 절차에 대한 모든 조항들을 준수하겠다는 전통 복원의 명분만을 내세우다 보니 시대성에 역행하는 동시에 오늘날 출가양중의 차별성과 그로 인한 상호 대립구조를 고착시키는 원인으로 작용하게 된 사실을 간과한 것이다. 당시 비구니승가는 종단의 제도적 방침에 따라 비구니율사로 임명된 비구니들이 '이부승수계제도복원위원회'를 선도하며 전통 복원에 나선 일을 매우 고무적으로 평가하고 이를 환영하는 모습을 보였다. 한마디로 자승자박(自繩自縛)이 된 것이다."

"붓다 재세 시 계율의 제정이 수범수제(隨犯隨制)였다는 특징을 지니고 있고, 불멸 후 전통계승의 전거가 되는 광율(廣律)마다 내용이 일정하게 일치하지 않는 사실은, 이를 각기 다른 시대 다른 지역의 승단에 동일하게 적용할 수 없다는 것을 의미한다. 더욱이 붓다가 입멸에 즈음해 아난다에게 "소소계(小小戒)는 버려도 좋다"고 유촉하신 진정한 뜻이 어디에 있을까를 성찰한다면, 아마도 대중의 화합과 평등성이 판단의 기준이 될 것이다. 과연 팔경법이 대중의 화합과 평등을 위한 절대적 요소인가? 시각을 밖으로 돌려 자유(佛)·평등(法)·평화(僧)를 핵심요소로 삼고 있는 교단이 팔경법을 고집할 경우 과연 우리 사회에 투영될 수 있는 바람직한 교육적 모습인가? 이 두 가지 물음에 불교 교단은 주저없이 당당하게 답을 할 수 있어야 한다."

"팔경법의 제정취지와 관련해 무엇보다도 붓다의 의중으로 들어가 보려는 노력이 필요하다. 붓다의 진의를 제대로 파악할 수 있을 때 그동안의 외람(猥濫)되고 축자적(逐字的)인 사고의 틀을 벗고 여실지견

32) 유엔은 1975년부터 10년간을 '세계 여성의 해'로 정해 여성 인권에 대한 국제적 인식을 고양시켰다. 우리나라도 1983년 유엔의 '여성에 대한 모든 형태의 차별철폐에 관한 협약'에 서명했다. 국회는 1987년 남녀고용평등법 제정, 1989년 가족법 개정, 1993년 12월 성폭력 처벌법 등을 통과시켰다.

(如實知見)하는 정견(正見)의 지혜를 현실에 반영할 수 있을 것이기 때문이다. 팔경법이 붓다의 진의가 아니라는 설정은 계율제정의 근본 목적이 되는 결계십구의(結戒十句義)[33]에서도 해답을 찾을 수 있다. 결계십구의는 승가의 기강을 바로 세우고 교법을 진흥시키기 위해 계율을 제정하는 열 가지 의의(이익)를 말한다. 팔경법의 수칙조항 각각의 내용과 결계십구의를 서로 대비해 계율제정의 목적과 의의에 결부되는지 살펴보면 어렵지 않게 팔경법 제정에 따른 붓다의 의중을 읽을 수 있을 것이다."

한국불교에서 율사들을 위시한 비구승가는 「비구니팔경법」에 의거해 비구니의 비구에의 예속을 왜 당연시하는 걸까. 그것을 붓다의 진의로 믿는 것일까. 그리고 비구니의 이부승 수계는 시대와 지역성을 불문하고 반드시 전승해야 하는 제도인가. 그리고 그것의 본래 취지가 과연 교단 내 성차별을 드러내는 것일까. 이 모든 게 사실은 그렇지 않다는 것이 율장(『쭐라왁가』 10편)에 나타난 붓다의 심중이다. 이 율장에 의거해 비구니의 이부승 수계를 시행하게 된 전후 사정의 대강을 옮기면 이렇다.

"최초의 비구니승가가 탄생하면서 적지 않은 여성들이 출가를 원했다. 아직은 구족계라는 단 하나의 수계방식만이 있었던 초기불교 당시에는 그들에게 비구의 구족계 수계조건과는 달리 신체적·정신적 결함 여부를 묻지 않았다. 그러다 보니 그들 중에는 남자 같은 여성, 성별이 불분명한 여성, 양성자, 나병환자, 간질환자, 악성습진환자

33) 『사분율』권1에 따르면 결계십구의는 ①대중을 잘 거두어 준다[섭취어승(攝取於僧)] ②대중을 화합하게 한다[영승화합(令僧和合)] ③대중을 안락하게 한다[영승안락(令僧安樂)] ④다스리기 어려운 이를 순순히 따르게 한다[난조자영조순(難調者令調順)] ⑤부끄러워하고 뉘우치는 이를 안락하게 한다[참괴자득안락(慚愧者得安樂)] ⑥믿음이 없는 이에게 믿음이 생기도록 한다[미신자영신(未信者令信)] ⑦믿음이 있는 이에게 더욱 신심을 내게 한다[이신자영증장(已信者令增長)] ⑧현세의 번뇌를 끊도록 한다[단현세번뇌(斷現世煩惱)] ⑨후세에 욕망과 악을 끊도록 한다[단후세욕악(斷後世慾惡)] ⑩정법을 오래 머물게 한다[영정법득구주(令正法得久住)] 등 열 가지다. 빠알리율장에서는 제계십리(制戒十利)로 계율제정의 목적을 밝히고 있다.

등도 상당수 있었다. 이른바 24장법(障法, 구족계를 수지할 수 없는 조건)에 해당되는 여성들이었다. 이 사실을 알게 된 붓다가 '비구니 구족계 수계자에게도 비구의 구족계 금지조문을 적용하도록 하라'고 했다. 비구니 수계자들에게 24장법에 의거한 여성성과 관계된 긴밀하고도 예민한 내용까지 묻게 되면서 예기치 못한 상황이 발생했다. 비구 면접관의 질문에 마음의 상처를 입고 두려움과 수치심을 느낀 정상적인 비구니 수계자들이 동요하면서 적법 여부를 묻는 절차를 더 이상 진행할 수 없게 된 것이다. 이에 붓다는 다시 '비구니 수계자들은 먼저 비구니승가에서 적법성을 확인한 뒤 구족계를 수지하고, 다시 비구승가에서 최종적으로 구족계를 수지하도록 하라'고 요청했다."

이 내용은 최초의 비구니승가 성립 당시 마하빠자빠띠 고따미 등 500명의 사꺄족 여인들에게 적용된 사례가 아니다. 아마도 그 이후에 제도화되는 과정에서의 절차를 보여주는 대목일 것이다. 이 내용은 또한 비구니승가가 아직은 조직화되지 못한 시기적 이유로 말미암아 비구니 구족계 수계도 처음에는 비구승가에서 단일적으로 이루어졌다는 사실을 알게 해준다. 비구니의 이부승 수계가 절차상에서 나타난 여성 수계자들의 두려움과 수치심을 보호해주기 위한 붓다의 배려라는 점도 확인해주고 있다. 이로 보아 비구니의 이부승 수계가 어떻게 시행되기에 이르렀는지를 알 수 있다. 이러한 해석이 가능한 것은 이부승 수계가 붓다의 의도와는 달리 후대에 수정·가필되어 「비구니팔경법」의 한 조항으로 굳어진 것이 아니냐는 추정을 낳기에 충분하다.

그렇다면 시대도 지역도 사회상도 모두 달라졌을 뿐더러, 대승불교를 자임하는 한국불교가 상좌부불교에 걸맞는 전통계승이라는 명분만을 내세워 비구니 이부승 수계제도를 고수할 필요는 없어 보인다. 그런데도 교단 현실은 완고한 듯하다. 어떻게 해야 하는가. 비구니들의 소명을 묻는 까닭이다.

❸

역사 속 비구니

1
붓다가 칭송한 비구니들

"수행자들이여! 나의 여제자 비구니 가운데 마하빠자빠띠 고따미(Mahāpajāpatī Gotamī)는 세월을 아는 님 가운데 제일이요, 케마(Khemā)는 위대한 지혜를 지닌 님 가운데 제일이요, 웁빨라완나(Uppalavannā)는 신통을 지닌 님 가운데 제일이요, 빠따짜라(Patacāra)는 계율을 지키는 님 가운데 제일이요, 담마딘나(Dhammadinnā)는 가르침을 설하는 님 가운데 제일이요, 난다(Nandā)는 선정에 드는 님 가운데 제일이요, 소나(Sonā)는 열심히 정진하는 님 가운데 제일이요, 사꿀라(Sakulā)는 투시력을 지닌 님 가운데 제일이요, 밧다 꾼달라께사(Bhaddā Kundalakesā)는 곧바로 아는 님 가운데 제일이요, 밧다 까삘라니(Bhaddā-kapilānī)는 전생의 삶을 기억하는 님 가운데 제일이요, 밧다 깟짜나(Bhaddā-kaccānā)는 위대한 곧바른 앎에 도달한 님 가운데 제일이요, 끼사고따미(Kisāgotamī)는 거친 옷을 입는 님 가운데 제일이요, 시갈라마따(Sigālamātā)는 믿음으로 해탈한 님 가운데 제일이니라."

『앙굿따라니까야』 1 「제일의 품」 243~255

테리가 되고 마침내 '진흙속의연꽃(Buddha)'이 되고자…

붓다에 의해 여성출가가 가능해지면서 사향사과(四向四果)에 도달한 비구니, 즉 테리(Therīe)들이 적지 않게 출현했다. 사향사과(四向四果)의 성자반열에 도달한 비구니들은 빠알리경전을 위시한 초기경전에서 그 존재를 어렵지 않게 확인할 수 있다. 이 경들은 붓다가 자신의 뛰어난 비구니 제자들에 대해 칭찬을 아끼지 않는 모습을 보여주고 있다. 위에 인용한 빠알리경전은 비교적 초기에 두각을 나타낸 13명의 비구니에 대한 붓다의 찬사를 확인해준다.

비구니들의 탁월한 모습은 초기불교 당시에 만들어진 몇몇의 경전(『장로니게(Therigāthā)』, 『증일아함』권3 「비구니품」)에서도 확인할 수 있다. 『장로니게』에 수록된 92명의 장로비구니는 아라한과를 성취해 대중의 존경을 받았으며, 『증일아함』권3 「비구니품」에 나오는 52명의 비구니도 두타(頭陀)·지혜(智慧)·신족(神足)·천안(千眼)·지율(持律) 등의 방면에서 매우 뛰어난 자질을 보여주고 있다. 초기불교 당시 비구니들의 면모를 확인해 본다는 차원에서 붓다가 52명의 비구니를 직접 칭찬하고 있는 이 경의 내용을 옮긴다.

> "내 성문 중 첫 번째 비구니인 대애도구담미(大愛道瞿曇彌, 마하빠자빠띠고따미)는 오랫동안 도를 배워 국왕의 존경을 받고 있으며, 지혜롭고 총명한 비구니로서 식마(識摩, 케마)가 있다. 우발화색(優鉢華色, 웁빨라완나) 비구니는 모든 신들을 감동시킬 정도로 신족을 갖추었으며, 기리사구담미(機梨舍瞿曇彌, 끼사고따미) 비구니는 두타법의 열한 가지 어려운 일을 행하고 있다. 또 하늘눈이 으뜸이어서 걸림 없이 비추는 이로서 사구리(奢拘梨, 사꿀라) 비구니와 앉아서 선정에 들어 마음이 흩어지지 않는 이로서 사마(奢摩) 비구니가 있다. 파두란사나(波頭蘭闍那)는 이치를 분별해 널리 도를 펴는 비구니이며, 계율을 받들어 범하지 않는 이로서 파라차나(波羅遮那, 빠따짜라) 비구니를 들 수 있다. 믿음의 해

붓다는 자신의 뛰어난 비구니 제자들을 직접 칭찬해마지 않았다. 비구니들의 탁월한 모습은 빠알리경전을 비롯해『장로니게』와『증일아함』「비구니품」등에서 확인할 수 있다.

동남아 상좌부불교권은 비구니승가의 맥이 끊겨 더 이상 비구니가 탄생할 수 없는 환경에 처해 있다. 다만 비구계사로부터 받은 10계를 지킨다는 의미에서 '다사실마따(dasasilmātā)'라고 불리는 여성수행자만 존재한다.

탈을 얻어 다시는 물러나지 않는 이가 가전연(迦旃延, 깟짜나) 비구니요, 네 가지 변재(辯才)를 얻어 두려워하지 않는 이로서 최승(最勝) 비구니가 있다.

자기 전생의 수없는 겁의 일을 아는 이는 발타가비리(拔陀迦毘離, 밧다까삘라니) 비구니요, 혜마도(醯摩闍)는 얼굴이 단정하여 남으로부터 존경과 사랑을 한몸에 받고 있는 비구니이다. 외도를 항복받아 바른 교를 세우는 이로서 수나(輸那, 소나) 비구니가 있으며, 이치를 분별하여 널리 갈래를 설명하는 이는 담마제나(曇摩提那, 담마딘나) 비구니이다. 더러운 옷을 입고도 부끄러워하지 않는 이는 우다라(優多羅) 비구니요, 모든 감관이 고요하고 그 마음이 한결같은 이는 광명(光明) 비구니이다. 옷을 잘 바루어 언제나 법다운 이는 선두(禪頭) 비구니요, 여러 가지를 의논하되 의심이나 걸림이 없는 이는 단다(檀多) 비구니이다. 또한 게송을 잘 지어 여래의 덕을 찬탄하는 이는 천여(天與) 비구니요, 많이 듣고 널리 알며 은혜와 지혜로 아랫사람을 대하는 이는 구비(瞿卑) 비구니이다.

항상 고요한 곳에 있으면서 사람 속에 살지 않는 이는 무외(無畏) 비구니요, 몸을 괴롭혀 걸식하면서 귀천을 가리지 않는 이는 비사거(毘舍佉) 비구니요, 한 곳에 한 번 앉아 쉽게 자리를 옮기지 않는 이는 발타바라(拔陀婆羅) 비구니요, 두루 다녀 구걸하면서 사람을 널리 제도하는 이는 마로가리(摩怒呵利) 비구니요, 도의 결과를 빨리 이루어 중간에 지체하지 않았던 이는 타마(陀摩) 비구니요, 세 가지 옷을 가져 끝내 버리지 않는 이는 수타마(須陀摩) 비구니이니라. 항상 나무 밑에 앉아 뜻을 쉽게 바꾸지 않은 이는 협수나(協須那) 비구니요, 늘 노지(露地)에 머물면서 덮개 있는 집에 머물기를 생각하지 않는 이는 사타(奢陀) 비구니요, 호젓하고 고요한 곳을 즐겨 사람 속에 있지 않는 이는 우가라(優迦羅) 비구니요, 항상 풀 자리에 앉아 옷차림을 하지 않는 이는 이나(離那) 비구니요, 다섯 가지 누더기 옷을 입고 차례로 걸식하는 이는 아로파마(阿奴波摩) 비구니이니라.

쓸쓸한 무덤 사이를 즐기는 이는 우가마(優迦摩) 비구니요, 생물들을 가엾이 여기는 자비로운 마음으로 많은 여행을 한 이는 청명(淸明) 비구니요, 도에 이르지 못한 중생을 슬피 여기는 이는 소마(素摩) 비구니요, 도를 얻은 이를 기뻐하고 소원이 일체에 미치는 이는 마타리(摩陀利) 비구니요, 모든 행을 단속하여 뜻이 멀리 떠나지 않는 이는 가라가(迦羅伽) 비구니이니라. 공(空)을 지키고 빈 것을 잡아 '없음'을 깨달은 이는 제바수(提婆修) 비구니요, 마음이 생각 없음을 즐겨해 모든 집착을 버린 이는 일광(日光) 비구니요, 구함 없기를 닦아 익히어 마음이 항상 넓은 이는 말나바(末那婆) 비구니요, 모든 법에 의심이 없어 한량없이 사람을 제도하는 이는 비마달(毘摩達) 비구니요, 진리를 널리 설명해 깊은 법을 분별하는 이는 보조(普照) 비구니이니라.

마음에 욕됨을 참는 것을 품어 땅이 모든 것을 받아들이는 것과 같이 하는 이는 담마제(曇摩提) 비구니요, 사람을 잘 교화해 시주 모임을 만들게 하는 이는 수야마(須夜摩) 비구니요, 자리를 준비하는 이도 또한 수야마(須夜摩) 비구니요, 마음이 아주 평온해 어지러운 생각을 일으키지 않는 이는 인타사(因陀闍) 비구니요, 모든 법을 밝게 관찰하되 만족할 줄 모르는 이는 용(龍) 비구니이니라. 뜻이 굳세고 용맹스러워 물들지 않는 이는 구나라(拘那羅) 비구니요, 물 삼매[水三昧]에 들어 일체를 두루 적시는 이는 바수(婆須) 비구니요, 불꽃 빛 삼매[焰光三昧]에 들어 모든 중생을 두루 비추는 이는 항제(降提) 비구니요, 오로(惡露)의 더러움을 관하여 연기(緣起)를 분별하는 이는 차바라(遮婆羅) 비구니요, 그의 모자람을 주어 여러 사람을 기르는 이는 수가(守迦) 비구니요, 내 성문 중에서 최후로 제일가는 비구니는 발타군타라구이국(拔陀軍陀羅拘夷國) 비구니이니라."

한역경전인 이 경전에 보이는 비구니와 앞에 인용한 빠알리경전에 보이는 동일한 이름의 비구니를 비교해보는 것도 흥미가 있겠다. 아쉬운 것은 그 외에 언급된 비구니들의 한자 이름의 원래 명칭을 확인할 수 없다는 것이다. 그래도 초기불교 당시에 탁월한 비구니들이 적지 않았다는 사실만큼은 초기경전이 전해주는 값진 선물이라 하겠다.

인도의 비구니승가는 붓다의 입멸(入滅, 죽음) 후에도 출가양중의 한 축을 이루며 교단의 지속적인 발전과 전승에 일익을 담당했다. 이러한 기록들은 『사분율』을 비롯한 율본에서 어렵지 않게 확인할 수 있다. 나아가 비구니승가는 기원전 3세기경부터 인도 바깥지역인 스리랑카(실론)·미얀마(버마)·중국 등 동남아 및 동북아의 각국으로 전승되어 비남비녀(非男非女)의 수행주체로서 비구니의 영속성을 마련해주었다.

마우리아 왕조 아소까 왕(B.C.E 268~232 재위)의 국제포교사단 파견정책[34]에 따라 스리랑카에 불교를 처음 전하고 각각 비구승가와 비구니승가를 세운 인물은 아소까 왕의 자녀인 마힌다와 상가밋따이다. 스리랑카 비구니승가는 자국 내에서는 물론 중국불교의 비구니 이부승 수계의식에 비구니스승 10명을 파견하는 등 역동적인 모습을 보였으나, 11세기경 남인도 콜라족의 침입으로 소멸된 이후 비구승가는 복원되었으나 비구니승가는 복원되지 못한 채 오늘에 이르고 있다.

미얀마불교는 5세기경 스리랑카 상좌부불교가 들어오면서 그 포문을 열었다. 잠시 밀교로 바뀌었으나 11세기에 상좌부불교로 복원되었다. 미얀마불교는 동남아 남방불교권에서 비구니승가를 유일하게 전승한 교단으로 알려졌으나, 13세기 자취를 감춘 이후 비구니승가는 지금까지

34) 아소까 왕은 당시 불교 교단의 대표 장로인 목갈리뿟따 띳사와 함께 3차 결집을 주도하고, 각각 5명의 장로로 구성된 아홉 개 팀의 국제포교사절단을 각국으로 파송했다. 이들 국제포교사절단은 인도반도의 중앙지역을 비롯한 동서남북의 전역과 서쪽으로 페르시아와 그리스를 넘어 시리아와 이집트에 이르렀고, 남쪽으로 스리랑카에 이르렀으며, 북쪽으로 간다라와 히말라야 지역에 이르러 티베트와 중국으로 넘어오는 북방불교 전래의 단초를 마련했다.

도 복원되지 못하고 있다.

태국불교는 8세기경 밀교가 처음 전해진 이래 얼마 후 미얀마로부터 상좌부불교를 전해 받았으며, 13세기 말에는 스리랑카 상좌부불교를 받아들였다. 캄보디아와 라오스의 불교는 13세기 말 타이족의 침입으로 태국의 상좌부불교를 전해 받은 후 지금에 이른다. 하지만 이들 국가에도 비구니승가는 존재하지 않는다.

그렇듯 동남아의 남방불교권에는 비구니승가의 맥이 끊겨 이부승 수계의식를 시행할 수 없기에 더 이상 비구니는 탄생할 수 없다는 환경에 처해 있다. 다만 비구계사로부터 받은 10계를 지킨다는 의미에서 '다사실마따(dasasilmātā)'라고 불리는 여성 수행자만이 존재할 따름이다. 이들은 그야말로 비구니도 아니고 우바이(여성 재가불자)도 아닌 사미니에 가까운 여성 수행자들로서, 대체로 노란색 또는 분홍색 옷을 입고 있다.

2
한국의 불교전래와 첫 여성출가

아도가 대궐에 나아가 불법(佛法)을 시행하였으나, 세상에서 이전에 들어보지 못한 것이라 하여 의심하면서 심지어 그를 죽이려는 사람까지 있었다. 그래서 아도는 달아나 속림(續林) 모례(毛禮)의 집에 숨었다. 미추왕 3년에 성국공주(成國公主)가 병이 들었는데, 주술과 의약이 효험이 없어 칙사가 사방으로 의원을 구하였다. 아도가 스스럼없이 대궐로 들어가자 공주의 병이 나았으므로 왕은 매우 기뻐하며 그에게 소원을 물었다. 아도가 대답하였다.

"소승에게는 바라는 게 없고, 다만 천경림(天鏡林)에 절을 짓고 불교를 크게 일으켜 나라의 복을 빌고자 합니다."

왕이 이를 허락하여 공사를 일으키게 하였다. 이때의 풍속은 바야흐로 질박하고 검소하여, 띠를 엮어 지붕을 덮고 머무르며 가르치니, 이따금 하늘꽃이 땅에 떨어지기도 하였다. 그래서 절의 이름을 흥륜사(興輪寺)라 하였다. 모례의 누이동생 사씨(史氏)가 법사(아도)에게 의탁해 여승이 되어 역시 삼천기(三川歧)에 절을 짓고 살았는데, 절 이름을 영흥사(永興寺)라 하였다.

『삼국유사』권3 흥법3, 「아도기라(阿道基羅)」

아도화상은 신라불교 초전인물이거니와, 한국 최초의 여성출가자 사씨(史氏)의 스승이다. 이 동상은 경북 선산 도리사에 모셔져 있다.

아도화상이 앉아 수행했다고 하는 좌선대(선산 도리사).

우리나라에 불교가 처음 전래된 공식적인 연대는 고구려 제17대 소수림왕 2년(372)이다. 그것은 사료(『삼국사기』권18 「고구려본기」6)에 수록된 다음과 같은 내용에 의거하고 있다.

> "소수림왕이 즉위한 2년 임신년(372)은 동진(東晋) 함안 2년으로 효무제(孝武帝)가 제위에 오른 해이다. 전진(前秦)의 부견(符堅)이 사신과 승려 순도(順道)를 보내 불상과 경문을 전해왔다. 또 4년 갑술년(374)에 아도(阿道)가 진(晋)나라에서 왔다. 이듬해 을해년(375) 2월에 초문사를 지어 순도를 머물게 하고, 이불란사를 지어 아도를 머물게 하였다. 이것이 고구려 불법(佛法)의 시초이다."

이 내용은 이 땅에 불교가 공식 전래된 최초의 시기(공전기년公傳紀年)와 관련된 기록이다. 『삼국유사』도 이 내용을 그대로 인용해 기록하면서 한국불교의 공전기년을 확인해주고 있다. 좀 더 정확히 말하면 372년은 이 땅에 불교가 처음 들어온 해(초전기년初傳紀年)가 아니라, 현존하는 자료상에 최초로 보이는 전래의 해라고 할 수 있다. 그리고 12년 뒤인 384년(침류왕 원년)에 인도승 마라난타가 동진으로부터 들어와 백제불교의 포문을 열었으며, 그로부터 143년 후인 527년(법흥왕14)에 이차돈(異次頓)의 순교가 있은 후 비로소 신라불교가 국가적인 공인을 받기에 이르렀다. 이 내용이 우리가 배워 알고 있는 삼국시대 불교의 공식적인 최초 전래기록들이다.

그런데 한 사료(『삼국유사』권3 홍법3, 「아도기라」)에 따르면 신라에 한국불교의 공전기년보다 무려 100년 이상 앞선 263년(미추왕2)에 고구려승 아도(我道)[35]가 들어와 왕성 서쪽 엄장사(嚴莊寺)에 머물렀다. 불법(佛法)을 펴고자 했으나 사람들이 세상에서 이전에 듣지 못한 것이라 의구심을 자아내며 그를 죽이려 하자 속림(續林: 일선군, 지금의 경북 선산) 모례의 집에 숨었다. 이듬해 공주의 병을 고쳐준 것을 계기로 천경림에 절을 짓고 교화활동을 펼치니, 절 이름이 흥륜사였다. 얼마 후 미추왕이 세상을 떠나자 사람들이 다시 해치려는 것을 피해 모례의 집으로 숨어들어와 살다가 목숨을 다하니 불교 역시 사라졌다.

또한 여러 사료(『삼국사기』;『삼국유사』;『해동고승전』)에 의하면 제19대 눌지왕 재위기간(417~458)에 사문 묵호자(墨胡子)가 고구려에서 일선군에 이르자 모례가 집안에 굴을 파고 그를 편안히 모셨다. 이때 양(梁)나라에서 의복과 향을 보내왔는데 군신들이 향의 이름과 사용법을 알지 못하자 묵호자가 향의 이름과 용도를 밝혀주고 공주의 병을 고쳐주고는 어디론가 사라졌다.[36] 이 사서들은 또한 제21대 비처왕 재위기간(479~500)에 승려 아도(阿道)가 시자(侍者) 세 사람과 함께 모례의 집에 왔는데, 그 거동과 모습이 묵호자와 유사했다. 아도는 이곳에서 몇 년을 살다가 병 없이 세상을 떠났고, 시자 세 명이 머물면서 불경을 강독하니 신봉하는 사람들이 생겼다.

또 다른 사료(『해동고승전』「고기」)에 따르면 527년(법흥왕14) 3월 11일에 아도(阿道)가 일선군 모례의 집에 도착하자 아도를 본 모례가 놀라 "전에 고구려승 정방(正方)과 멸구자(滅垢玭)가 왔다가 죽임을 당했다"

---

35) 『삼국유사』권3 홍법3, 「아도기라」에 따르면 아도는 고구려 사람으로 어머니는 고도령(高道寧)이고, 아버지는 중국 위나라 사신으로 고구려에 왔던 아굴마(我堀摩)이다. 다섯 살 때 어머니가 출가시켰으며, 열여섯 살 때 위나라로 가서 아버지를 만난 뒤 현창(玄彰)화상의 문하에서 공부했다. 열아홉 살에 귀국했고, 어머니의 권유에 따라 '과거칠불시대의 일곱 군데 절터'가 있다는 신라로 넘어와 교화한 것이 263년(미추왕2)의 일이다.

36) "눌지왕은 진·송(晉宋)시대에 재위했으니 양나라에서 사신을 보냈다고 한 기록은 잘못된 것이다." 『삼국유사』에서 일연이 주(註)를 달다.

모례가정(毛禮家井). 아도화상이 숨어 지내며 경전을 강론하고 포교활동을 한 모례의 집에 있던 우물이다. 모례장자샘 또는 모례정이라고도 한다. 모례의 누이 사씨(史氏)가 바로 우리나라 최초의 여성출가자이다.

면서 아도를 사람들의 눈에 띄지 않게 집안 밀실에 숨겨 모셨다. 그때 마침 외국 사신이 가져온 향의 용도를 알려준 것을 계기로 대궐에 들어가니 외국 사신이 아도에게 예를 갖췄다. 이를 본 왕이 승려를 공경해야 하는 것을 알고 불교를 받아들였다.

신라의 불교 전래와 관련한 이러한 몇 가지 다른 이야기는 불교 공인(527) 훨씬 이전부터 이름을 밝히지 않거나 알 수 없는 전법승들이 몰래 들어와 숨어 활동했던 사실을 말해준다. 연대가 터무니없이 다른 인물이 '아도'라는 동일한 이름으로 전해진 것은 물론이거니와, 아도의 거동과 모습이 묵호자와 비슷하다고 한 점에서도 '아도'나 '묵호자'는 특정 승려의 이름이 아니라 사람들에 의해 그저 지목되어 불렸던 통칭(지목지사指目之辭)으로 이해할 수 있겠다.[37]

신라의 이와 같은 불교 유입설과 관련해 연대가 중구난방이면서도 전법포교승들로 보이는 인물들을 맞이해 숨어 지내게 한 인물이 한결같이 일선군(경북 선산) 모례로 기록되어 있는 사실은 매우 흥미롭다. 이는 모례의 집이 신라의 불교 공인 이전에 암암리에 이루어졌던 포교활동 근거지였다는 당위를 충족시켜주기에 충분하다.

모례라는 이름이 던져주는 역사적 의미는 또 있다. 그것은 이 절에서 다루고자 하는 본래의 내용이기도 하거니와, 이 땅의 첫 여성출가자의 기원이 모례라는 인물로부터 시작되었기 때문이다. 이 절의 서두에서 인용한 사료의 내용이 바로 그것을 확인해준다. 이에 따르면 모례의 누이 사씨(史氏)가 아도에게 의탁해 여승이 되어 삼천기에 영흥사를 짓고 살았다는 것이다. 이것이 현존하는 사료에 보이는 이 땅의 여성출가와 관련된 최초의 기록이다.

사료(『삼국유사』권3 흥법3, 「원종흥법 염촉멸신」;『해동고승전』권1 「석법공전」)는 계속해서 제23대 법흥왕이 흥륜사가 완성되자 면류관을 버리고 그 절의 주지가 되어 몸소 널리 교화하니, 왕비 파도부인(巴刀夫人)도 사씨의 유풍을 사모해 535년에 영흥사를 세우고 묘법(妙法)이라는 여승이 되었다고 전한다. 다른 사료(『삼국사기』)에 따르면 진흥왕의 비(妃)인 사도부인(思刀夫人)과 김유신의 부인 지소부인(智炤夫人)도 머리를 깎고 비구니가 되었다고 한다.

불교 전래 초창기의 여성출가와 관련된 이 같은 기록을 보면 모례의

37) 중국 양나라 사람들이 달마(達磨)를 가리켜 벽안호(碧眼胡)라고 부르고, 진나라 사람들이 승려 도안(道安)을 일러 모습의 누추함을 조롱해 칠도인(漆道人)이라고 부르는 것과 같은 경우이다.

법흥왕릉. 법흥왕비 파도부인은 첫 여성출가자 사씨의 유풍을 사모해 출가했다. 우리나라 최초의 공식적인 비구니 '묘법'이 이 분이다.

누이 사씨와 그의 유풍을 사모해 출가한 법흥왕비 묘법이 이 땅의 공식적인 최초의 여성출가자임에는 틀림없다. 다만 신라는 544년(진흥왕5) 3월에 국가 차원에서 백성들의 출가를 공식적으로 허락했거니와, 이를 전후한 시점을 신라불교의 실질적인 시작으로 볼 수 있겠다. 따라서 사씨의 경우 이 시기보다 훨씬 이전의 일이기에 공식적인 출가라기보다 개인적인 출가로 보는 이유는 그 때문이다. 반면에 법흥왕비 묘법을 한국불교사에서 최초의 공식적인 비구니로 인정하는 학계의 정서가 있음도 사실이다.

이는 마치 중국 불교사에서 한나라 명제(明帝) 재위기간(58~75)에 출가한 낙양 출신의 아반(阿潘)을 최초의 여승(위중국유니지시爲中國有尼之始)으로 기록하고 있지만, 이는 중국불교에서 출가양중을 아직 갖추지 못한 공전기(公傳期) 이전의 시기로서 이부승 수계의식에 따른 것이 아니라, 다만 삼귀의에 의한 개인적인 출가로 보는 경향과 같다고 하겠다. 보창(寶唱)이 517년에 지은 『비구니전』[38]에 의하면, 그나마 최소한의 법다운 격식을 갖춰 처음 계를 수지한 동진(東晋)의 정검(淨檢)을 중국 불교사에서 공식적인 최초의 비구니로 보는 것도 우리나라의 경우와 유사하다고 하겠다.[39]

---

38) 달리 『보창전』이라고도 한다. 동진 목제 승평연간(東晋 穆帝 升平年間, 357~361)부터 양(梁)나라 천감연간(天監年間, 502~519)까지 남조인 진(晉)·송(宋)·제(齊)·양(梁)시대의 비구니들을 왕조별로 서술한 중국 최초의 비구니열전이다. 65인의 전기(정전正傳)와 이들의 제자나 수행과 교화를 함께 한 비구니 40여 명의 이름(부전附傳)이 보인다. 이처럼 보창의 『비구니전』을 통해 후세에 이름을 남긴 비구니들은 모두 100여 명에 이른다. 총 4권으로 구성되어 있다.

39) 중국 불교사에서 비구니와 관련해서는 보창의 『비구니전』 외에도 이연수(李延壽)가 640~659년 사이에 찬술한 『북사(北史)』의 기록을 보면 왕비·후궁의 전기 50여 편 가운데 열다섯 명이 비구니가 되었다. 또한 진화(震華, 1909~1947)가 1942년에 편찬한 『속비구니전』(전6권)에는 남북조시대부터 근대 중화민국까지 비구니고승 200여 명의 전기가 수록되어 있다.

能救法界苦衆生
願得普賢真妙行

3
한국사에 이름을 남긴 비구니들

가. 고대: 삼국시대

> 국통(國統, 寺主라고도 한다)은 1명이니, 진흥왕 12년(551)에 고구려 혜량법사(惠亮法師)를 사주로 삼았다. 도유나랑(都唯那娘)은 1명으로 아니(阿尼)요, 대도유나(大都唯那)도 1명을 두었다. 진흥왕 때 처음으로 보량법사(寶良法師)를 이에 임명했다. 진덕왕 원년(647)에 1명을 더했다. 대서성(大書省)은 1명인데 진흥왕 때 안장법사(安藏法師)를 이에 임명했고 진덕왕 원년(647)에 1명을 더했다. 소년서성(少年書省)은 2명인데 원성왕 3년(787)에 혜영(惠英)과 범여(梵如) 두 법사를 이에 임명했다.
>
> 『삼국사기』권40 잡지9, 「직관 하 무관」

우리는 앞에서 이 땅의 불교 전래 초창기에 이를 수용해 최초의 여성 출가자로 이름을 남긴 사씨(史氏)와, 신라에서 불교 공인 후 공식적인

마라난타 존자상. 백제불교 초전인물이다. 최초 도래지 전남 영광 법성포 부용루 앞에 모셔져 있다. 백제불교는 일본불교의 시작에 직접 영향을 끼쳤거니와, 비구니 수계전통이 살아 있었던 나라로 평가받고 있다.

첫 비구니로서 인정받고 있는 법흥왕비였던 묘법(妙法), 그 이후 진흥왕비와 김유신의 부인 등이 비구니가 되었다는 사실(史實)을 확인했다.

아울러 고대 삼국은 불교수용 이후 불교의 제도화에 공헌하게 되는 승직제도(僧職制度)를 시행했거니와, 고구려에서는 승통과 도유나, 백제에서는 승정과 승도 등의 승직명을 볼 수 있다. 신라도 진흥왕 대에 승관제(僧官制)를 실시했는데, 매우 흥미로운 사실을 살필 수 있다. 신라의 승관제는 국통(사주)을 위시해 도유나랑, 대도유나, 대서성, 소년서성 등의 단계적인 승직을 두었다. 그런데 여승의 승직으로 보이는 도유나랑이 남승의 승직으로 보이는 대도유나보다 상위자리에 배치되어 있는 것이다.

이 승직에 오른 비구니가 아니(阿尼)다. 앞에 인용한 내용은 바로 그러한 사실을 확인해주는 사료의 귀중한 대목이거니와, 이는 당시 비구니의 위상을 알게 해주는 의미 있는 기록이기도 하다. 제26대 진평왕 때(579~632)는 평소 어진 일을 많이 행하여 찬사를 받았던 지혜(智惠)라고 하는 비구니의 이름도 보인다.

백제에서도 비구니들의 활발발(活潑潑)한 활동이 적지 않았다는 기록을 볼 수 있다. 현존하는 일본의 사서들(『일본서기』;『부상약기』;『원흥사가람연기』;『삼국불법전통연기』;『원형석서』;『본조고승전』)은 그러한 사실들을 우리에게 전해준다. 그에 따르면 백제는 538년(성왕16)에 일본에 불교를 처음 전했다. 그 후 577년(위덕왕24)에 율사와 선사 등으로 구성된 교화승단을 일본에 파견했는데, 이 대열에 비구니도 포함되어 있었다는 것이다. 일본의 유마회에 영향을 끼친 비구니 법명(法明)도 655년(의자왕15)에 일본으로 건너가 유마경 독송으로 병자들을 치유했던 발자취를 남기고 있다. 특히 백제불교는 앞에서 살펴본 것처럼 비구니 이부승 수계의식을 시행했다는 특기할 만한 사실에 주목할 필요가 있다. 그것은 곧, 백제에서는 비구니교단이 정상적인 승가공동체로서의 위용을 갖추고 상당한 위세를 떨쳤다는 것을 짐작하게 한다.

쓰시마(대마도) 지역의 정토종 수선사(修善寺)를 창건한 인물도 백제의 법묘(法妙)라는 비구니이다. 이 사실을 확인한 것은 1986년 8월 3일 수선사 경내에 대한제국 시절 유학자이자 항일의병이었던 면암 최익현(勉菴 崔益鉉, 1833~1906)[40]의 순국비를 건립하게 된 인연을 통해서였다. 순국비의 정식 명칭은 '대한인최익현선생순국지비(大韓人崔益鉉先生

40) 면암 최익현은 1905년 11월 19일 일본에 외교권을 박탈당한 을사늑약이 체결되자 그 즉시 늑약의 무효를 천명하며 고령에도 불구하고 직접 항일투쟁에 나섰던 인물이다. 의병을 진압하는 진위대(鎭衛隊)가 조선군임을 알게 된 최익현은 "동족끼리 싸울 수 없다"며 의병을 해산시켰고, 곧바로 체포되어 대마도에 유배되었다. 대마도의 일본군 위수영으로 압송된 최익현은 "일제의 음식을 먹고 일제의 명령을 따르는 것도 의(義)가 아니다"며 단식선언 4개월 만인 1907년 1월 1일(음력 1906.11.17) 끝내 숨졌다.

殉國之碑)'이며, 수선사는 최익현이 순국하자 유해를 부산으로 이송하기 전까지 안치했던 곳이다.

신라의 이원(理願) 비구니는 일본의 나라지역 좌보산 기슭에 위치한 대반안마(大伴安麿)라는 당시 일본 재상의 저택 안에 절을 짓고 30여 년간 교화에 힘쓰다가 735년(성덕왕34)에 입적(入寂, 죽음)한 인물로 전한다.

나. 중세: 고려시대

고려시대 여성출가 내지 비구니들의 활동 내력은 고대 삼국시대에 비해 여러 자료를 통해 확인할 수 있다. 관찬사료인 『고려사』 및 『고려사절요』를 비롯해 금석문·문집·묘지명 등에서 그러한 흔적들을 찾아볼 수 있다.

주지하다시피 고려시대는 국가불교라는 특징을 보여준다. 그것은 출가절차가 국가에 의해서 승인되고 관리되었다는 말이다. 958년(광종9)부터 후주의 관리 쌍기(雙冀)의 건의로 과거제도를 시행함에 따라 승과제도(僧科制度)가 도입되었고, 시험에 합격한 자에 한해 출가를 허락하는 시경도승제(試經度僧制)가 본격 실시된 것이었다.

시경도승에 통과하면 계(戒)를 수지한 후 수계첩을 발급받고 출가본사에 승적을 등록했다. 이렇게 승적을 등록한 자는 정기적으로 승직기구인 승록사(僧錄司)와 국가기구인 예부(禮部)가 실시하는 승적관리절차를 따랐다. 이는 오늘날 대한불교조계종을 비롯한 각 불교종단이 정기적으로 승려분한신고를 하고 있는 자율적인 절차를 이 시대에는 국

신륵사 보제선사사리석종비문. 이 비문에는 나옹혜근 화상의 200여 명의 문도이름이 수록되어 있으며, 이 가운데 20여 명의 비구니 이름이 보인다.

가가 직접 관장했다는 사실을 말해준다.

관찬사료를 들여다보면 우리의 호적(戶籍)과도 같은 출가자들의 승적(僧籍)을 국가 차원에서 3년에 한 번씩 정기적으로 정리한 사실을 알 수 있다.[41] 국가적 관리대상은 남녀불문하고 모든 출가자에게 동일하게 적용되었다.

이처럼 국가불교시대로 지목되었던 고려시대의 인물로 이름을 남기고 있는 첫 번째 비구니는 혜원(慧圓, 851~938)이다. 전하는 자료(『청룡사 중창사적비기』)에 의하면 혜원은 922년에 왕실사찰로 창건된 지금의 서울 종로구 숭인동 청룡사의 제1세 주지를 역임한 인물이다. 이후 청룡사를 중창한 만선(萬善, 996~1060)과 지환(知幻, 1261~1312)도 혜원의

41) 이러한 불교 교단의 국가적 관리는 중국불교의 영향을 받은 것이다. 중국불교가 국가 차원의 규제와 승인을 받은 것은 북위 고종 문성제(452~465 재위) 때부터다. 수당시대를 거치면서 제도정비가 이루어지고 승적관리와 도첩제도 등이 국가 차원에서 시행되었다.

뒤를 이어 이름을 뚜렷이 남겼다.

서경(평양)의 두 사원, 그러니까 대서원(大西院)과 소서원(小西院)에서 비구니의 삶을 살았던 대서원부인(大西院夫人)과 소서원부인(小西院夫人)도 고려 초기에 출가한 여성들이다. 이들은 922년(태조5)에 승격된 서경의 호족 김행파(金行波)의 두 여식들인데, 부친의 뜻으로 서경에 행차한 태조 왕건을 모셨으나 태조가 더 이상 서경행차를 하지 않자 정절을 지키고자 출가한 사례다. 태조가 이 소식을 듣고 불쌍히 여겨 두 사원과 그에 예속된 토지와 농민을 하사했다. 사료는 이들을 태조의 제19, 제20왕비로 정의하고 있다.

보조지눌(普照知訥, 1158~1210)의 정혜결사도량인 수선사(지금의 조계산 송광사)의 어느 해(1213) 하안거 방명록이 수록된 자료(『조계진각국사어록』)를 보면 종민(宗敏)·청원(清遠)·희원(希遠)·요연(了然) 등의 비구니 이름을 확인할 수 있다. 청혜(清惠)는 1252년(고종39) 지리산 안양사의 반자(飯子)[42] 시주자로서 이름을 남겼으며, 모이(某伊)는 1323년(충숙왕10) 지금의 경기도 서북부에 위치한 장단군(長湍郡) 용암산록에 소재한 낙산사 「관경십육관변상도」 조성불사에 많은 불자들의 권선(勸善, 후원)을 이끌었다.

고려시대에는 승과와 승직제도에 의해 승려들에게 일정한 법계(法階)가 주어졌다. 법계라 함은 승과에 합격한 승려에게 그 수행과 덕의 높고 낮음에 따라 국가에서 부여했던 승계(僧階)를 말한다. 승과시험 결과에 따라 교종(教宗)은 대선(大選)→대덕(大德)→대사(大師)→중대사(重大師)→삼중대사(三重大師)→수좌(首座)→승통(僧統)으로 승진되었고,

42) 반자는 징과 같은 모양의 금속으로 만든 북이다. 금구(金口)·금고(金鼓)·정고(鉦鼓)라고도 한다. 대체로 사찰의 종각 또는 당(堂) 처마 밑에 걸어두고 사람을 모이게 할 때 사용했다. 한쪽은 두드리는 면, 다른 쪽은 구멍이 뚫려 있고 안은 텅 비어 있다.

선종(禪宗)은 대선(大選)→대덕(大德)→대사(大師)→중대사(重大師)→삼중대사(三重大師)→선사(禪師)→대선사(大禪師)로 각각 승계가 올랐다. 왕사(王師)니 국사(國師)니 하는 법계는 수좌·승통과 선사·대선사의 법계를 가진 승려 중에서 추대되었다. 다만 교학승(教學僧)들의 승과(교종승과)는 958년 과거제도와 함께 시행된 반면, 선승(禪僧)들의 승과(선종승과)는 1084년(선종원년) 이후에 비로소 시행된 사실에 비추어 이 시대 불교 교단의 교세를 엿볼 수 있다.

고려시대 이름을 남긴 비구니들을 살펴보는 과정에서 뜬금없이 법계를 설명하고 나선 이유가 있다. 비구니로서 당시 '대사'의 법계를 받은 유일한 인물을 주목하고자 함이다. 그가 성효(性曉, 1255~1324)다. 충숙왕은 성효가 세상을 하직하자 '변한국대부인 진혜대사(卞韓國大夫人眞慧大師)'라는 시호(諡號)를 내렸다. 성효는 충렬왕의 세자시절 원나라 수종신(隨從臣)으로 2등 공신에 책봉된 김변(金賆, 1248~1301)의 처 허씨였다. 허씨는 47세에 남편을 사별한 뒤 초하루·보름제사에는 몸소 묘소에 나아갔으며, 3년상을 치를 때는 아무리 춥거나 더워도 게을리하지 않았다. 명절제사 때는 나들이를 삼가고 몸소 처음 같이 가지 않은 적이 없었으니, 출가한 뒤에야 그만두었다고 한다. 1315년(충숙왕2)에 61세의 나이로 수계단(授戒壇)에 나아가 정식으로 득도수계한 뒤 10여 년간 비구니로서의 발자취를 뚜렷이 남겼다. 출가 당시 계단주(戒壇主)였던 백수(白修)가 그의 스승이다. 비록 시호이나 비구니로서 '대사'의 법계를 받은 이는 고려시대에 그가 유일하다.

고려시대 여성출가는 후기에 이르기까지 멈추지 않았다. 그러한 사실은 역대고승비문에 새겨진 문도들의 현황에 잘 나타나 있다. 북한산 태고사에 보존되어 있는 '원증국사탑비문'에 따르면 태고보우(太古普

원증국사탑비문. 태고보우국사의 비문에도 비구니의 이름이 수록되어 있다.

愚, 1301~1382)의 비구니 문도로서 묘안(妙安)이라는 이름을 볼 수 있다. 또한 여주 신륵사의 '보제선사사리석종비문'에는 나옹혜근(懶翁慧勤, 1320~1376)의 문도로서 적지 않은 비구니들의 이름이 기록되어 있다. 정업원 주지 묘봉(妙峯)을 비롯해 묘덕(妙德)·묘간(妙玕)·묘신(妙信)·묘해(妙海)·묘혜(妙惠)·묘중(妙重)·묘헌(妙憲)·묘현(妙玄)·묘경(妙瓊)·묘인(妙因)·묘진(妙珍)·묘령(妙玲)·묘한(妙閑)·월미(月眉)·묘징(妙澄)·묘총(妙摠)·묘당(妙幢)·묘응(妙應)·묘선(妙善) 등이 그들이다. 이 가운데 묘총(妙聰)은 깨달음의 노래(오도송)를 남겼고, 묘덕은 백운경한이 저술한 현존 세계 최고(最古)의 금속활자본 『직지』와 『백운화상어록』의 간행비용을 시주한 비구니다. '안심사지공나옹석종비(安心寺指空懶翁石鐘碑)'에도 삼한국대부인염씨(三韓國大夫人廉氏) 묘철(妙哲)과 순성옹주(順城翁主) 묘령(妙玲)을 비롯해 묘해(妙海)·묘안(妙安)·묘능(妙能)·묘연(妙然)·묘안(妙安)·묘화(妙和)·묘영(妙英)·약소(若少)·양의(良衣)·가○(加○)·흔장(欣莊) 등의 이름이 수록되어 있다. 이들 금석문에 비구니 항목으로 따로 그 이름을 기록해놓고 있는 사실은 당시 비구니의 위상을 미루어 짐작할 수 있겠다.

사료(『고려사』권89, 열전2)는 공민왕의 후궁인 혜비(惠妃) 이씨와 신비(愼妃) 염씨가 1374년 왕이 시해된 후 출가해 정업원(淨業院)에서 살았다는 흔적을 남기고 있다. 혜비 이씨는 1408년까지 정업원 주지를 역임했다.

여인들이 절개를 지키고자 출가한 사례도 적지 않다. 고려말의 문인 김구용(金九容, 1338~1384)의 문집 『척약재집(惕若齋集)』에는 「문화군부인만장(文化君夫人挽章)」이라는 애도시(哀悼詩)가 있다. 그 내용을 여기에 옮긴다.

절개 지키기를 죽음으로 맹서하며
손수 머리를 깎았네.
불교의 계(戒)를 지켜 인간세상을 잊었고
향을 올리며 부처의 세계를 사모했네.
평생을 적막하게 보내면서
40년간 정숙한 덕을 쌓았네.
훌륭한 사위는 방현령과 두여회를 본받았고,
어진 손자는 공자와 안자를 배웠네.
부인의 죽음은 꿈에서도 놀라와 애통하지만
이미 멀리 가시어 따라잡기 어렵네.
스산한 가을바람 부는 새벽에
명정(銘旌)이 푸른 산으로 향하네.

고려말의 문신 한수(韓脩)의 시집『유항집(柳巷集)』에도「유대언의 처 원씨 만사(柳代言妻 原氏輓詞)」가 수록되어 있다. 한수가 남편을 여읜 후 덧없는 세월을 한탄하다가 결국은 비구니가 되었다는 원씨의 절개를 기리는 글이다. 내용은 이렇다.

꽃다운 나이에 남편 여의고
덧없는 인생 한탄하며 기원(祇園, 불교)에 귀의했네.
생전에 장상(將相)이 문호(門戶)를 출입함을 보았고
내외손 등이 등과하는 것도 보셨네.
탈세(脫歲)의 전려(田廬)는 불사(佛寺) 가에 있고
비석과 탑은 부처의 은혜를 입음세.
가을바람 속 성동(城東)에 장사지내고
부질없이 부인의 용의(容儀)를 그리며 눈물짓네.

김구용이 문화군부인을 기리는 내용이나 한수가 원씨에게 바친 만사는 절개를 지키고자 스스로 머리 깎은 고려 여인들의 당당하고도 의연한 삶을 엿보게 하기에 부족함이 없다.

고려 후기의 문신 상락군(上洛君) 김영후(金永煦, 1292~1361)의 손녀이자 밀직(密直) 허강(許綱)의 처 김씨도 남편이 죽은 후 신돈(辛旽)이 그 문벌(門閥)을 탐내 결혼하려 한다는 소문을 듣더니 "내 남편은 생전에 한 번도 여색에 눈길을 주지 않았으니 내 어찌 차마 배신하겠는가! 정말 내 몸을 더럽히려 한다면 나는 자결하고 말리라"고 하고서 머리 깎고 비구니가 되었거니와, 그 말을 들은 신돈은 결국 재혼을 포기하고 말았다는 내용이 사료(『고려사』권132, 열전45)에 전한다.

묘지명에서도 고려시대 여성출가의 사례를 확인할 수 있다. 「고려묘지명집성(高麗墓誌銘集成)」을 보면, 고려 후기의 문신 김구(金坵, 1211~1278)의 처 최씨(1227~1309)가 남편 사별 후 30여 년간 과부로 살았으나 83세에 노환으로 죽기 하루 전에 출가해 향진(向眞)이라는 법명을 받은 대목이 그것이다. 또한 비슷한 시기의 문신 최서(崔瑞, 1233~1305)의 처 박씨(1249~1318)도 죽음이 임박해지자 묘련사 법주를 청해 수계하고 성공(省空)이라는 법명을 받아 지닌 후 합장한 채 오로지 아미타불을 염(念)하면서 생을 마감했다는 기록도 확인된다.

고려시대 여성출가자들의 공동체 생활은 주로 정업원과 안일원(安逸院)을 중심으로 이루어졌다. 이들 비구니사원은 주로 왕실 또는 지배층 출신 여성출가자들의 활동공간이었다. 사료(『고려사』권18, 세가18)에 의하면 도읍지 개성에 1164년(의종18) 이전에 이미 설치되어 있었거니와, 몽고 침입의 국난을 맞아 도읍지를 강화도로 옮겼을 때도 일정한 공간을 정업원으로 제공해 성내의 비구니들을 머물게 했다. 일정한 공간을 제공했다 함은 무신집권 당시 최우가 인사행정 취급기관인 정방(政房)에서 인사담당 박훤(朴暄, ?~1249)이 죽자 그의 집을 정업원으로 지정한 것을 말한다. 이는 나라가 혼란스러워도 비구니들의 터전이 되는 정업원만큼은 어떤 형태로든 존치시켰다는 사실을 확인해준다. 안일원이 비구니사원이었다는 사실이 사료(『고려사』권135, 열전48)에 처음 나타난 시기는 1383년(우왕9)이다. 고려시대 비구니사원을 대표했던 정업원과 안일원은 조선 후기에 이르기까지 존속했다.

이 시대의 관찬사료는 또한 흥미 있는 사실을 전한다. 바로 국가 차원의 출가금지령이다. 고려시대 비구니 관련자료는 대체로 국가 차원의 금지나 규제에 관한 내용이 많다. 이에 따르면 고려시대에 모두 세 번의 출가금지령이 발표되었다. 1017년(현종8) 정월, 1359년(공민왕8) 12월, 1388년(창왕18) 12월 등이다. 이때는 대체로 거란 및 홍건적의 침입과 위화도회군의 여파 등 전쟁참화와 그로 인한 사회적 혼란이 가중되었던 시기였다. 특히 현종 대에는 오로지 여성출가만을 금했는데, 이 시기는 거란의 잇단 침입(1차 993년, 2차 1010년, 3차 1018년)으로 말미암아 다른 때보다 전쟁참화가 극심했던 터였다. 전쟁통에 남편을 잃는 뼈아픈 시련을 거치면서 수절과 명복을 빈다는 이유로 출가를 선택하는 여성들이 많았던 것도 출가금지령의 한 배경이었다. 사회적 혼란기에 여성출가가 급증한 것으로 보이는 이러한 현상이 지금의 시각으로도 매우 흥미롭게 다가온다.

고려시대 비구니들의 활동과 관련해 한 가지 더 주목할 게 있다. 왕실 내지 지배층 출신의 비구니들이 정업원 또는 안일원에 머물거나 유일하게 '대사'로 추존된 성효의 예처럼 가족 곁에 절을 짓고 살았던 것

과는 달리, 피지배층 출신의 비구니들은 대체로 전국 사찰에 흩어져 거주했다. 그 결과 그들은 왕실 내지 지배층 출신의 비구니들에 비해 국가의 통제를 벗어나 있었고, 그러다 보니 혼돈 정국이었던 고려말에 이르러서는 비구들과 공주(共住: 한 공간에서 함께 사는 것)하는 일정한 현상이 나타났다. 이러한 비행(非行)이 급기야 국가 차원의 잦은 규제 내지 아예 출가금지로 비화되는 또 하나의 배경으로 작용했던 것이다.

그럼에도 불구하고 고려시대 국가 차원의 출가금지령은 새삼 여성출가가 많았다는 사실을 반증해준다. 그것은 사회적 혼란의 영향일 수 있거니와, 국가불교라는 사회적 정서와도 무관하지 않았던 것으로 볼 수 있다. 국가 차원의 갖가지 규제에도 고려 여성들의 끊임없었던 출가 행각은 지금에 이르기까지 비구니승가의 영속성을 담보해준 튼실한 토대라고 하겠다.

다. 근세: 조선시대

祇今衣上汚黃塵(지금의상오황진)
何事靑山不許人(하사청산불허인)
寰宇只能囚四大(환우지능수사대)
金吾難禁遠遊身(금오난금원유신)
어느새 이 몸 누런 먼지로 더럽혔느니
무슨 일로 청산마저 이 사람을 싫다고 하는구나
하늘 땅 넓다 해도 이 몸 하나 둘 곳 없으니
금부도사인들 멀리 떠도는 이 몸 어이 잡을 수 있으리

『동평위공사견문록(東平尉公私見聞錄)』

이 시는 「자탄(自歎)」이라는 제목의 한시(漢詩)다. 자탄은 '스스로 탄식하다'라는 뜻이다. 조선 중기를 살았던 예순(禮順, 1587~1657)이라는 비구니가 쓴 시로서, 지금까지도 남아 우리에게 애절한 사연을 전하고 있다. 이 시가 강한 의지의 소산이면서도 애절함이 묻어나는 것은 시대가 부른 정쟁(政爭)에 자신을 던져야 했던 한 비구니의 비원(悲願)이 서려있기 때문인지도 모를 일이다.

예순은 비록 비구니의 몸이었지만 조선시대에 뚜렷한 발자취를 남겼던 대표적인 인물이다. 인조반정 공신 가운데 한 사람인 연평부원군 이귀(李貴, 1557~1633)의 5남 5녀 중 장녀이다. 이러한 부녀간의 인연으로 예순은 훗날 인조반정이 성공하게 되는 결정적인 역할을 담당하게 됨으로써 일생동안 비원의 삶을 살아야 하는 운명에 처했다.

예순의 출가 전 이름은 여순(女順) 또는 영일(英日)이다. 15세에 인조반정 공신인 김자점의 동생 김자겸(金自謙)과 혼인했으며, 가정생활 중에도 불교 공부에 힘을 쏟았다. 남편도 불교를 좋아해 친구 오언관((吳彦寬, ?~1614)과 함께 불도 닦기를 좋아했으나, 여순의 나이 20세 때 병사했다. 혼인 5년 만에 남편과 사별한 여순은 남편의 유언에 따라 오언관과 자주 불교를 논하고 배움을 받았다. 여순은 마침내 타심통(他心通)[43]을 얻고 몸에서 향내와 영묘한 광채를 보이는가 하면, 학식까지 겸비해 광해군의 부인 유씨를 비롯한 많은 사람들로부터 생불(生佛)로 추앙받았다. 결국 부친에게 글을 남기고 1610년(광해군2) 24세에 서울 숭인동 청룡사에서 도심(道心)을 은사로 출가하고 '예순'이라는 법명을 받아 지녔다.

예순은 깨우침에 대한 갈증이 날로 더해가자 유행(遊行)에 나서 덕

43) 육신통(六神通)의 하나. 남의 마음속을 아는 자유자재한 능력.

유산에서 유유자적(悠悠自適)[44]했다. 이때 오언관도 덕유산에서 출가해 승려가 되었는데, 1613년(광해군5) '칠서(七庶)의 옥(獄)'에 연루된 양반집 서자 7명 중 한 사람인 박치의(朴致毅)로 의심받아 예순과 더불어 체포되어 국문을 당했다. 의금부는 이들을 역적으로 몰고자 했고, 계획적인 옥사가 뜻대로 되지 않자 행적을 문제 삼고 나섰다. 양반가의 아녀자가 외간남자와 산천유람을 핑계로 간통하고 다니면서 윤리를 무너뜨렸다는 것이다. 오언관은 국문 도중에 죽었고, 예순은 무죄로 곧 풀려나 자수궁(자수원)에 머물렀다.

1623년 3월 반정(反正)의 움직임이 발각되면서 부친 이귀를 비롯한 반정세력이 체포당할 위기에 처하자, 예순이 모녀의 의리를 맺었던 상궁 김개시(일명 김개똥)에게 '자신의 아비가 억울하게 모함을 당하고 있다'는 거짓 편지와 함께 부친의 임금에 대한 충성심을 노래한 시를 보냈다. 예순의 편지와 충성 시를 받아본 김개시는 이를 사실로 믿고 광해군을 설득함으로써 체포령을 철회하도록 했으나, 바로 그날 밤 반정이 일어났다.

예순은 그 이후 청룡사로 돌아와 주지를 역임하면서 인조반정으로 희생당한 영창대군 등 많은 원혼들을 천도하면서 청룡사를 일신했다. 1630년(인조8)에는 사패산 회룡사의 중창불사에 나섰고, 1636년(인조14) 12월에 발발한 병자호란을 겪으면서 청룡사가 점점 쇠락해가자 다시 이 절로 돌아와 가람수호와 수행교화에 힘썼다. 1657년(효종8)에 세납 71세로 생을 마감했다.[45]

예순이 남긴 이 시에는 이처럼 파란만장했던 시대상황과 자신의 삶이

44) 속세에 속박됨 없이 욕심을 내려놓고 자유롭게 사는 모습.

45) 예순의 자세한 생애는 『조선왕조실록』을 비롯해 우리나라 최초의 야담집인 유몽인(1559~1623)의 『어우야담』, 효종의 다섯째 딸 숙정공주의 남편인 동평위 정재륜1648~1723)의 『공사견문록』 등을 참고할 수 있다.

교차되면서 번뇌에 휩싸이지 않을 수 없었던 심정을 고스란히 담고 있다. '이 몸 누런 먼지(黃塵)로 더럽혔다'는 것은 세상의 때(俗塵)를 벗지 못했다는 말이다. 불가(佛家)에 귀의했으나 끝내 부녀의 정을 끊지 못하고 자신을 총애하던 상궁 김개시를 속여 위기에 처한 아비를 도운 결과 수많은 인명의 희생을 가져왔으니, 자신의 몸이 속세의 누런 먼지로 더럽혔다는 죄책감의 발로이겠다. 그래서 시의 2수가 나타내는 의미는, 속세에 물든 사람은 청산(靑山)을 벗 삼아 살아갈 수 없다는 것이다. 다시 말해 청산에 든다는 것은 세상의 때를 벗는다는 뜻일 게다. 예순이 출가해 청산과 벗 삼아 사는 줄 알았는데, 이젠 청산이 속세의 때를 아직 벗지 못한 자신을 싫어하는 것처럼 보인다는 하소연이다. '도둑이 제 발 저리다'는 속담처럼 죄책감이 예순의 마음을 여전히 짓누르고 있는 것이다.

내친 김에 청산이 갖는 상징적 의미를 감상해보자. 사전적인 뜻은 풀과 나무가 무성한 푸른 산이다. 푸른 산은 다시 푸른 물과 짝을 이루어 대개 산수(山水)로 표현된다. 그것이 예로부터 수행자의 삶의 지표나 심성의 함양을 나타내는 말로 전용되어 청산녹수(靑山綠水)니 청산유수(靑山流水)라는 말로 표현되었다. 예나 지금이나 많은 이들이 청산을 마음의 고향, 궁극에 돌아가 의지할 근본으로 삼았거니와 그리 표현한 까닭을 여기서 찾을 수 있다. 선방에서 주인자리를 알게 하기 위해 큰방 아랫목 벽에 이 글자를 써 붙여 놓은 배경도 그것이다. 마음의 주인자리를 상징적으로 표현한 것이겠다.

그래서일까. 고려말 공민왕의 스승이었던 나옹혜근은 수행을 통해 얻은 깨달음의 경계를 다음과 같은 선시(禪詩)로 남겼다.

청산은 나를 보고 말없이 살라 하고
창공은 나를 보고 티 없이 살라 하네
사랑도 벗어놓고 미움도 벗어놓고
물같이 바람같이 살다가 가라 하네

청산은 나를 보고 말없이 살라 하고
창공은 나를 보고 티 없이 살라 하네
성냄도 벗어놓고 탐욕도 벗어놓고
물같이 바람같이 살다가 가라 하네

참으로 멋지지 않은가. 유유자적의 삶이란 이를 두고 이른 말일 게다.

퇴계이황(退溪李滉, 1501~1570)도 언젠가 '도산십이곡(陶山十二曲)'이라는 시에서,

> "청산은 어찌하여 만고에 푸르르며
> 유수는 어찌하여 주야에 그치지 않는고
> 우리도 그치지 말고 만고상청하리라."

라고 읊었다. 조선 후기에 살았던 한 고승의 문집에서도 수행경지를 음미할 수 있는 빼어난 시 한 수를 볼 수 있는데,

> "뜬구름 세상일랑 남에게 맡기고
> 푸른 물 푸른 산이 마음 둘만한 곳
> 봄바람에 나는 흥 금할 수 없어
> 조계의 유심한 산수로 발길 옮기네."

라는 영월대사의 청산곡(靑山曲)이 그것이다.

'자탄'이라는 시의 그 다음 수를 보자. '하늘 땅 넓다 해도 이 몸 하나 둘 곳 없네'라는 말은 뭘 나타내는가. 원문의 환우(寰宇)는 흔히 천하라고 하는 전 세계·지구 전체를 뜻하는 말이다. 그것은 천상천하이다. 그리고 이어진 말 사대(四大)는 물질의 구성요소인 지수화풍(地水火風)으로서, 흔히 우리의 육체를 말한다. 이렇게 보면 이 시의 3수는, 청산마저 자신을 용서하지 아니하듯 세상 어디에도 자신의 의지처가 없다는 현실을 곱씹어보는 것이라 하겠다. 이러한 작자의 한탄은 곧바로 다음 수로 이어진다. '금부도사인들 멀리 떠도는 이 몸 어이 잡을 수 있으리'라는 말은 세상 어디에도 의지할 곳 없이 멀리 떠돌고 있으니, 죄인을 아

무리 잘 잡는 금오랑(金吾郞: 금부도사)인들 어찌 나를 잡을 수 있겠는가. 그야말로 역설적인 탄식을 자아내고 있는 것이다.

예순은 불가와 속세의 틈새에서 자신의 한탄스런 삶을 시로 표현한 것처럼 기구한 운명을 고뇌로 발로참회하며 일생을 살았다.

조선시대는 주지하다시피 성리학의 시대였다. 이전 왕조까지 우리의 문화를 형성해왔던 불교는 철저하게 시대의 뒤편으로 밀렸다. '유교를 숭상하고 불교를 억누른다'는 숭유억불(崇儒抑佛)을 통치기조로 삼아 이념을 달리하는 사람들을 철저히 이단시 내지 배타했다. 이것이 조선시대를 규정하는 첫 번째 명제이다.

조선시대는 후기로 접어들면서 이전 시대에서 볼 수 없는 신분의 차별을 불러온다. 반상(班常)의 도를 강조하고 사농공상(士農工商)의 신분을 가르며 사람을 계급화함으로써 우리나라 역사상 사람의 차별성이 가장 심했던 때가 이 시기다. 그러한 병폐 가운데 가장 심대한 현상은 바로 삼종지도(三從之道)니 남녀유별(男女有別)이니 하는 유교윤리로 강제되었던 남존여비(男尊女卑)라는 성차별이다. 이것이 조선시대를 규정하는 두 번째 명제이다.

물론 사대(事大)니 당쟁(黨爭)이니 가문(家門)이니 하는 조선을 규정짓는 술어는 이 밖에도 적지 않다. 다만 이 책의 주제와 상응하는 비구니와 연관된 명제로서 억불과 남녀차별을 그 반경에 포함할 수 있겠다. 억불이 조선불교에 인고(忍苦)의 세월과 교훈을 각성시켜 주었다면, 남녀차별은 성리학에 기반한 차별적 인식구조가 조선불교에도 그대로 습합된 현상과 그 자각이 시급하다는 사실을 일깨워주었다.

조선불교는 그야말로 심호흡 한번 제대로 할 수조차 없었던 정중동

(靜中動)의 역사였다. 이 시대의 불교는 신진 유생들로 주축을 이룬 건국공신들의 숭유척불(崇儒斥佛)과 지배층을 형성했던 유자(儒者)들의 배불억승(排佛抑僧)으로 말미암아 출가승려의 천민화는 물론이거니와, 불교종파 통폐합·승과 및 도승도첩제(度僧度牒制) 폐지·승려 도성출입 금지 등 국가 차원의 핍박을 고스란히 감내해야 했던 시기였다.

조선왕조 500년을 관통하는 불교 탄압의 실상은 시공간을 초월해 불교 역사상 가장 포악한 통치의 사례로 손꼽는 인도 슝가왕조의 건립군주 뿌샤미뜨라(Puṣyamitra)의 파불(破佛)과 중국의 3무1종법난(三武一宗法難)[46]을 가히 뛰어넘는 잔혹사였다. 조선불교는 이처럼 국가 차원의 억불척승(抑佛斥僧)에 억눌려 그 생명성마저 담보할 수 없었던 무종파적 산중불교시대를 살아야 했다. 조선불교의 지난하고도 암울한 시절은 적어도 승려의 도성출입금지가 해제되는 1895년까지 계속되었다.

하지만 조선불교의 생명성이 온전히 사라진 것은 아니었다. 군왕을 비롯한 왕실은 물론이거니와 관료들 또한 공식적인 자리에서는 불교가 미신이니 이단이니 허황되니 혹세무민하니 하고 목청을 높였지만, 사적으로는 불교적 삶에서 완전히 벗어나지 못했던 것이다. 왕실은 왕실대로 고려의 불교적 유습을 수용했으며, 사대부들은 사대부들대로 불교식 상장례를 버리지 못했다.

왕실의 불교행위는 궁궐 안에 불당(佛堂)을 설치하는 것으로 나타났다. 그것은 흔히 왕실원당 또는 내원당으로 불렸고, 이는 조상의 초상화를 모신 추숭시설-이를 진전(眞殿)이라고 한다-에 부속불당을 설치했던 고려의 유습을 그대로 받아들인 것이었다. 그렇다고 내원당이 꼭 궁궐 안에

46) 중국에서 무(武)자가 들어간 군왕 3명과 종(宗)자가 들어간 군왕 1명 등 총 4명의 군왕에 의해 네 차례 일어난 불교 탄압사건을 통칭하는 말이다. 북위 태무제 태평진군 7년(446), 북주 무제 건덕 3년(574), 당 무종 회창 2년(842), 후주 세종 현덕 2년(955)에 발생한 법난이다. 이 가운데 당 무종에 의한 회창법난의 피해가 가장 컸다.

만 설치된 것은 아니었다. 조선불교의 르네상스를 주도했던 문정대비 섭정 당시에는 전국의 명산대찰 300여 곳이 내원당으로 지정되어 유생들의 출입금지와 더불어 사원전(寺院田) 지급 및 각종 불사비용 지원 등 왕실의 보호를 받았다. 사대부들은 부모가 돌아가시면 승려들을 불러 장례를 치렀다. 척불정서가 가장 심했다고 보는 조선 전기에도 이처럼 유자들은 남몰래 불사를 행하고 불교식으로 부모의 장례나 제사를 지냈던 것이다.

더욱 중요한 사실은 조선 초기부터 줄곧 불교를 숭신(崇信)하는 일단의 부류가 있었다는 사실이다. 그 또한 궁궐 안에 불당을 마련해놓고 신행활동을 멈추지 않았던 왕실 또는 이른바 사대부가의 여인들이었다. 그들은 대개가 왕이나 왕자들이 죽은 후 남게 된 후궁 및 군부인들, 나이 들어 오갈 데 없는 궁인들, 역모에 연루되어 남편을 잃은 사대부가의 여인들이었다. 후궁과 그에 딸린 궁인들은 선왕이 죽으면 별궁에서 머무는 것이 관례였고, 그들이 비구니로 출가하는 것은 예삿일이었다. 설령 출가하지 않은 후궁이라 해도 궁방에다 불당을 차려놓고 아침저녁으로 예불을 올렸으니, 별궁은 사실상 절과 다르지 않았던 것이다.

이처럼 처음에는 선왕 후궁들의 거처로 마련되었으나, 이곳에 들어온 여인들이 모두 불교를 숭신하게 되면서 점차 비구니사찰로 변모한 별궁이 자수원(慈壽院)과 인수원(仁壽院)이다. 두 비구니사원은 이후 사대부가에서 출가한 여성들까지 수용하면서 명실상부한 비구니사찰로서의 위상을 확보해갔다. 자수원과 인수원은 조선불교의 중흥기로 평가받는 명종 대 문정대비 섭정 당시에 무려 5천여 명의 비구니가 수행했다고 전할 정도로 여성출가의 산실이었다. 그 이후 임진왜란 때 궁궐이 모두 불타면서 두 비구니사찰도 없어졌으나, 왕실의 비구니들은 새로 건립된 창덕궁 인근에서 사찰을 유지해갔다. 이와 함께 자수원·인수원과 함께 비구니사찰의 기능을 담당했던 곳으로 고려시대부터 존치되어왔던 정업원과 안일원이 있다.

조선시대 비구니사원은 이들 왕실사원을 위시해 성 밖에 이른바 '사승방(四僧房)'이라 불렸던 새절승방(삼각산 청룡사)·탑골승방(보문사)·두뭇개승방(종남산 미타사)·돌곶이승방(천장산 석고사) 등 네 곳을 비롯한 적지 않은 사찰들이 도성 안팎에 들어섰다. 하지만 이들 비구니사찰은 유생들의 끊임없는 감시와 상소로 철폐(撤廢)와 복립(復立)을 반복하는 곡절의 시련에 시달렸다. 1475년(성종6)에 배불폐사(排佛弊寺)를 촉구하는 유생들의 맹렬한 상소로 도성 근교 비구니사찰 23곳이 철폐당했다. 당시 조정에서는 사승방만을 비구니사찰로 공식 인정했다.

1623년(인조원년)에는 완전한 승려도성출입금지와 함께 정업원이 축폐(逐廢)되었고, 1661년(현종2년)에는 왕실에서 더 이상 여성출가자들이 나오지 않게 되면서 자수원과 인수원이 텅 비게 되자 이를 철폐했다. 고려시대부터 내려오던 궁궐 내 불당 중심의 공식적인 비구니 활동이 자취를 잃은 것은 이로부터다. 이는 조선 후기로 넘어오면서 왕실의 불교신앙이 구도적 요소보다 기복적 성격으로 크게 변모되었거니와, 왕실 여인들이 출가해 비구니의 삶을 살기보다는 아들을 선호하는 정서에 기인한 득남기원 원당만 늘어나게 되는 현상에 따른 것이었다. 자수원과 인수원이 왕실 여인들의 외호와 왕실의 재정적 지원으로 운영되었던 저간의 사정도 크게 반영된 결과였다.

왕실 여인들과 사대부가 여인들이 시절인연을 만나 비구니가 된 것은, 흔히 회자되는 삶의 의지처를 잃고 속세에 대한 미련을 버렸거나, 죽은 남편의 명복을 빌거나, 또는 실연을 당해 도피해왔다는 속설 등이

삼각산 청룡사. 고려 태조 때 왕실사찰로 창건된 이후 줄곧 비구니사찰로 전해오는 절이다. 조선시대 단종비 정순왕후와 '자탄'이라는 시로 유명한 예순 비구니가 출가하고 입적한 곳이다. 조선 조정으로부터 공식 인정받은 성밖 비구니 사승방(四僧房) 중 한 곳인 새절승방이 이곳이다.

탑골승방 보문사. 조선 조정으로부터 공식 인정받은 성밖 비구니 사승방(四僧房) 중 한 곳이다.

종남산 미타사. 조선 조정으로부터 공식 인정받은 성밖 비구니 사승방(四僧房) 중 두뭇개승방이 이곳이다.

천장산 청량사. 조선시대 성밖 비구니 사승방(四僧房) 중 한 곳인 돌곶이승방이 이곳으로 알려져 있으나, 본래는 주변에 위치한 석고사가 승방이었다가 1897년 홍릉 조성 때 청량사로 합병된 것으로 보인다.

난무한 것과는 전혀 다르다. 그들이 삭발염의(削髮染衣)[47]하고 비구니가 된 것은 자발적인 선택이었거니와, 그것은 남녀차별이라는 전근대성에 기반한 시대를 살면서 스스로의 정체성과 절개를 지키고자 했던 다부진 결의에 따른 것이었다. 그것은 왕실 여인으로서, 사대부가 여인으로서 자신을 지키며 독립적 인격체로서 살아갈 수 있는 유일한 통로이자 해방구였다.

조선왕조 500년의 홍망사를 다룬 어떤 저술(『한사경』)에 의하면 단종이 노산군으로 강등되어 강릉으로 유배 가자 그의 비 정순왕후를 신숙주가 자신의 첩으로 달라고 세조에게 요청했다는 이야기도 있거니와, 어떤 사서(『연려실기술』)를 보면 단종의 누이인 경혜공주가 유배지 순천에 도착하자 그 도읍지의 부사가 공주를 노비로 삼겠다고 나선 일화도 있다. 왕실 여인들의 운명이 그랬거니와 역모에 연루되어 몰락한 사대부가 여인들이 노비로 전락하는 일은 부지기수였다.

그래서 그들이 여자가 아닌 인간으로 살아가는 방법을 찾아 나선 길이 바로 비구니의 삶이었던 것이다. 그것은 조선불교가 비록 배불억승의 이념에 갇혀 지난한 인고의 세월을 보냈다고 하더라도 왕조시대 줄곧 불교의 생명이 꺼지지 않았던 배경이었다. 그들은 조선불교를 수호한 호법신장과 다르지 않았으며, 척불시대를 이겨내도록 의지를 불살라 주었던 숨은 공로자들이었다.

조선 후기로 접어들면서부터는 왕실 여인들의 출가관례보다는 사대부가 여인들을 비롯해 일대사인연을 접한 필부(匹婦)들이 붓다의 삶을 좇아 사찰을 찾았다. 비록 17세기 중반 이후 역사 속으로 사라졌으나 왕실비구니사찰을 중심으로 이루어졌던 비구니승가의 역동성은 조선

47) 승려가 되기 위해 불교에 입문해서 머리 깎고 물든 옷을 입는 것.

후기 왕실의 비공식적인 숭불경향과 산중불교의 저변에서 수행과 교화와 가람호지 등 불교 본연의 역할을 지속하게 하는 신행활동에 직접적인 영향을 끼쳤다. 그것은 근대기 적지 않은 비구니들이 뚜렷한 족적을 남기고 있거니와, 이들 비구니들을 주축으로 현대기에 들어와 각 문중의 계보가 형성되면서 초조 내지 개창조의 기원이 대체로 17세기 중반 이후로 지목된다는 점에서 그러한 사실을 확인할 수 있다.

개화기 한 외국인 여성의 눈에 들어온 몇몇 사찰의 광경도 조선 후기 불교 교단의 일면을 엿볼 수 있게 해준다. 영국의 여성 작가이자 지리학자인 이사벨라 버드 비숍(Isabella Bird Bishop, 1832~1904)이 1898년에 저술한 견문록(『한국과 그 이웃나라들』)에 의하면, 금강산 장안사 여승방에는 어린 사미니와 87세의 노승을 비롯한 100~120명의 비구니들이 살았다. 유점사 관내에서는 70명의 비구와 20명의 비구니들이 있었다. 이 책은 이사벨라가 1894년 2월부터 1897년까지 네 차례에 걸쳐 중국과 한국을 오가며 왕실로부터 빈민에 이르기까지 조선의 정치·경제·사회·문화·풍속을 체험으로 기록한 견문록이다.

조선 후기를 거론하면서 지나칠 수 없는 사회적 명제가 있다. 조선 후기는 이전 시대에 존재하지 않았던 씨족의 혈연집단을 강화하는 특색을 보인다. 신라와 고려에서는 친손·외손과 아들·사위가 거의 차별 없이 집단을 형성했으며, 재산도 자녀균등상속에 의해 아들딸을 차별하지 않았다. 묘지명에 친손·외손이 모두 기재된 것도 그러한 사회현상을 말해준다. 그런데 조선사회는 족보에 친손·외손 차별 없이 기재하던 이전의 방식을 17세기경부터 친손 위주로 바꾸고, 자녀의 기재순위도 출생순위에서 선남후녀(先男後女) 순으로 바꿨다. 가계를 잇는다는 차원에서 양자를 들이는 경우가 많아진 시기도, 자녀가 돌아가면서 분담했던 제사를 폐하고 장남의 단독봉행으로 전환한 시기도, 여성에게 남녀유별을 가르치며 남존여비와 삼종지도를 강요했던 시기도 모두 이때부터다.

조선 후기의 이러한 사회적 정서는 그대로 조선불교권에 침투되어 비구와 비구니의 차별적 관계가 정립되고, 비구니는 당연하듯 받아들였다. 그리 길지도 않은 역사상에 나타난 여성 차별적 정서에 한국의 비구니들은 대체로 지금까지도 순한 양처럼 순응하는 듯한 모습을 보이고 있다. "지금까지 남성은 여성을 강요된 노예(a forced slave)가 아니라, 자발적인 노예(a willing slave)로 길들이는 문화만을 창조해 왔다." 영국의 철학자인 존 스튜어트 밀(Mill, John Stuart, 1806~1873)의 레토릭(rhetoric)이다. "여성은 여성으로 태어나는 것이 아니라, 여성으로 만들어진다." 현대 프랑스 작가이자 철학자인 시몬느 드 보봐르(Beauvoir, Simone de, 1908~1986)가 강조한 명제다. 여성 차별의식이 어디에서 어떻게 시작되었는지를 곱씹어볼 명언들이다.

이제부터는 지난했던 억불척승의 조선시대를 가르며 당당히 테리(Therī)가 되고 진흙 속의 연꽃이 되려는 존재로서 한국사에 자취를 남긴 비구니들의 이름을 사적 흐름에 맞춰 일별해보고자 한다.

숭유억불의 조선왕조에서 첫 여성출가자는 태조 이성계의 3녀 경순공주다. 경순공주는 태조의 계비 신덕왕후 강씨의 소생으로, 무안대군 방번·의안대군 방석이 같은 어미를 둔 동생들이었다. 사료(『조선왕조실록』)에 의하면, 경순공주는 개국공신 흥안군 이제(李濟, 1365~1398)와 혼인했는데, 1398년 8월 1차 왕자의 난 때 남편과 두 남동생 방번·방석이 방원에 의해 살해당하자 이듬해 태조가 친히 출가하게 함으로써 정업원으로 들어왔다.

방석의 처 심씨도 1차 왕자의 난 이후 정업원으로 출가한 사례이다. 심씨는 고려 공민왕비 혜비 이씨가 정업원 주지를 역임하다가 1408년(태종8) 2월에 이생을 마감하자 그 뒤를 이어 정업원 주지로 임명되었다. 정종의 비 정안왕후의 언니인 김씨도 1411년(태종11)에 이곳의 주지를 역임했다. 태종이 세상을 떠나자 후궁이었던 신빈 신씨(?~1435)와 의빈 권씨도 정업원으로 출가했다.

세종의 비인 소헌왕후 심씨의 소생왕자 8남 중 다섯째인 광평대군이 창진(천연두)으로 스무 살의 꽃다운 나이에 요절하면서 청상과부가 된 부인 신씨가 비구니가 되었고, 그의 아들 영순군이 스물일곱의 나이로 요절하면서 군부인도 시어미를 따라 비구니가 되었다. 나란히 비구니가 된 고부(姑婦)는 광평대군 묘역일원(지금의 강남구 수서동 일대)에 있던 작은 암자를 원당으로 삼아 대대적인 중창불사를 하고 여기서 살았다. 바로 이 절이 견성암이라는 이름으로 존재하다가 성종의 계비인 정현왕후 윤씨에 의해 개창되어 오늘에 이르고 있는 봉은사다.

1456년(세조2) 단종복위를 위한 거사가 실패로 돌아가면서 단종과 그의 자형 정종(鄭悰, ?~1461)이 유배되어 죽자, 그들의 처인 정순왕후와 경혜공주도 출가해 비구니가 되었다. 이때 희안(希安)·지심(智心)·계지(戒智) 등도 함께 출가했다. 1463년(세조9)에 정업원 주지였던 해민(海敏)을 비롯해 계유정난의 3등 공신인 유자환(柳子煥, ?~1467)의 처 윤씨·혜빈 양씨(세종의 후궁)의 아들 수춘군 이현의 처 정씨·연산군의 후궁 곽씨 등도 모두 정업원 주지를 역임한 비구니들이다.

유자환의 처 윤씨가 1473년(성종4) 7월에 정업원 주지로 부임할 때 혜선(惠善)·혜명(惠明)·학혜(學惠)·성계(性戒)·계윤(戒允) 등이 그를 따라 함께 출가했다. 수춘군 부인 정씨는 단종복위 거사 이전에 남편과 사별하고 시어머니(혜빈 양씨)마저 단종복위 거사에 연좌되어 죽임을 당하자, 홀로 살다가 1478년(성종9) 출가해 1482년(성종13) 정업원 주지로 부임한 후 1492년(성종23)까지 이곳에 머물렀다. 연산군의 후궁인 숙의 곽씨도 1522년(중종17) 정업원 주지로 부임한 이후 연산군의 명복을 빌며 여생을 보냈다. 이때 원일(元一)과 묘심(妙心)이 정업원으로 들어왔다. 곽씨는 실록에 기록된 정업원의 마지막 주지였다.

조선 후기로 오면서는 살았던 사찰에 비문이 세워지고 당해 사찰의 연혁 또는 중창기를 비롯해 당대 비구고승비문 등에 이름이 올라가면서 흔적을 남긴 비구니들이 출현한다. 그러한 내용은 이지관의 『한국고승비문총집』에서 매우 유용한 정보를 제공받을 수 있다. 금강산 신계사 낙암당(洛庵堂) 사신(思信, 1694~1765)의 부도비 내용(「유점사본말사지」)과 묘향산 보현사 정유(定有, 1717~1782)의 부도비 내용(『번암집』) 등이 그것이다. 이에 따르면 사신과 정유는 여대사(如大師)라는 칭호를 받았던 당대의 걸출한 비구니였다.

『유점사본말사지』에도 비구니들의 이름이 눈에 띈다. 영조 때 「유명조선국회양부 금강산 장안사 만천교중건비」에는 덕훈(德訓)이, 순조 때 「금강산 장안사 관음암 개화기문」에는 선근(善根)이, 헌종 때 「표훈사 청련암 중창기」에는 정근(淨根)이, 철종 때 「신계사 연혁」에는 문수암의 상엽(尙曄)이, 고종 때 「표훈사 연혁」에는 신림암의 법정(法正)이 수록되어 있다.

비구고승비문에 올라있는 비구니들도 적지 않다. 「회양 표훈사 풍담당 의심대사비문」의 법장(法壯)과 「영변 안심사·회양 표훈사 허백당 명조대사비문」의 덕종(德宗)은 현종 때 비구니들이다. 「대구 파계사 현응당 영원대사비문」의 의성(義性)은 숙종 때이고, 「영천 은해사 영파당 성규대사비문」의 처일(處一)·세찰(世察)은 순조 때 인물이다. 홍윤식이 저

삼각산 승가사 마애석가여래좌상(보물 제215호). 이 마애불을 참배하기 위해서는 108계단을 올라가야 한다.

술한 『한국불화화기집』에는 숙종 때 비구니들인 학눌(學訥)·성학(性學)·석인(釋仁) 등의 이름이 보인다.

이처럼 조선 후기에도 적지 않은 비구니들의 이름이 자신이 살았던 사찰의 비문이나 비구고승비문 또는 사찰연혁이나 중창기 등에 전해온다. 이는 비록 산중사찰에서 숨죽이는 삶을 살아야 했지만, 그 이면에서는 수행과 대중교화에 앞장선 비구니들의 숫자가 지속적으로 증가했다는 사실을 반증한다. 그러한 현상은 개화기를 거쳐 근·현대기로 접어들면서 비구니 고승들의 출현을 예고한 전조라 하겠거니와, 그들을 축으로 마침내 문도결집과 문중성립을 일궈낸 선구가 된 것이겠다.

❹

비구니의 현재적 활동

"조선불교의 산중승단시대는 사실상 연산군 말경부터 시작되고, 그것은 다시 중종 대의 배불정책을 통해 돌이킬 수 없는 현실로 고정된다. 사림세력의 정계진출과 그 영향력이 막대했던 중종 대에는 연산군 대의 배불에 비해 더욱 철저하고 완벽을 기하는 모습이다. 연산군의 배불이 원칙 없는 파불의 형태였다면, 중종 대의 그것은 철저한 폐불정책으로서의 성격을 띤다."

이봉춘, 『조선시대 불교사 연구』, p.484.

조선불교의 암울한 현실은 이 내용으로 정의된다고 하겠다. 물론 왕실권력에 의해 존숭 받고 불교가 다시 흥하는 시절이 전혀 없었던 것은 아니다. 자갈밭을 걷다가 모래사장을 만난 것처럼 세조 재위시절이나 명종 대 문정대비의 수렴청정 때는 이전 왕조시대의 광영을 다시 찾는 듯했다. 하지만 그것은 친불교적인 권력자들의 호불호(好不好)에 따른 일시적이고 한시적인 조치에 불과했다. 조선불교가 전 기간에 걸쳐 배불척승(排佛斥僧)으로 상징되고, 또한 그렇게 살아야 했던 이유였다. 고려불교가 보여주었던 권력과 이익과 유희를 좇는 그러한 범계(犯戒: 계율을 어김) 내지 파계(破戒: 계율을 깨뜨림)가 아닌 불교 본연의 가치, 곧 정도(正道)의 회복이 전제되지 않는 한 어느 권력자의 개인적인 신불(信佛) 내지 호불(護佛) 행위가 불교의 생명성을 마냥 보장해주지 않는다는 교훈을 깊이 새겨야 한다는 말이다.

지난했던 조선불교를 지탱해온 역사의 주역들이 마침내 기나긴 어둠의 터널을 빠져나올 수 있었던 배경도, 해답도 바로 거기에서 찾을 수 있다. 비록 타율적으로 시작된 산중불교시대였으나 이를 청정수행승단으로 거듭나는 전화위복으로 삼았거니와, 산간에서 자립경제를 통한 교단의 자율성을 확보하고 민중과의 유대강화를 통한 현실참여와 대중교화에 눈을 돌리게 되면서 비로소 조선불교를 지탱할 수 있었던 자정력(自淨力)[48]을 담보하게 된 것이다.

조선 후기의 불교가 참선과 강학과 염불을 함께 닦는 삼문수업(三門修業)의 가풍을 바로 세우고, 반객위주(反客爲主)[49]의 정신으로 시대를 헤쳐 나온 정황들이 그러한 성과들이다. 아울러 개화기를 거쳐 근·현대기를 수놓았던 적지 않은 비구니 고승들의 오롯한 구도행각은 물론이거니와, 세월의 풍파와 전란 속에 스러져갔던 사찰들이 그들에 의해 비로소 복원되고 그 터전에 기반한 교화활동이 활발발하게 전개됨으로써 지금의 비구니승가체계를 구축할 수 있었던 것도 바로 그것이다.

이제 현재적 시점으로 돌아와 비구니들의 어제오늘의 역동성을 살펴 내일의 지표를 가늠해보고자 한다. 여기서 현재적 시점이라고 보는 경향은 왕조시대를 마감한 이후의 역사, 그러니까 여전히 현재진행형에 놓여 있다고 볼 수 있는 광복 전후의 시기를 지칭한다. 우리는 그 시대를 개화기를 포섭하는 근·현대기라고 부른다. 그것은 광복 전후의 시기를 아우를 때의 불가피성이겠으나, 따로 분리해 말할 경우에는 광복 이전을 개화기 내지 일제강점기라 칭할 것이다.

근·현대사의 시공간에서 나타난 비구니의 현재적 모습을 살펴보면 격동의 역사만큼이나 매우 역동적인 모습을 보이고 있다. 불교수용 이래 왕조시대를 지나오면서 그림자처럼 계승되어온 비구니 계맥(系脈)의 행적이 비로소 수면 위로 부상하기 시작한 것이 바로 이 시기이기 때문이다. 비구니 스스로의 역사적 자각과 주체적 사고를 토대로 마침내 세

48) 어떤 조직이 자체 안의 안 좋은 모습을 스스로의 힘으로 고쳐 좋은 방향으로 나아가는 일.

49) 주객(主客)이 뒤바뀌는 것. 즉 자신의 수동적인 상황을 능동적으로 바꾸어 주도권을 장악한다는 뜻.

계룡산 동학사.

계 초유의 독립적 승가체계를 갖추면서 전문선원의 잇단 개설을 통한 선풍 호지는 물론이거니와, 전문강원교육을 통한 강맥 전승과 전문율원 개설을 통한 율맥 전승 등 활발발한 행적을 남기고 있는 사실이 그의 반증이다.

출가본분사에 수범을 보이고 있는 비구니승가의 내면생활은 국내 최대의 비구니사관학교로 불리는 호거산 운문사를 비롯해 계룡산 동학사·불영산 청암사·광교산 봉녕사 등에 설치된 강원(승가대학) 및 율원(율학승가대학원)과 덕숭산 견성암·사불산 윤필암·오대산 지장암·가지산 석남사·천성산 내원사 등 전국 30~40여 개의 비구니 선원을 가보면 어렵지 않게 접할 수 있다. 교육수준도 비구승가에 비해 높은 비율을 보이고 있거니와, 1990년도 이후 사미니의 1/3 이상이 초대졸 이상으로 파악되고 있다. 이는 비구니의 종무행정수행과 대사회적 역할의 기본자

호거산 운문사.

불령산 청암사.

광교산 봉녕사.

질이 충분하다는 것을 반증한다. 비구니승가의 이러한 현실은 우리 사회의 제분야에서 여전히 사각지대에 놓여 있는 작금의 성차별적 교단구조의 변화에 일정한 당위를 던져줄 수 있는 매우 유의미한 현상이라고 하겠다.

비구니의 위상정립은 그렇듯 지율(持律)·지선(持禪)·지혜(持慧)의 삼학(三學)[50]체계를 갖춘 출가자로서의 본분과 함께 포교·복지·문화·조직 등 우리 사회의 다양한 분야에서 수범을 보이는 가운데 가시화되었다.

비구니승가의 현재적 모습은 대체로 여덟 가지 분야에서 접근할 수 있다. 그 첫 번째가 은상좌간의 인연관계다. 세간의 부모자식에 비유되는 스승(은사)과 제자(상좌)의 관계다. 구도의 길벗이 되는 소중한 인연들로서, 이들의 직·방계 존·비속의 관계에 놓여 있는 구성원들을 문도(門徒)라 이른다. 세간의 일가친척을 위시해 동일한 조상을 모시고 있는 혈연집단에 해당한다. 이들을 문중이라고 하는 것이다. 그러니까 은상좌간의 인연관계가 실질적으로 비구니문중의 기반을 이룬 것이라 하겠다.

두 번째는 강맥(講脈)으로 그 계보를 설명하는 강학 분야이다. 지혜의 토대가 되는 붓다의 가르침, 곧 담마(dhamma)를 배우고 익히는 승려교육의 흐름을 말한다. 조선 후기 산중불교시대에 정립된 참선·강학·염불의 삼문수업(三門修業) 가운데 강학이 이루어진 강원교육을 의미하거니와, 지금은 승가대학으로 이름을 바꾸고 승려교육의 지표를 제시하고 있다.

세 번째는 계율로써 스승을 삼으라(이계위사以戒爲師)는 붓다의 유훈

50) 수행자가 닦는 기본적인 세 가지 공부방법으로 계율·선정·지혜(戒定慧)를 말한다. 해탈·열반에 이르는 여덟 가지 바른 길(팔정도)이 삼학체계로 이루어져 있다. 바른 말(正語)·바른 일(正業)·바른 생활(正命)은 계율을 통한 배움[戒學:持律]에, 바른 노력(正精進)·바른 새김(正念)·바른 집중(正定)은 선정을 통한 배움[定學:持禪]에, 바른 견해(正見)·바른 사유(正思惟)는 지혜를 통한 배움[慧學: 持慧]에 속한다. 이는 곧 괴로움으로부터의 자유를 얻기 위해서는 삼학의 팔정도를 실천해야 한다는 것을 제시해준다.

을 목숨처럼 지켜 승가의 청정성을 담보하고자 하는 율맥(律脈)의 흐름이다. 절제와 도덕적인 삶을 의미한다. 현재 비구니 전문율원을 중심으로 독립적인 계율수학과 율맥 전승이 이루어지고 있다.

네 번째는 참선수행의 흐름이다. 깨달음의 여정에 있는 나를 통찰하는 명상수행이다. 현재 대한불교조계종의 비구승가가 계보를 형성하고 있다는 법맥(法脈)의 기반이다. 비구니승가의 선맥은 독립적으로 형성되어 있지 않으나, 구도행의 일환으로써 선풍 호지(禪風護持: 선수행을 통한 구도열정)는 비구승가 못지않다.

다섯 번째는 포교 분야다. 자비 중의 자비는 담마를 전하는 일이라고 하듯이, 붓다의 가르침을 많은 사람들에게 전하는 일이다. 구원의 믿음을 전하는 것이 아니라 우주의 진리, 곧 존재의 법칙을 바로 보고 알아서 실천에 옮기도록 하는 일이거니와, 그것은 모든 사람들이 지혜와 자비를 갖추도록 하는 것이다.

여섯 번째는 복지 분야다. 이것은 가장 현실적인 자비행이다. 공경과 공양의 기준은 베푸는 삶이라고 하듯이, 무엇이든지 도움이 필요한 사람을 외면하지 않는 일이다. 세상을 위해 종교가 지향해야 하는 가장 당위적 요청이다.

일곱 번째는 문화 분야다. 문화는 사람들의 삶의 방식이다. 불교가 우리의 문화로 자리매김한 역사가 그것이다. 여기서는 대중문화, 다시 말해 다양한 사람들의 오감을 즐겁고 기쁘게 하는 일로써 문화적 활동을 말한다.

여덟 번째는 조직 분야다. 사람은 사회적 동물이라고 했던가. 혼자서는 살 수 없다는 뜻이다. 어딘가에 소속되고 예우받기를 원하는 것이 사람의 속성이다. 조직은 그래서 구성되는 것이다. 여기에는 뜻으로 화합해 함께 일하라(의화동사意和同事)는 명제가 전제된다.

1
은상좌연(恩上佐緣)
구도의 길벗, 스승을 만나다

"소나, 너는 세속에 있을 때 위나(vina)[51] 악기를 잘 연주하였느냐?"
"네, 부처님."
"만약 줄이 너무 팽팽하면 조화로운 소리가 나더냐?"
"그렇지 않습니다. 부처님."
"만약 줄이 너무 느슨하면 조화로운 소리가 나더냐?"
"그렇지 않습니다. 부처님."
"그러면 줄이 너무 팽팽하지도 않고 너무 느슨하지도 않고 잘 균형 있게 조율되었을 때 조화로운 소리가 나더냐?"
"네, 부처님."

『마하왁가』 5편1

우리가 공부를 한다는 것은 그것을 통해 무엇인가를 성취하거나 얻는 것이다. 그 가운데 가장 바람직한 무엇은 아마도 지혜일 것이다. 지

51) 네 개의 줄이 있는 인도 현악기 일종. 거문고나 가야금을 연상하면 된다.

혜는 다시 공부의 열정이 식지 않도록 자신감과 정진(精進)의 힘을 길러 준다. 불교에서 말하는 수행도 마찬가지다. 수행은 정진이 전제되고, 그 정진은 지혜를 받침으로 삼는다. 이러한 관계가 깨지면 자신감을 잃고 수행을 포기하게 된다.

붓다 재세 시 소나 꼴리위사(Sona Kolivisa)라는 대부호 상인의 아들이 있었다. 어느 날 마가다국 빔비사라 왕의 초청으로 왕사성의 영취산에 갔다가 붓다의 가르침을 듣고 출가했다. 붓다의 제자로 출가한 소나는 왕사성 밖 공동묘지 근처의 수행처인 시따와나(sitavana)에서 맹렬히 정진했다. 하지만 그는 여전히 번뇌와 집착에서 벗어나지 못했다. 그는 오랜 수행에도 불구하고 집착을 없애지 못했고, 번뇌로부터 해탈하지 못한 것을 고민하게 되었다. 재산이 많으니 차라리 집으로 돌아가 재물을 즐기고 선행공덕을 닦는 게 더 낫지 않을까라고 생각했다.

붓다가 이 소식을 전해 듣고 소나를 찾아왔다. 그리고는 그에게 비유를 들어 중도(中道)[52]의 수행법을 가르쳐 주었다. 그때 나눈 대화의 내용이 바로 앞에 인용한 빠알리율장(『마하왁가』 5편1)에 나오는 위나 악기의 비유이다.

붓다는 소나에게 이러한 비유를 통해 너무 지나치게 열심히 정진하면 몸과 마음이 들뜨게 되고, 또 너무 안일하게 느슨해도 게으름에 빠지게 된다고 말씀하셨다. 정진할 때 항상 균형을 유지해야 하거니와, 감각기관들이 균형을 잃지 않도록 꿰뚫어 살펴야 하고 항상 돌아보아 균형의 조화로움에서 벗어나지 않아야 한다고 일러주었다.

소나는 스승인 붓다의 말씀대로 수행정진함으로써 마침내 세 가지 결

52) 양극단에 치우치지 않는 바른 도리. 초기불교에서는 팔정도의 실천 또는 십이연기의 정관(正觀)을 이르고, 대승중관론에서는 집착과 분별의 경계를 떠난 무소득(無所得)의 경지를 이른다.

박의 번뇌(삼박결三縛結)[53]는 물론이거니와, 탐욕과 성냄과 어리석음의 삼독심(三毒心)을 완전하게 소멸시켜 온갖 번뇌와 집착에서 벗어난 아라한(阿羅漢)[54]이 되었다.

이러한 소나 이야기는 스승의 중요성을 말해준다. 공부하는 이, 수행하는 이에게는 흔들리는 마음을 잡아 주고 점검해 줄 수 있는 스승이 반드시 필요하다는 것을 이 이야기를 통해 알 수 있다. 소나는 스승을 통해 중도적 수행과 중도적 삶의 원리를 알았고, 마침내 깨달음에 이를 수 있었던 것이다. 붓다 스스로 제자들을 향해 "벗이여"라고 했듯이, 스승은 구도의 여정에서 반드시 필요한 길벗이라는 사실을 일깨워준 것이 소나 이야기의 교훈이겠다.

스승(은사)과 제자(상좌)의 인연관계는 이런 것이다. 은사는 삭발을 허락하고 상좌로 받아들이는 스승을 말하며, 득도사(得度師)라고 한다. 상좌는 제자를 말한다. 스승과 제자간의 법연(法緣), 그것을 은상좌연(恩上佐緣)이라고 한다. 바로 세간의 부모자식으로 상징되는 인연이다. 따라서 선조사로부터 대대로 내려오는 계통의 토대를 이루게 된 가장 기본적인 관계가 은상좌연이다. 이 인연에 기반해 계보가 형성되고 이 계보선상의 구성원을 결집해 문도회를 결성하니, 비로소 독립적인 비구니문중이 탄생하기에 이른 것이다.

조선시대 억불척승의 험로와 일제강점기를 거치는 동안에도 꾸준한 성장세를 보인 비구니승가의 현재를 들여다보면, 이전의 어느 때보다도

53) 흔히 삼결(三結)이라고 한다. ①유신견(有身見): 신체에 불변하는 자아가 있고, 또한 신체는 자아의 소유라는 그릇된 견해 ②계금취(戒禁取): 그릇된 계율이나 금지조항을 바른 것으로 간주해 거기에 집착하는 번뇌 ③의심(疑心): 바른 이치를 의심하는 번뇌

54) 일체번뇌를 소멸해 더 이상 번뇌가 없는 성스러운 경지. 더 이상 배울 것이 없는 경지라는 뜻에서 무학도(無學道)라고 한다.

삼현문중의 상징적 인물인 묘리당 법희스님(오른측)과 그의 상좌 수옥(왼쪽)·상륜(뒷쪽)스님.

계민문중 성문스님(왼쪽)과 둘째상좌 태호(동자승). 성문스님 오른쪽으로는 도반인 정행·문오·봉련스님(1926년).

보운문중 수인스님과 그 제자들. 뒷줄 오른쪽부터 창법·성우·영옥·혜엽스님(1961년).

청해문중 혜춘스님과 상좌 서용(오른쪽)·정안스님(1979년).

육화문중 선경스님은 국내는 물론 외국인 출가자들도 다투어 제자 되기를 청할 정도로 수행경지가 높았다.

일엽문중 일엽스님과 그 제자들. 앞줄 왼쪽부터 도선·일엽·경희, 뒷줄 왼쪽부터 용민·월송·정진스님(1970년).

근·현대사 공간에서 뚜렷한 족적을 남긴 비구니들이 적지 않다. 물론 그러한 발자취는 근래와 가장 가까운 근·현대기에 살다간 인물들이라는 점에서 전해오는 자료나 확인되는 전언이 이전의 경우보다 많을 수밖에 없는 시대적 이점에 따른 것이겠다. 그러한 시대성을 온전히 부정할 수는 없겠으나, 그래도 이 시기의 비구니들은 독립적인 문중계보와 법맥계통을 면면부절(綿綿不絕) 계승하고 있다는 점에서 분명한 차이를 보이고 있다. 그것은 분명 역사적 사건과 다름없다. 불가(佛家)의 고승은 비구만이 존재해왔다는 저간의 사정과 문중개념의 비구독점 시각에 비로소 변화를 주기 시작한 것은 이로부터다.

그처럼 근·현대사 공간에서 비구니승가공동체의 결집력을 보여준 사건(?)이 현대기에 들어와 수면 위로 그 모습을 드러낸 문중성립이다. 근·현대기를 대표했던 비구니 고승들을 축으로 문도들을 결집하고 독자적인 계보를 확립함으로써 비구니승가의 독립적인 법맥상전(法脈相傳)을 담보하게 된 것이다.

한국의 비구니들이 동일한 선조사를 모시는 문도들의 결집을 가시

법기문중 도준스님(왼쪽)과 은사 보성스님, 그리고 맏상좌 혜주스님 (1971년).

화하고, 계보를 작성하고, 실질적으로 문중을 형성하기 시작한 효시는 1970년대 전후의 일이다. 문중역사가 그리 길지 않은 것이다. 하지만 문도결집을 일궈낸 당체들이 근·현대기를 살아오면서 이전까지 찾아볼 수 없었던 비구니의 전등(傳燈)[55]을 구체화한 공적은 상찬해 마지않을 수 없다. 그 현황을 대별하면 현재 비구니문중은 대체로 10여 개 정도로서, 자파의 초조 내지 개창조를 세워 문중계보를 정리하고 있다. 청해·계민·법기·삼현·수정·봉래·육화·실상·보운·일엽문중과 보문종 문중이 그들이다. 두옥(斗玉)·봉완(奉琓)문중과 서울 청량사문중·서울 보문동 미타사 탑골문중·서울 옥수동 종남산 미타사문중 등 몇몇의 기타 문중도 존재한다.

비구니문중의 이러한 현황은 현재 대한불교조계종의 비구문중-서산대

55) 법맥(法脈)을 주고받는 일을 어둠을 비추는 등에 비유해 일컫는 말.

사로 잘 알려진 청허휴정(淸虛休靜, 1520~1604) 이래 호암파(虎岩派) 계보를 잇고 있는 경허성우(鏡虛惺牛)의 문중선맥인 덕숭문중과 금계파(錦溪派) 계보를 잇고 있는 용성진종(龍城震鍾)의 문중선맥인 범어문중 등 양대 문중을 위시해 백양사(연담유일)·봉선사(백파긍선)를 문중원류로 하는 연백문중(蓮白門中)과 통도사·송광사·동화사를 본산으로 하는 단위별 독립문중 등-들과 견주어도 그 위세가 결코 뒤지지 않는다는 사실을 말해준다. 비구니문중 현황과 관련한 일정한 내용은 다음 장에서 별도로 기술하겠다.

2
강학(講學)
담마(dhamma)는 곧 지혜다

강학, 지혜를 익히다.

"위대하셔라 대덕(大德, bhadanta)이시여. 위대하셔라 대덕이시여. 이를테면 넘어진 것을 일으키심과 같이, 덮인 것을 나타내심과 같이, 헤매는 이에게 길을 일러주심과 같이, 어둠 속에 등불을 가지고 와서 눈 있는 이는 보라고 하심과 같이, 이처럼 부처님께서는 온갖 방편으로써 법(法 : dhamma)[56]을 밝히셨나이다. 저는 이제 부처님께 귀의하나이다. 그 가르침에 귀의하나이다. 승가(교단)에 귀의하나이다."

『상윳따니까야』 42:6

이것은 붓다의 가르침을 듣고 귀의하게 된 사람들이 자신들의 심정을 붓다에게 고백하는 말이다. 초기경전 곳곳에서 보이는 이것은 언제나 거의 같은 형식인 것으로 보아 어느 때부터인가 하나의 정형구로 유형화된 것 같다. 흔히 불교에 입문할 때 가장 먼저 받아 지니는 삼귀의(三歸依)의 원형이 이것이 아닌가 싶다.

보다시피 이것은 붓다가 설한 법(dhamma)을 듣고 난 사람들이 감명받은 소회를 고백한 내용이거니와, 그것의 위대함을 찬탄해 마지않으면서 삼보(三寶)에 귀의하는 장면이다.

그것의 의미를 살펴보면, 먼저 '넘어진 것을 일으키심과 같이'는 끊임없이 변화하는 것을 영원한 듯이 아는 것처럼 뒤바뀐 생각을 바로잡아 준다는 것을 말한다. '덮인 것을 나타내심과 같이'는 우리가 탐·진·치 삼독을 걷어내고 청정한 마음으로 대상을 대할 때 비로소 일체 존재의 진상을 '있는 그대로 볼 수 있는 것(여실지견)'처럼 담마는 그런 가르침이라는 찬탄이다. '헤매는 이에게 길을 일러주심과 같이'는 쾌락과 고행의 양 극단을 떠난 중도적 합리성을 깨닫게 해준다는 것이요, '어둠 속

56) 법(法)이 갖는 뜻은 여러 가지이지만, 대개 존재 당체(제법諸法), 존재의 양상(존재의 법칙), 붓다의 가르침(교법敎法)으로 쓰인다. 이 셋은 대체로 '진리'의 의미로 통합된다. 원전 빠알리어는 담마(dhamma), 산스끄리뜨어는 다르마(dharma)다.

에 등불을 가지고 와서 눈 있는 이는 보라고 하심과 같이'는 담마는 신비주의나 낡은 의식 같은 어리석음을 일깨워 눈 밝은 지혜로운 이가 되도록 인도해준다는 고백이다.

붓다의 가르침을 접한 사람들이 이렇게 감동을 받았거니와, 그러한 심경을 토로하면서 붓다와 그 가르침에 어찌 귀의하지 않을 수 있겠는가. 그들은 그 길로 붓다의 제자가 되었고, 또한 불교에 귀의해 재가불자가 되었던 것이다. 하지만 그들의 붓다에 대한 찬탄은 여기서 멈추지 않았다. 붓다의 가르침, 즉 담마가 지니는 기본성격을 단적으로 표현하는 고백을 하고 있는 것이 그것이다. 그것을 여기에 인용하면 이렇다.

> "이에 제자는 부처님의 가르침에 대해 무너짐 없는 청정한 믿음을 성취하였습니다. 법(dhamma)은 부처님에 의해 잘 설해졌나이다. 즉, 이 법은 현실적으로 증험되는 성질의 것이며, 때를 격하지 않고 과보(果報)가 있는 성질의 것이며, 와서 보라고 할 수 있는 성질의 것이며, 열반에 잘 인도하는 성질의 것이며, 또 지혜 있는 이가 저마다 스스로 알 수 있는 성질의 것입니다."
>
> 『상윳따니까야』 55:1

이 또한 여러 초기경전에서 확인되는 유형화된 문구이다. 담마의 특징 다섯 가지가 제시되고 있음을 알 수 있다.

먼저 '현실적으로 증험되는 것'이라 함은 철저하게 현실에 입각하고 있어서 현실적으로 볼 수 있다는 뜻이다. 신이니, 천국이니, 전생이니, 내생이니, 사후세계니 하는 따위의 믿음은 모두 '보지 않고 믿는다'거나 '불합리하기에 믿는다'는 것에 지나지 않을 터이다. 붓다의 가르침이 현실주의적이고 붓다를 현실주의자(realist)라고 정의하는 까닭이 그것이다.

두 번째 '때를 격하지 않고 과보(果報)가 있는 것'이라 함은 붓다의 가르침은 과보, 즉 결과나 성과가 나타나는 시기를 말하거니와, 그것은 죽은 후에나 가능한 천국이나 내세 왕생과 같은 가르침이 아닌, 즉시적 또는 현생적인 가르침이라는 뜻이다.

세 번째 '와서 보라고 할 수 있는 것'이라 함은 열린 진리, 열린 가르침을 말한다. 붓다 당시 인도의 대다수 수행교단의 스승이라고 하는 부류들은 제자들에게 깨달음의 비결을 비밀리에 전수하는 경향이었다. 하지만 붓다는 담마를 모든 사람에게 남김없이 설했으므로 따로 전하는 비밀은 없다고 선언했다. 이른바 '여래의 가르침이 사권(師拳: 스승의 주먹) 속에 감춰져 있다고 생각해서는 안 된다'고 말한 것이 그것이다. 불법(佛法)의 참다운 계승자는 누구라도 담마에 귀의해 스스로 배우고 행하는 수행자라는 것이 붓다의 생각이었다.

네 번째 '열반에 잘 인도하는 것'이라 함은 담마가 사람들을 인도해 불교의 궁극적 목표인 해탈·열반에 이르도록 한다는 뜻이다. 담마는 우리의 삶을 그렇게 향상시키는 것이다.

다섯 번째 '지혜 있는 이가 저마다 스스로 알 수 있는 것'이라 함은 붓다의 가르침은 지혜 있는 사람이면 저마다 스스로 알 수 있는 그런 자각(自覺)의 성질이라는 것이다. 그것은 내 마음속에 있는 번뇌의 문제라든가 진리라고 하는 삼법인이니 사성제니 연기 같은 담마의 구조가 모두 전형적인 자각의 길에 속한다는 것을 말한다.

붓다의 가르침, 즉 담마는 그런 것이다. 이것에서는 흔히 종교들이 지향하는 신비주의 내지 내세주의, 기복 내지 구원 같은 것은 기대할 수 없다. 그래서 붓다의 제자들은 붓다의 가르침에 대해 그 법을 보고, 법을 얻고, 법을 알고, 법을 깨닫고, 의혹을 풀어서, 내가 갈 길이 바로 이것이라는 확신에 이르러 비로소 붓다에 귀의하고 붓다의 제자가 된 것이다. '나를 따르라. 그러면 구원을 얻고 영생을 얻을 것'이라는 이른바 신(神)을 믿는 종교라든가, 어떤 가르침이나 주장에 대해 먼저 이해나 납득 내지 확신 없이 무턱대고 그 불가사의를 믿고 보거나 복을 기원하는 그런 타력적 신앙과는 거리가 먼 것이다.

붓다의 가르침을 배우고 익히는 것이 이처럼 더없이 중요한 일이거니와, 예로부터 강원(승가대학)을 중심으로 경전공부에 매진해온 이유가 그것이겠다. 강학이니, 교학이니, 경학이니, 불전학이니, 불교학이니 하는 술어들은 모두 그에 뿌리를 두고 있다. 여기에는 또한 반드시 스승이 있어야 했거니와, 이는 오늘날 강맥이니 학맥이니 하는 흐름을 형성하고 있다. 이른바 학파(學派)라고 불릴 수 있는 학문계통의 법맥이다.

불가(佛家)에서 출가인연을 맺어준 스승을 득도사라고 한다면, 선맥이니 강맥이니 율맥이니 하는 법맥계통의 스승을 사법사(嗣法師)라고 한다. 사법사는 득도사와 같을 수도 있고 다를 수도 있다. 그러한 사법사 계통에서 법맥상전의 효시를 이룬 것은 강맥 전승(講脈傳承)이다.

광복 이후 비구니 전문강원은 동학사·운문사·청암사·봉녕사 등 네 곳을 비롯해 서울 옥수동 미타사(1945~1950 개설)·충남 서산 개심사(1968~1979 개설)·경기도 용인 화운사(1974~1985 개설)·전북 전주 정혜사(1954~1994 개설)·삼선승가대학(1978~2014 개설)·전남 화순 유마사(2007~2011 개설) 등 20여 곳에 개설되었으나, 대다수 폐원되고 지금은 네 곳만 운영되고 있다. 다만 삼선승가대학은 불학전문대학원으로, 유마사승가대학은 선학승가대학원으로 전환해 비구니들만을 대상으로 학사를 진행하고 있다.

광복과 때를 거의 같이하는 비구니에서 비구니로의 강학전등은 근·현대기 비구니 3대 강백으로 이름을 남긴 월광당(月光堂) 금룡(金龍, 1892~1965)·정암당(晶岩堂) 혜옥(慧玉, 1901~1969)·화산당(華山堂) 수옥(守玉, 1902~1966)이 효시를 이룬다. 그 가운데 1940년대 초 수옥이 상주 남장사의 강주로 취임하면서 관음강원을 개설했거니와, 이것이 비구니가 비구니에게 교수하고 전강하는 비구니 전문강원의 처음이다. 이는 당시 남장사 관음선원 조실 혜봉보명(慧峰普明, 1874~1956)의 후원에 힘입은 바 컸다. 비구니가 교육받을 수 있었던 비구니강원은 이전에도 통도사 옥련암 니생강당(1918)·해인사 국일암(1910년대)·탑골승방 보문사(1936)에 개설되었으나, 이때는 비구가 다만 비구니에게 교수한 것이었다. 관음강원은 1944년께 일제의 위인부 강세징집을 피하기 위해 문을 닫았다.

광복 이후 최초의 비구니 전문강원은 1956년 동학사에 개설되었다. 동학사는 1864년에 강원을 개설한 이후 11대 강주까지 비구 강원으로 운영되어왔으나, 1956년 2월 비구니 대현(大玄)이 주지로 부임해 비구니 전문강원을 개설함으로써 지금의 동학사승가대학의 전형을 갖추기 시작했다. 광복 이후 동학사 강원의 초대문하생인 혜성(蕙性)은 1967년 이곳의 12대 강주를 역임했거니와, 이것이 비구니로서는 최초였다. 잠시 비구(호경기환)가 강주(13대)를 맡는가 싶더니, 곧 뒤를 이어 일초(一超)가 14·16·19대 강주를, 일연(一衍)이 15대 강주를, 해주(海住)가 17대 강주를, 법성(法性)이 18대 강주를, 행오(行吾)가 현 20대 강주를 역임하며 동학사 비구니 강주의 맥을 잇고 있다.

운문사는 금룡(금광金光이라고도 함)이 1954년 말 승단 정화운동 이후 초대주지로 부임하면서 당시 통도사 강주 오해련(吳海蓮)을 초빙해

동학사승가대학.

비구니 전문강원을 개설했다. 그 이후 대강백 임제응(林濟應)을 초빙해 도제양성에 진력해 마침내 1958년 종단이 공인하는 비구니 전문교육도량인 운문승가학원으로 거듭나면서 오늘날 비구니 사관학교로서의 위용을 갖추기 시작했다. 1958년 당시부터 1966년 12월 30일까지 운문사 주지는 수인(守仁)이었고, 금룡이 초대주지직을 그만두고 직접 강사직을 맡게 된 것이 이때부터다. 그것은 비구가 강(講)하고 비구·비구니로 학인을 구성하고 있었던 이전까지의 강원교육체계를 일신해 비구니가 비구니를 직접 가르치는 교육체계의 일대 혁신이었다.

청암사는 혜옥의 숨결이 깃든 곳이다. 혜옥은 1955년 승단 정화운동 이후 청암사 초대주지로 부임해 쇠락해가던 강원의 위용을 바로 세웠다. 청암사강원은 강학의 열정을 불태웠던 혜옥이 입적(1969.5)하면서 단절될 위기에 처했으나, 다행히 1987년 3월 지형(志炯)이 주지로 부임하면서 상덕(常德)과 함께 강원을 복원해 지금의 청암사승가대학의 면모를 갖췄다.

봉녕사는 1971년 묘전(妙典)이 주지로 부임해 경내를 일신한 후 1974년 세주당(世主堂) 묘엄(妙嚴, 1931~2011)을 강사로 초빙하면서 비구니 승가학원을 설립했다. 1979년부터 묘엄이 주지와 학장을 겸임하면서 1983년 봉녕사승가대학으로 개칭한 이래 오늘에 이르고 있다.

삼선승가대학은 1978년에 설립자 지광(志光)이 학장을 맡고, 묘순(妙洵)을 강사로 초빙해 경기도 의정부시 호원동에 위치한 약수선원에서 '주림승가강원'으로 개원했다. 1979년 서울시 성북구 동소문동으로 이전하면서 삼선강원-삼선승가대학으로 개명하고 유일한 통학강원 형태로 운영되었으나, 학인 수가 급감하면서 2014년 3월부터 폐원했다.

대학 강단에 몸담고 있는 인물로는 비구니 교수 1호로 이름을 남긴 해주(海住)를 비롯해 혜원(慧源)·계환(戒環)·대원(大原)이 현재 동국대에 재직하고 있으며, 본각(本覺)이 중앙승가대 교수로 재직하면서 한국비구니연구소를 주도하는 가운데 비구니 연구 활성화에 기여하고 있다. 역시 혜도가 중앙승가대학에서, 소운(素雲)이 부산 동명대에서, 명법(明法)이 능인불교대학원대학에서, 서광(瑞光)이 동방문화대학원대학에서 각각 교수로 재직 중이다.

이처럼 비구니 교육 분야에서 독보적인 존재로 그 위상을 뚜렷이 남기고 있는 인물은 비구니 3대 강백인 금룡·혜옥·수옥이다. 오늘날 비구니승가를 선도하고 있는 대다수 비구니들을 후학으로 두었거니와, 그들 가운데 3대 강백의 강맥을 잇고 있는 대표적인 강사가 서울 정각사 회주 광우(光雨)를 위시해 운문승가대학원장 명성(明星)·봉녕사승가대학장을 역임한 묘엄(妙嚴, 입적)·천안 연대선원장 자민(慈珉)·동학사승

운문사승가대학.

봉녕사승가대학.

청암사승가대학.

가대학원장 일초(一超)·청암사승가대학장 지형(志炯)·삼선승가대학장 묘순(妙洵) 등이다.

광우와 명성은 비구니가 비구니에게 건당한 초유의 주인공들이다. 광우는 1958년 금룡의 법장(法藏)을 전해 받았고, 명성은 1983년 수옥에게 위패건당하면서 전법게(傳法偈)를 받아 지녔다. 광우는 조계종 전국비구니회의 전신인 우담바라회 창립(1968)에 주도적인 역할을 담당했으며, 1995~2003년 전국비구니회 제6, 7대 회장을 역임하면서 비구니회의 숙원사업인 전국비구니회관(법룡사)을 건립·개관(2003.8)했다. 명성은 현재 운문사 회주로서 운문사가 비구니 사관학교로 우뚝 서게 한 주인공이거니와, 2003~2011년에 전국비구니회 제8, 9대 회장을 역임하면서 한국 비구니의 국제적 위상을 높이는 데 기여했다는 평가를 받았다. 묘엄은 성철(性徹)의 선과 자운(慈雲)의 율과 운허(耘虛)의 경을 모두 전수받은 비구니로서, 수원 봉녕사의 오늘을 있게 한 주인공이다. 봉녕사 승가대학장과 세계 최초로 개원한 비구니 전문율원인 금강율원 율주를 역임하고 지난 2011년 세수 80세 법랍 67세로 원적(圓寂, 죽음)했다. 자민은 당대를 풍미한 비구강백 경봉(鏡峰)·탄허(呑虛)·관응(觀應)·성능(性能)의 문하에서 수학하고, 성능으로부터 '보월(寶月)'이라는 당호와 함께 전강제자가 된 비구니계 빼놓을 수 없는 강사이다. 일초는 호경기환(湖鏡基煥)으로부터 전강받은 이후 세 번에 걸쳐 강주를 역임했거니와, 지금은 학림장(승가대학원장)으로서 동학사승가대학과 역사를 같이해온 비구니다. 지형은 현재 청암사 율원장을 겸하고 있다. 동학사강원 중강과 화운사승가대학 강주를 역임했다. 1981년 서울 경국사 법보강원 제1회 졸업생으로서 비구율사 가산지관(伽山智冠)으로부터 전강받았다. 묘순은 1974년 소하대은(素荷大隱)으로부터 전강받은 이래 초대학장 지광

(志光)과 함께 삼선승가대학을 만들어온 주역이다.

비구니의 독립적인 강맥 전승의 물꼬를 튼 비구니 3대 강백의 후학들인 이들은 비구니 강학전등의 전통을 세운 주인공들이다. 이들에 의해 강맥을 후학에게 전하는 전강의식(傳講儀式)의 제도화는 물론이거니와, 비구니 강사의 정례적인 출현이 가시화되어 오늘에 이르고 있다. 그 사례를 열거하면 다음과 같다.

명성은 1985년 이래 현재까지 전강식을 통해 홍륜(興輪)·일진(一眞)·계호(戒昊)·묘정(妙靜)·진광(眞光)·세등(世燈)·운산(雲山)·영덕(暎悳)·은광(殷光)·효탄(曉呑)·일진(壹珍)·명법(明法)·법장(法藏)·서광(瑞光)·원법(圓法)·지성(知性) 등 총 16명에게 강맥을 전수했다. 묘엄은 1992년부터 2011년 입적 직전까지 일연(一衍)·성학(聖學)·혜정(慧貞, 도혜)·대우(大愚)·일운(一耘)·탁연(卓然)·적연(寂然)·상일(祥日)·본각(本覺) 등 9명에게 전강했다. 삼선승가대학장 묘순은 1989년부터 일홍(一弘)·도안(度安)·수경(修鏡)에게, 동학사승가대학원장 일초는 2005년부터 수정(秀靜)·명선(明宣)·보련(普蓮)·경진(慶鎭)·행오(行吾)·도일(道一)·법송(法松)에게 강맥을 전했다.

비구니가 비구니에게 건당(建幢)하거나 교수하고 전강하는 비구니의 독립적인 강학 전등이 상례화되고 제도화된 사실은 불교 교단사의 한 획을 긋는 일대 사건이었다. 전강의 맥을 계승한 이들 비구니들은 대체로 당해 비구니 전문강원이나 종립교육기관에서 강사 내지 교수로서 후학 교육에 매진하고 있다.

3
지율(持律)
계율로써 스승을 삼다

지율, 청정한 마음을 갖추다.

승가화합과 승가활동이 잘 이루어지도록 하기 위해서는 적절한 규정이 필요하다. 그것이 계율이다. 이에 대한 일반적 술어는 절제와 도덕이다. 그런데 불교의 계율은 다른 종교의 그것과는 제정 배경이 다르다. 예컨대 모세의 십계가 신의 계시에 의한 것이라면, 붓다 재세 시 불교의 계율은 수범수제(隨犯隨制)였다. 처음부터 규정을 만들어놓고 승가를 조직한 것이 아니라, 의도하지 않은 그것이 제자들에 의해 형성되면서 차츰 어떤 규정들이 필요하게 된 것이다. 그래서 그때그때 유용성에 따라 시기적절하게 계율 조문들이 만들어졌다.

여기에는 대개 열 가지 제정이익 또는 제정의의를 밝히고 있다. 그것을 빠알리율장(『숫따 위방가』)에서는 '제계십리(制戒十利)'로, 『사분율』에서는 '결계십구의(結戒十句義)'로 정의하고 있다. 『사분율』의 그 내용은 이렇다.

① 대중을 잘 거두어 준다[섭취어승(攝取於僧)]
② 대중을 화합하게 한다[영승화합(令僧和合)]
③ 대중을 안락하게 한다[영승안락(令僧安樂)]
④ 다스리기 어려운 이를 순순히 따르게 한다[난조자영조순(難調者令調順)]
⑤ 부끄러워하고 뉘우치는 이를 안락하게 한다[참괴자득안락(慚愧者得安樂)]
⑥ 믿음이 없는 이에게 믿음이 생기도록 한다[미신자영신(未信者令信)]
⑦ 믿음이 있는 이에게 더욱 신심을 내게 한다[이신자영증장(已信者令增長)]
⑧ 현세의 번뇌를 끊도록 한다[단현세번뇌(斷現世煩惱)]
⑨ 후세에 욕망과 악을 끊도록 한다[단후세욕악(斷後世慾惡)]
⑩ 정법을 오래 머물게 한다[영정법득구주(令正法得久住)]

빠알리율장의 그것도 대체로 같거니와, 열거하면 다음과 같다.

① 승가의 청정을 위하여
② 승가의 안락을 위하여
③ 악인을 절복(억제)하기 위하여
④ 올바른 비구들의 안락한 거주를 위하여
⑤ 현세의 모든 번뇌를 막기 위하여
⑥ 내세의 모든 번뇌를 막기 위하여
⑦ 신심을 일으키지 않은 이의 신심을 일으키기 위하여
⑧ 신심을 일으킨 이의 신심을 증장시키기 위하여
⑨ 정법을 오래도록 머물게 하기 위하여
⑩ 계율을 소중히 하기 위하여

계율이 주는 이로움이 이와 같다. 기본적으로 승가의 청정과 화합과 안락을 도모하고, 고통의 뿌리인 번뇌와 욕망을 제거하며, 불자가 아닌 사람과 불자의 신심을 일으켜 증장시키고, 정법이 오래도록 머물게 하는 데 그 목적을 두고 있다. 붓다가 '계율로써 스승을 삼으라(이계위사以戒爲師)'고 당부한 까닭을 읽을 수 있다.

지율(持律)은 계율을 목숨처럼 간직해 지키는 것이다. 근래 들어 비구니승가가 자율적인 계율 수학의 토대를 갖추고 율학 전문가(율사)를 배출하고 있는 현실은 비구니들의 계율에 대한 높은 인식을 말해준다. 그 결과 비구니가 비구니로 율맥을 전하며 이 분야의 독립적인 법맥을 형성하고 있는 것도 매우 고무적인 현상이다. 이른바 율사라고 불리는 계율 호지자들의 전등관계를 말한다. 비구니의 사자상승(師資相承)[57]이 계율 측면에서도 정립되고 있는 것이다.

57) 스승에게서 제자에게로 법이 이어져 전해 가는 것을 말한다.

봉녕사 금강율원 학사(學舍).

이러한 계율 호지자들은 붓다 재세 시부터 붓다의 말씀을 지켜 후세에 전하고자 했던 법사(法師)계통과 한 축을 이루며 교단을 바르게 유지해왔던 주체들이다. 법사계통이 강맥 전등이라고 한다면 율사계통은 율맥 전승으로 설명된다. 세간법을 다루는 법조계(法曹界) 인사들을 흔히 율사라고 부르는 것도 이에 따른 것이다.

비구니의 계율 수학은 비구율사의 상징격인 자운성우(慈雲盛祐, 1911~1992)가 수원 봉녕사와 서울 은평구 진관사 등의 비구니 도량에서 10여 차례 비구니 계율 특강을 시행한 것이 효시다. 1951년 자운에게 율서를 배웠던 묘엄(妙嚴)이 자운으로부터 수계의식에 대한 실수(實修)를 학습하고 교단사상 최초의 비구니율사로 임명되어 비구니 이부승 구족계 수계의식(양중수계의식)의 복원을 위한 위원회를 이끌게 된 것은 그에 연유한다. 이에 따라 1982년 10월 범어사 대성암 별소계단(別所戒

壇)[58]에서 비구니 이부승 구족계 수계의식이 처음 치러졌거니와, 이로부터 이부승 수계의 전통이 복원되었다.

비구니 이부승 구족계 수계 전통 복원 이후 별소계단 비구니 전계대화상을 역임한 인물은 정행(淨行)을 비롯해 인홍(仁弘)·묘엄(妙嚴)·광우(光雨)·혜운(慧雲)·태경(泰鏡) 등이며, 2사7증사를 지낸 비구니는 명성(明星)·혜연(慧然)·광호(光毫)·수인(守仁)·대영(大英)·법일(法一)·윤호(輪浩)·명수(明洙)·태호(泰鎬)·태구(泰具)·법형(法衡)·혜명(惠明)·지명(智明)·법선(法宣)·지현(智玄)·벽안(碧眼)·보인(寶仁)·정화(淨華)·창일(昌一)·혜안(慧眼)·현행(賢行)·경순(景順)·지형(志亨)·정훈(正訓)·성타(性陀)·수련(修蓮)·경희(慶喜)·경인(敬仁)·지원(知元)·법인(法印)·정륜(定輪)·보현(普賢)·경심(敬心) 등이다.

비구니승가의 율학 전승은 이처럼 비구니 율사들을 중심으로 별소계단을 통한 이부승 구족계 수계산림을 전승한 일로부터 비롯되었다. 이들 비구니율사 가운데 삼현문중의 대표 인물로 손꼽히는 보월당(寶月堂) 정행(1902~2000)은 출가 이후 금강산과 오대산 등지에서 안거수선하고 1962년부터 삼선암에 안착한 이래 40여 년간 비구니 선풍과 지율정신을 드높인 인물이다. 대한불교조계종 사상 첫 비구니 전계사로서 이름을 남겼거니와, 1982년 10월부터 1993년 11월까지 조계종 제3, 4, 5, 6, 8, 9, 10, 11, 13, 16, 19회 단일계단 비구니 전계대화상을 역임하며 비구니 수계의식을 주도했다.

아울러 비구니 이부승 구족계 수계식이 복원되고, 비구니 스스로 계율수학과 호지에 힘을 쏟게 한다는 차원에서 가시화된 움직임이 비구니 전

58) 비구니 3화상7증사(10명의 스승)를 모시고 비구니 수계식을 진행하기 위해 비구니승단에 별도로 설치한 계단. 별소계단에서 수계가 이루어지면 다시 비구승단에서 비구스승 10명과 비구니스승 10명 등 도합 20명의 스승으로부터 계를 받게 되는데, 이때의 계단을 본소계단이라고 한다.

대한불교조계종 제24회 식차마나니계 수계식(2016.4.12~15).

청암사율원 제7회 졸업식(2015.2.1).

봉녕사 금강율원 12회 졸업식(2014.1.16).

문율원의 개원이다. 율장의 전문적인 연구와 습의예참(習儀禮懺)[59]의 올바른 전승을 통해 율학 전문가(율사)를 양성하는 데 그 목적을 두었다.

그 선두에 있는 비구니가 1999년 6월 21일 수원 봉녕사에 금강율원을 개원한 묘엄이다. 비구니만의 독립적이고도 전문적인 계율 수학기관은 봉녕사 금강율원(현재 금강율학승가대학원)이 세계 초유의 일이다. 개원 이래 지금까지 가장 모범적으로 운영하면서 비구니 율맥의 선도를 지향하고 있다. 비구율사 가산지관(伽山智冠)을 초대율주(律主)로 모신 이후 2007년부터 묘엄→도혜(㐲慧, 혜정慧貞), 율원장은 묘엄→적연(寂然)→대우(大愚)→적연이 차례로 맡아오고 있다. 묘엄은 2007년 5월 7일 적연과 신해(信海)에게 율맥을 전하는 첫 전계식(傳戒式)을 가졌다. 비구니 율맥 전승의 효시다. 그로부터 대우·의천·도혜(혜정)·선나에게 차례로 율맥을 전함으로써 6명의 비구니율사를 배출했다. 금강율원은 현재 전문과정(2년)과 연구과정(3년)으로 운영되고 있으며, 2016년 2월 현재 14회 졸업생까지 60여 명이 이 과정을 마쳤다.

묘엄의 뒤를 이어 청암사승가대학장 지형(志炯)이 2007년 4월 18일 청암사율원(청암사율학승가대학원)을 개원했다. 지형이 개원 이래 현재까지 율원장을 맡고 있는 가운데, 2016년 2월 현재 8회 졸업생까지 40여 명이 이 과정을 이수했다. 명성도 운문사 보현율원을 개원했다. 2008년 4월 4일의 일이다. 초대율주는 명성이, 초대율원장은 홍륜(興輪, 1943~2015)이 취임했다. 보현율원은 2010년 제1회 졸업생을 배출하고, 그해부터 한문불전대학원으로 명칭을 변경해 오늘에 이르고 있다.

59) 습의는 불교의 의식(儀式)을 미리 배워 익히는 것이고, 예참은 불보살 앞에 절하며 죄를 참회하는 의식이다.

4
수선(修禪)
나를 통찰하는 명상수행

수선, 연기를 보다.

"나는 대체로 탐욕스러운가, 그렇지 않은가?
나는 대체로 마음속에 악의를 품고 있는가, 그렇지 않은가?
나는 대체로 게으른가, 그렇지 않은가?
나는 대체로 마음이 들떠있는가, 그렇지 않은가?
나는 대체로 의심을 잘 하는가, 그렇지 않은가?
나는 대체로 화를 잘 내는가, 그렇지 않은가?
나는 대체로 나쁜 생각에 쉽게 물드는가, 그렇지 않은가?
나는 대체로 무기력한가, 활력이 넘치는가?
나는 대체로 주의집중에 머무는가, 그렇지 않은가?
만일 이와 같은 성찰에서 자신이 탐욕스럽고, 악의가 있고, 게으르고, 마음이 들떠있고, 의심을 잘하고, 화를 잘 내고, 나쁜 생각에 쉽게 물들고, 무기력하고, 주의집중하지 못한다면, 그는 이러한 이롭지 못하고 악한 성향들을 버리기 위해 마음챙김에 머물고, 분명하게 알아차리고, 최선의 열성과 힘과 노력을 기울여 분발해야 한다.
마치 머리에 불이 붙은 사람이 그 불을 끄기 위해 있는 힘을 다하고, 마음챙김으로 분명하게 알아차리고, 열성과 힘과 노력을 기울이는 것처럼, 이와 같이 그대들도 이롭지 못하고 악한 성향을 제거하기 위해 마음챙김에 머물고, 분명하게 알아차리고, 최선의 열성과 힘과 노력을 기울여 분발해야 한다."

『앙굿따라니까야』 10 「자기 마음의 품」 51

수선(修禪)은 선정(禪定)을 닦는 것이다. 선정은 마음을 한 곳에 집중해 산란하지 않는 상태 또는 마음을 고요히 가라앉히고 한 곳에 집중하는 것을 말한다. 한마디로 마음을 통일시키는 것이다. 산스끄리뜨어(범어) 드야나(dhyāna), 빠알리어 자나(jhāna)의 음사인 '선(禪)'과 그 번역인 '정(定)'의 합성어다.

선정을 수행하는 목적은 마음을 다스려 지혜와 자비를 갖추는 것이다. 우리의 일상의 마음은 대체로 파도처럼, 들끓는 물처럼 거칠고 산란하다. 마음을 다스린다는 것은 이렇게 거칠고 산란한 마음을 평온하고 집중된 마음으로 가라앉히는 것이다. 이것을 멈춤·지(止)·정(定)이라고 한다. 사마타(samatha) 수행이 그것이거니와, 고요함·적멸·사마디(삼매)를 목표로 하는 명상이다. 계·정·혜 삼학의 정에 해당하며, 흔히 선정이라 함은 이 사마타를 말한다.

사마타를 통해 얻은 평온하고 집중된 마음으로 자신의 몸과 마음과 일체 세상을 꿰뚫어 보는 것을 통찰·관(觀)·혜(慧)라고 한다. 계·정·혜 삼학의 혜에 해당하며, 이것을 위빠사나(vipassana) 수행이라고 한다. 끊임없이 변화하며 생성·소멸하는 대상을 '있는 그대로 관찰(여실지견)'하는 명상법이다. 붓다가 궁극적인 깨달음을 얻은 수행법으로서 초기불교부터 매우 중요시해온 것이다.

붓다는 제자들에게 자신의 마음을 통찰하는 이러한 명상수행을 놓지 않아야 한다고 가르쳤다. 만일 다른 사람의 마음작용을 아는 데 능숙하지 못하다면 적어도 '나는 내 마음의 작용을 아는 데는 능숙할 것'이라고 단련해야 한다는 것이다. 그러면 어떻게 자기 자신의 마음작용을 아는 데 능숙하게 되는가? 이에 대해서 붓다는 "그것은 마치 장식을 좋아하는 여자나 남자 또는 젊은이들이 깨끗한 거울이나 깨끗한 물에 그들의 얼굴을 비춰보고 흠이나 얼룩을 보면 그것을 지우기 위해 애쓰거니와, 만일 흠이나 얼룩이 없으면 기쁘고 만족하여 '좋구나, 나는 깨끗하다'라고 생각하는 것과 같이 자기를 성찰하는 것은 훌륭한 자질을 향상시키기 위해 매우 도움이 된다"고 일러준다. 그리고는 몇 가지 자신을 성찰하는 방법을 제시한 것이 앞에 인용한 일단의 경전 내용이다.

대한불교조계종은 간화선(看話禪)의 수행전통이 생생히 살아 있는

덕숭산 견성암 가는 길.

대표적인 종단이다. 간화선은 조사선(祖師禪)으로서, 사마타와 위빠사나 수행법과는 달리 중국에서 발생한 화두참선법이다. 간(看)은 본다는 것이고, 화(話)는 공안(公案)이다. 즉 공안을 보고 그것을 참구해 마침내 직지인심 견성성불(直指人心 見性成佛)한다는 선수행법이다. 직지인심은 사람의 마음을 곧바로 가리킨다는 뜻이거니와, 이것은 분별하거나 분석하지 말고 직관적으로 파악하라는 것이다. 그리고 견성성불은 성품을 보면 부처가 된다는 말이거니와, 이것은 본 마음을 깨치면 즉시 깨달음을 성취한다는 뜻이다.

간화선에 대한 이러한 설명은 가르침에 기대지 않고 화두참선에 들어가 마음을 직관함으로써 부처의 깨달음에 도달할 수 있다는 것을 말해준다. 그래서 예로부터 교외별전 불립문자(教外別傳 不立文字)라고 해서 직지인심 견성성불과 함께 선종의 4대 종지(宗旨)[60]로 삼아왔다. 역사적으로는 이심전심(以心傳心)[61]을 의미하는 삼처전심(三處傳心)[62]에 그 뿌리를 두고 있다. 이에 따르면 간화선은 붓다의 분석적인 태도와는 전혀 다른 직관을 요구하는 수행법이라 하겠다.

비구니들의 수선행각은 철저했다. 붓다 재세 시 비구니들의 수행경지를 크게 칭찬한 일이 적지 않거니와, 역사에 이름을 남긴 비구니들의 용맹정진은 오늘날 선종가(禪宗家)의 성성한 수행가풍으로 전해온다. 비록 작금의 선맥과 관련한 사법(嗣法)[63]이 비구승가에 한정된 개념으로

60) 경론(經論)에서 설하는 가르침의 요지 또는 종파(宗派)에서 내세우는 가르침의 요지.

61) 마음에서 마음으로 전한다는 뜻.

62) 붓다가 세 곳에서 마하가섭에게 마음을 전했다는 이야기. 붓다가 가섭에게 앉은 자리 반을 나눠주었다는 다자탑전 분반좌(多子塔前分半座), 붓다가 설법 중에 연꽃을 들어 보인 뜻을 가섭만이 알아채고 빙그레 웃었다는 영산회상 거염화(靈山會上擧拈花), 붓다가 돌아가셨을 때 가섭이 관 앞에서 슬피 울자 붓다가 두 발을 관 밖으로 내보였다는 니련선하 곽시쌍부(泥連禪河 槨示雙趺)가 그것이다. 선종에서는 교외별전의 유일한 근거라 해서 매우 중요시하고 있다.

63) 스승으로부터 법맥(法脈)을 이어받거나 받은 사람.

이해되고 있지만, 비구니 스스로 선풍을 호지하며 가행정진 힘써온바 결코 작지 않다는 것은 부인할 수 없는 사실이다. 1916년 1월 덕숭산에 개설된 견성암선원을 위시해 오늘날 30~40여 개에 달하는 비구니 선원에서 비구니 납자(衲子)[64]들의 성성한 구도의 모습을 어렵지 않게 볼 수 있기 때문이다.

비구니들의 선수행처로서 중추기능을 담당하고 있는 비구니 전문선원은 대체로 근·현대기를 살았던 비구니들의 자발적이고 주체적인 역량에 힘입어 개설되었다. 견성암선원을 비롯해 내장사 소림선실(1924), 직지사 서전(1928, 지금은 소실됨)과 동화사 부도암선원(1928), 사불산 윤필암 사불선원(1931), 오대산 지장암선원(1937, 현재 기린선원), 해인사 국일암선원(1944, 지금은 폐쇄됨) 등은 광복 이전에 개설된 사례들이다. 대체로 지금까지도 그 기능을 다하고 있는 선원들임을 확인할 수 있다.

광복 이후에도 이전의 경우와 다르지 않다. 비구니들의 구도열정은 전란으로 그 흔적조차 찾을 수 없었던 스산한 절터마저도 위세등등한 가람(사찰)으로 복원하는 기연(機緣)을 만들어냈다. 법일(法一)의 방장산 대원사 동국제일선원(1957년), 인홍(仁弘)의 가지산 석남사 정수선원 및 심검당선원(1957~1963), 수옥(守玉)의 천성산 내원사 동국제일선원(1958), 도준(道準)의 도봉산 회룡사선원(1959) 등이 그렇게 무에서 유를 창조해내듯 비구니들에 의해 되살아난 가람들이다. 성문(性文)이 가야산 삼선암 반야선원(1945)을, 성련(性蓮)과 장일이 각각 동화사 산내 양진암선원(1958)과 내원암선원(1959)을, 혜춘(慧春)이 가야산 보현암선원(1972)을, 일휴(一休)가 불영사 천축선원(1978)을, 종현(宗玄)이 예산 보덕사선원(1978)을, 법중(法中)이 위봉사 위봉선원(1990)을 잇달아 개설하

64) 납의(衲衣)를 입은 사람, 곧 출가승려를 이른다. 특히 수행자임을 강조할 때 이 술어를 사용한다.

사불산 윤필암을 상징하는 사불전. 사면에 부처님 형상을 하고 있는 바위를 볼 수 있는 곳이다.

오대산 지장암 기린선원. 1937년 봉래문중 본공이 개설했다.

불영사 천축선원. 수정문중의 상징 묘엄스님의 맏상좌 일운스님이 주지로 있다.

백흥암선원. 영화 '길 위에서'의 촬영지가 바로 이곳이다.

팔공산 부도암선원. 1928년 계민문중 성문스님이 개설했다.

감산사 금당선원. 천년고도 경주지역의 대표적 선원의 한 곳이다.

흥륜사 천경림선원. 비구니 원로 혜해스님이 주석하고 있는 경주지역 대표적인 비구니선원이다.

고 석남사 정수선원이 조계종립 비구니 특별선원으로 지정(1999)된 것은 비구니들의 그러한 열정을 거듭 확인해준 사례들이다. 아울러 범어사 대성암선원·은해사 백흥암선원·탈골암 대휴선원·복전암 복전선원·법주사 수정암선원·육수암 칠보선원·용흥사 백운선원·홍륜사 천경림선원·백양사 천진암 백암선원·운문사 문수선원·신광사 조인선원·승가사 제일선원 등도 비구니 전문선원으로서 그 명성을 드높이고 있다.

현재 전국 비구니 선원에서 안거(安居)에 들어가는 비구니 납자들은 평균 800~1,000여 명에 이른다. 총림을 비롯한 60여 개의 선원에서 1,200~1,400여 명의 비구 납자들이 안거에 들어가고 있는 현황과 비교해 비구니의 수선행각이 결코 뒤지지 않는다고 하겠다.

이렇듯 비구니 전문선원의 잇단 개설과 비구니 납자들의 성성한 선풍진작은 비구니 전법 계승의 현실적 구현을 가능하게 하는 실마리가 될 것이다.

이제 근·현대기 비구니 선가풍을 바로 세우고 반열반(般涅槃, 죽음)한 이 분야의 고승들을 일별할까 한다. 그 수를 제한할 수 없는 현실이나, 오늘날 비구니문중 성립의 주역들을 중심으로 비구니승가의 대표적 인물들을 약술하는 것으로 지면의 한계를 대신한다. 강맥과 율맥 등 제 분야에서 발자취가 뚜렷한 비구니들은 이 책의 해당분야에서 공적의 요지를 기술했다.

근·현대기를 가르며 성성한 선풍을 드날린 대표적 인물은 비구니선풍을 중흥시킨 주인공으로 평가받는 삼현문중 8세손 묘리당(妙理堂) 법희(法喜, 1887~1975)다. 세납 30세 때 남방의 선지식으로 이름 높았던 만공월면(滿空月面)에게 법인가를 받고 최초의 비구니선원인 덕숭산 견성암 비구니총림원장을 지내며 납자의 본분사를 수많은 후학들에게 전했다.

혜월당(慧月堂) 성문(性文, 1895~1974)은 승려의 일반사회교육의 필요성이 인식되지 않았던 1950년대에 제자들을 대학에 진학시키는 등 후학들에게 배움의 터전을 마련해준 비구니계 선지자적 인물이다. 그러한 후광으로 상좌인 광우(光雨)와 태경(泰鏡) 형제가 동국대 불교학과를 졸업할 수 있었다. 동화사 부도암과 해인사 삼선암에 선방을 개설했으며, 승단정화운동 당시인 1955년 비구니로서 최초로 교구본사(동화사) 주지를 역임했다. 계민문중이 성립한 것은 그의 발원에 따른 것이다.

금정산 범어사 대성암에 최초로 비구니선방을 개설한 만성(萬性, 1897~1975)은 법희의 뒤를 이어 비구니선풍을 정립시킨 인물로 이름이 높다. 역시 만공에게 법인가를 받았으며, 실상문중의 상징적 인물이다.

무소유의 본분을 실천한 청풍납자로서 이름을 남긴 월혜(月慧, 1895~1956)는 눈썹 위에 성냥개비 3개가 올라앉을 정도로 빼어난 용모와 준수한 미모의 소유자였다. 1936년, 당시 젊은 비구수좌였던 청담(青潭)의 법문을 듣고 발심 출가한 이후 금강산 법기암에서 한소식을 얻은 후 사불산 윤필암을 선방으로 개척한 당대 보기 드문 선승이었다. 수정문중 7대손 쾌유(快愈)와 함께 문도결집의 실질적 동기를 부여한 문중 8대손이다.

신문학 초창기 선구적 여류문인이었던 일엽(一葉, 1896~1971)은 33세에 홀연히 출가자가 되어 만공의 법을 잇고 일생동안 가행정진의 전범을 보여준 비구니다. 일생 동안 수도처가 되었던 덕숭산 견성암에서 홀연히 한소식을 접한 후 25년 동안 산문 밖을 나가지 않았다. 세납 71세 되던 해인 1966년에는 노구를 이끌고 비구니총림원 기공식을 봉행해 오늘날 견성암의 기반을 쌓았다.

성월당(性月堂) 수인(守仁, 1899~1997)은 1950년대 승단정화 이후 금룡(金龍)에 이어 운문사 2,3대 주지를 역임하면서 오늘날의 사격을 갖추게 한 주인공이다. 90평생 참선과 간경과 주력을 놓지 않았던 비구니종풍의 근간이 된 인물이다. 보운문중 6대손으로서, 문중성립의 핵심주역이다.

본공당(本空堂) 계명(戒明, 1907~1965)은 제방의 비구고승으로부터 '선사'로 공인받은 시대의 참선객이다. 만공에게 법인가를 받았다. 대한불교조계종 전국비구니회장을 역임한 명성(明星)·명우(明又)를 손상좌로 둔 봉래문중의 성립배경이 되는 인물이다.

육화문중 9세손 송월당(松月堂) 진오(眞悟, 1904~1994)는 90평생 삼보와 청정계율을 수지하며 부처님 법에 스스로 목욕하다가 열반경계에 오른 인물이다. 90노구에도 새벽녘에는 빨리 자리에서 일어나 거닐거나 좌선하며 마음속의 장애되는 법을 깨끗이 버렸으니, 후학들로부터 이미 생전에 해탈한 인물로 추앙받았던 비구니다.

천성산 내원사에서 도(道)의 경지를 드날렸던 담연당(湛然堂) 선경(禪敬, 1904~1996)은 국내 비구니 납자들은 물론이거니와, 외국인 출가자들도 다투어 제자로 입문할 정도로 수행경지가 높았던 비구니고승이다. 북방의 선지식으로 이름 높았던 한암중원(漢岩重遠)에게 인가받은 육화문중 11세손이다.

육화문중 9세손 무위당(無爲堂) 대영(大英, 1903~1985)은 어떠한 어려움과 불편함에도 상(相)을 내는 일 없이 묵묵하게 구법(求法)만을 갈구했던 이 시대의 진정한 정진보살이요 인욕보살이었다. 한암(漢岩)에게 인가받고 무위라는 당호를 받아 지녔거니와, 만공에게도 인가받고 그

징표로 주장자를 전수받았다. 진오·선경 등과 함께 육화문중 성립의 주역이다.

가지산 호랑이로 선풍을 드날린 원허당(圓虛堂) 인홍(仁弘, 1908~1997)은 성철(性徹)회상에서 백척간두 진일보의 구도열정을 불살랐던 용맹정진의 표징이다. 석남사를 선수행도량으로 일신하고 전국비구니회 총재를 역임한 법기문중 9대손이다.

가야산 해인사 산내암자인 보현암선원을 창건한 혜춘(慧春, 1919~1998)도 성철회상에서 촌음도 화두를 놓지 않았던 걸출한 비구니 선객이다. 전국비구니회 4, 5대 회장을 역임한 비구니계 거목이다. 청해문중 8세로서, 동화사 내원암 장일(長一)과 함께 청해문도회를 결성하고 문중을 태동시킨 주인공이다.

청해문중 8세손 도림당(道林堂) 장일(長一, 1916~1997)은 선리탐구(禪理探究)와 간경(看經)에 촌철살인의 의지를 불태웠던 인물이다. 6·25한국전쟁으로 폐허가 된 팔공산 동화사 내원암을 여법한 비구니 참선도량으로 탈바꿈시켰다. 해인사 보현암 혜춘(慧春)과 함께 청해문중 태동주역이다.

만허당(滿虛堂) 법일(法一, 1904~1991)은 후사(後史)를 기약할 길이 없을 정도로 폐허가 되어 있던 방장산 대원사를 일신해 오늘날 대표적인 비구니 참선도량으로 거듭나게 한 인물이다. 청빈납자의 삶을 살며 시대의 여걸로 이름을 남겼던 계민문중 14대손이다.

설월당(雪月堂) 긍탄(亘坦, 1885~1980)은 세계 초유의 비구니들로만 구성된 대한불교보문종의 창종주역이자 초대종정을 역임했다. 일찍이 현실자각과 의식 있는 비구니들을 양성해 불교중흥을 선도해 갈 수 있도록 그 토대를 마련했거니와, 스스로는 정혜겸수(定慧兼修)와 전통불교의식에 남다른 일가견을 이루었던 비구니계의 영원한 어머니다. 보문종문중의 초대 선조사로 추앙받는 계보의 뿌리다.

보문종 초대 총무원장을 역임한 보암당(寶庵堂) 은영(恩榮, 1910~1981)은 은사인 긍탄(亘坦)과 함께 세계 초유의 비구니종단인 대한불교보문종을 창립하고 지금의 탑골승방 보문사가 있게 한 주인공이다. 장부심과 참다운 신심으로 생활불교의 이상실현에 앞장섰던 원력비구니다. 전국비구니회의 전신인 우담바라회 초대회장으로 추대되어 비구니승가의 지표를 설정했다.

법기문중 8대손 인월당(印月堂) 자현(慈賢, 1896~1988)은 한평생 이타행(利他行)에서 찾은 지혜의 향기를 품었던 이 시대의 보살이었다. 도봉산 원통사 및 자현암과 서울 돈암동 보현사·서울 염곡동 자룡사 등을 창건하고 재단법인 보현회를 설립해 일찍이 무의탁 어린이·청소년교화와 노인복지에 앞장선 불교계 선지식이었다.

삼현문중 계관계통 9세손 인정(仁貞, 1899~1978)은 문중본찰의 한 곳인 계룡산 동학사 미타암의 오늘을 있게 한 주인공이다. 22년간 안거수선에 모범을 보였거니와, 용허법사로부터 수학한 법화경을 평생의 수행지침으로 삼았다. 대범하면서도 따뜻한 마음의 소유자로서, 지금까지도 후학들에게 자비보살로 인식되고 있다.

법기문중 청룡사계열 8대손 묘각당(妙覺堂) 윤호(輪浩, 1907~1996)는 서울 숭인동 청룡사를 오늘의 모습으로 일신한 주인공이다. 만공과 한암에게 법인가와 함께 당호를 받아 지녔다. 도량 가꾸기의 수범을 보이면서도 입적(죽음)하는 날까지 수선정진을 놓지 않았던 걸출선객이었다.

법기문중 청룡사계열 9대손 도준(道準, 1900~1992)은 정혜쌍수(定慧雙修)를 수행의 근본으로 삼아 이(理)와 사(事)를 겸비했던 제방납자의 표징이다. 6·25한국전쟁으로 폐허가 된 도봉산 회룡사를 비구니참선도량으로 복원해 천년고찰의 위엄을 바로 세운 주인공이다.

묘령당(妙靈堂) 천일(天日, 1912~1977)은 서울 마포 석불사의 오늘을 있게 한 육화문중 9세손이다. 불교계 최초로 어린이회를 구성하고 어린이법회를 개설하는 등 어린이포교의 중요성을 일깨웠던 선견지명(先見之明)의 비구니다. 전국비구니회의 전신인 우담바라회 2대 회장을 역임했다.

월조당(月照堂) 지명(智明, 1921~2013)은 서산 개심사와 용인 화운사 등 머무는 곳마다 강원과 선원을 열어 선교겸수를 호지했던 대비구니 선사다. 만공으로부터 당호와 게문을 받아 지녔으며, 전국비구니회 전신인 우담바라회 3대 회장을 역임했다. 실상문도를 결집해 문중성립을 추동한 주역이다.

속리산 수정암 계보의 기초를 작성했던 수정문중 7대손 쾌유(快愈, 1907~1974)는 남다른 도제양성(徒弟養成) 의지를 불사르며 수행의 준엄함을 일깨웠던 '속리산의 사자(師子)'였다. 청렴청빈(淸廉淸貧)한 납자로서 수정암을 비구니선방으로 우뚝 서게 한 주인공이다.

백세청풍 납자본분을 지켜 후학들의 존중을 한몸에 받았던 광호(光毫, 1915~1989)는 대한불교조계종 비구니 금강계단 초대 존증아사리(7증사)와 전국비구니회 고문을 역임한 비구니계 큰 별이다. 1950년대 조계종 승단정화 이후 교구본사(조계산 선암사) 주지를 역임한 두 비구니-성문·광호-가운데 한 명이다.

삼현문중 9세손 도원(道圓, 1904~1971)은 일생을 선객으로 살다 간 진정한 중(衆)이었다. 삼각산 승가사 첫 비구니주지로 부임한 이후에도 수행과 불사를 둘로 나누지 아니하고, 비로소 지금의 승가사가 있게 하는 토대를 마련했다.

계민문중 11대손 한산당(寒山堂) 명주(明珠, 1904~1986)는 호남지역 대표적 비구니선원인 완산 정혜사의 실질적인 창건주로서 전북불교의 상징적 존재였다. 일생 인욕행(忍辱行)과 화엄경 독송으로 정진에 힘썼거니와, 빙설(氷雪)과 같은 청정한 몸가짐으로 비구니 선풍을 진작시켰다. 대한불교보문종 종정을 역임했다.

계민문중 12대손인 청호당(淸浩堂) 일조(日照, 1910~1990)는 비구니종단인 대한불교보문종의 창종에 앞서 1971년에 은영과 함께 설립한 재단법인 대한불교보문원을 반석 위에 올려놓은 주인공이다. 비구니 3대 강백의 한 분인 금룡의 맏상좌로서, 보문종 종정을 역임했다.

보운문중 7대손 혜전당(慧田堂) 창법(昌法, 1918~1984)은 당대의 비구 고승들로부터 '도인' 소리를 들었던 진정한 선객이었다. 비구고승 전강(田岡)으로부터 당호(堂號)와 함께 전법게(傳法偈)를 받아 지녔다.

법기문중 석남사계열 8대손 응민(應敏, 1923~1984)은 주경야선(晝耕夜禪)의 멈출 줄 모르는 구도열정과 법의 그릇이 된다는 뜻에서 만공으로부터 방울대사라는 칭호를 받았다. 누더기 한 벌로 여여하게 살다가 몸소 '생사가 둘이 아니다'는 열반의 묘상을 보여주고 이승을 마감했다. 조계종 비구율사인 일타(日陀)의 윗누이이거니와, 그의 집안은 친·외가를 통틀어 48명의 출가자를 배출했다.

무변당(無邊堂) 세등(世燈, 1926~1993)은 평생 '이뭣고'를 화두삼아 태산처럼 높은 기개와 바다처럼 깊은 신심과 허공처럼 넓은 자비심으로 참된 행을 일관했던 비구니다. 대전 탄방동 세등선원 창건주이거니와, 서울 정각사 회주 광우(光雨) 등과 함께 전국비구니회의 전신인 우담바라회를 조직한 주역의 일원이다.

이들과 함께 일생동안 일대사인연의 출가본분사를 오롯이 지키며 근·현대기 비구니선풍을 호지하고 천화(遷化, 죽음)한 인물로 숭심당(崇深堂) 명수(明洙, 1925~2013)·무아당(無我堂) 상륜(相侖, 1929~2007)·세주당(世主堂) 묘엄(妙嚴, 1931~2011) 등을 비롯해 영명(永明, 완산 정혜사)·현행(賢行, 덕숭산 견성암)·인완(仁完, 문의산 대휴사) 등이 있다.

현재 비구니승가를 대표하고 있는 생존 비구니들도 빼놓을 수 없다. 대한불교조계종 전국비구니회(회장 육문)는 2016년 3월 24일 제9차 정기총회를 통해 비구니의 위상강화 일환으로 비구니승가 최초로 원로회의를 구성하고 원로의원 29명을 추대했다. 경순·혜해·광우·진관·법운·경희·정륜·경심·성타·현묵·법용(이상 명예원로의원)·명성·재희·묘관·보각·혜운·자광·운달·수현·법희·불필·자행·재운·자민·혜준·명수·행돈·일법(이상 원로의원)·대인(특별원로의원) 등이 바로 그들이거니와, 이 분야에서 이름을 뚜렷이 남기고 있는 비구니들이다.

5
포교(布教)
자비 중의 자비는 담마를 전하는 일

가사정대경진겁(假使頂戴經塵劫)
신위상좌편삼천(身爲床座遍三千)
약부전법도중생(若不傳法度衆生)
필경무능보은자(畢竟無能報恩者)
가령 경전을 무량겁이 지나도록 머리에 이고
몸은 의자가 되어 삼천대천세계를 두루하여도
만약 전법에 나서 중생을 제도하지 못한다면
끝내 부처님의 은혜를 갚았다고 할 수 없으리.

『대지도론』

전법(傳法), 즉 붓다의 가르침인 담마(dhamma: 법)를 전하는 일은 불자의 소명으로서 당위적 요청임을 말해주는 내용이다. 그것은 곧 붓다의 은혜를 갚는 일이거니와, 대중에게 담마를 전해 고단한 삶을 행복으로 이끌어주는 일이 무엇보다 중요하고 시급하다는 교훈을 알려주기에 부족함이 없다.

붓다의 가르침, 즉 불교에서 말하는 담마는 그런 것이다. 생로병사(生老病死), 다시 말해 우리의 인생 그 자체에서 오는 고통과 번뇌를 안락과 행복으로 이끌어주는 데 초점을 맞추고 있는 가장 인간적이고 현실적인 메시지다. 이를테면 넘어진 것을 일으키심과 같이, 덮인 것을 나타내심과 같이, 헤매는 이에게 길을 일러주심과 같이, 어둠 속에 등불을 가지고 와서 눈 있는 이는 보라고 하심과 같은 것이다. 그래서 담마는 현실적으로 증험되는 성질의 것이고, 때를 격하지 않고 과보(果報)가 있는 성질의 것이며, 와서 보라고 말할 수 있는 성질의 것이며, 열반(행복)으로 잘 인도하는 성질의 것이며, 또 지혜 있는 이가 저마다 스스로 알 수 있는 성질의 것이라고 정의했던 것이다.

붓다는 일찍이, 그러니까 깨달음을 이룬 그 이듬해 꼰단냐(Koṅoḍññ) 등 다섯 비구를 비롯해 젊은 청년 야사(Yasa)와 그 친구 4명과 그들의 친구 50명 등 60명의 아라한 제자가 탄생하자 전도선언을 통해 그들로 하여금 전법(포교)의 길에 나설 것을 당부했다. 전도선언의 전문을 옮겨 그 의미를 음미해보자.

> "수행자들이여, 나는 이미 인간과 천상의 온갖 속박(올가미)에서 벗어났다. 그대들도 마찬가지로 인간과 천상의 모든 속박(올가미)으로부터 자유로워졌다.
> 수행자들이여, 이제 전도를 떠나라. 많은 사람들의 이익과 행복을 위하여, 세계에 대한 큰 자비심을 가지고 인천(人天)의 이익과 행복과 안락을 위하여 널리 돌아다녀라. 두 사람이 한 길을 가지 말라.
> 수행자들이여, 처음도 좋고 중간도 좋고 마지막도 좋은, 조리 있고

적절한 표현으로 법을 잘 설하라. 그리고 내용과 형식에 있어 무엇이 순수하고 완전한 행위와 삶의 완성인지를 보여주고 설명하라. 중생 가운데는 법을 알아들을 수 있는 아직 때 묻지 않은 사람들도 많다. 그들이 법을 듣지 못한다면 구제받지 못하고 퇴보할 것이다. 그러나 법을 들으면 곧 이해하고 깨달아 나아가게 될 것이다.
수행자들이여, 나 또한 법을 설하기 위해 우루웰라의 쉐나니 마을(장군촌將軍村)로 갈 것이다."

『잡아함』 39, 1096 「승삭경(繩索經)」

붓다가 우리에게 부촉(咐囑)하신 당부의 말씀은 그런 것이다. 자신을 믿으라든가, 자신의 가르침만이 절대적 진리이니 자신을 따르라는, 그러면 영생(永生)을 얻고 천당이나 극락에 태어날 것이라는 그러한 허구가 아니었다. 이 전도선언은 빠알리경전(『상윳따니까야』 4:5) 내지 빠알리율장(『마하왁가』 1편11)에서도 확인할 수 있다.

포교는 이처럼 담마를 전하는 일이다. 그것의 목적은 인간을 포함한 모든 존재의 이익과 안락과 행복을 위해서다. 그래서 담마를 전하는 행위는 자비 중의 가장 큰 자비라고 한다. 거기에는 자신을 희생하고도 남음이 있는 회향(廻向)의 공덕이 따르기에 옛 선인들은 대중교화를 자신의 생명보다 더 우선시했으며, 그것의 실천을 위해 성불(成佛)마저 미루었다. 이러한 전법정신은 붓다 재세 시 설법제일(포교제일) 뿐나(Punna, 부루나)가 그 모범을 보여주었다. 한 경(『상윳따니까야』 35:88)은 이를 자세히 알려주고 있거니와, 당시 붓다의 가르침을 듣고 전도(傳道)를 떠나기에 앞서 뿐나가 붓다와 나누는 대화 장면이 눈에 선하다. 그것은 붓다가 뿐나에게 여섯 가지 감각기관의 절제에 대해 가르침을 주신 직후에 이어진 대화였다. 그 장면을 들여다보면 이렇다.

"뿐나여, 나의 이러한 간략한 가르침을 받아서 그대는 어떤 지방에서 머물려고 하는가?"

"부처님이시여, 수나빠란따라는 지방이 있습니다. 저는 거기에서 머물 것입니다."

"뿐나여, 수나빠란따 사람들은 거칠다. 뿐나여, 수나빠란따 사람들은 험하다. 뿐나여, 만일 수나빠란따 사람들이 그대에게 욕설하고 험담하면 거기서 그대는 어떻게 할 것인가?"

"부처님이시여, 만일 수나빠란따 사람들이 저에게 욕설하고 험담하면 저는 이렇게 여길 것입니다. '이 수나빠란따 사람들은 친절하구나. 수나빠란따 사람들은 참으로 친절하구나. 이들은 나에게 손찌검을 하지는 않는구나' 라고. 부처님이시여, 거기서 저는 그렇게 여길 것입니다."

"뿐나여, 만일 수나빠란따 사람들이 그대에게 손찌검을 하면 그대는 어떻게 할 것인가?"

"부처님이시여, 만일 수나빠란따 사람들이 저에게 손찌검을 하면 저는 이렇게 여길 것입니다. '이 수나빠란따 사람들은 친절하구나. 수나빠란따 사람들은 참으로 친절하구나. 이들은 나를 흙덩이로 때리지는 않는구나' 라고. 부처님이시여, 거기서 저는 그렇게 여길 것입니다."

"뿐나여, 만일 수나빠란따 사람들이 그대를 흙덩이로 때리면 그대는 어떻게 할 것인가?"

"부처님이시여, 만일 수나빠란따 사람들이 저를 흙덩이로 때리면 저는 이렇게 여길 것입니다. '이 수나빠란따 사람들은 친절하구나. 수나빠란따 사람들은 참으로 친절하구나. 이들은 나를 몽둥이로 때리지는 않는구나' 라고. 부처님이시여, 거기서 저는 그렇게 여길 것입니다."

"뿐나여, 만일 수나빠란따 사람들이 그대를 몽둥이로 때리면 그대는 어떻게 할 것인가?"

"부처님이시여, 만일 수나빠란따 사람들이 저를 몽둥이로 때리면 저는 이렇게 여길 것입니다. '이 수나빠란따 사람들은 친절하구나. 수나빠란따 사람들은 참으로 친절하구나. 이들은 나를 칼로써 찌르지는 않는구나' 라고. 부처님이시여, 거기서 저는 그렇게 여길 것입니다."

"뿐나여, 만일 수나빠란따 사람들이 그대를 칼로써 찌른다면 그대는 어떻게 할 것인가?"

"부처님이시여, 만일 수나빠란따 사람들이 저를 칼로써 찌른다면 저는 이렇게 여길 것입니다. '이 수나빠란따 사람들은 친절하구나. 수나빠란따 사람들은 참으로 친절하구나. 이들은 날카로운 칼로써 내 목숨을 빼앗아 가지는 않는구나' 라고. 부처님이시여, 거기서 저는 그렇게 여길 것입니다."

"뿐나여, 만일 수나빠란따 사람들이 날카로운 칼로써 그대의 목숨을 빼앗아 간다면 그대는 어떻게 할 것인가?"

"부처님이시여, 만일 수나빠란따 사람들이 날카로운 칼로써 저의 목숨을 빼앗아 간다면 저는 이렇게 여길 것입니다. '부처님의 제자들 가운데 그 몸을 혐오하거나 모욕을 당했을 경우에 칼을 사용해 자결하길 바라는 자들이 있었다. 나는 애쓰지 않고도 이렇게 칼로 목숨을 끊게 되었구나' 라고. 부처님이시여, 거기서 저는 그렇게 여길 것입니다."

"장하구나, 뿐나여. 장하구나, 뿐나여. 그대는 이러한 자기제어와 평화로움을 갖고 있으니 수나빠란따 지방에서 살 수 있을 것이다. 뿐나여, 그럼 좋을 대로 떠나도록 하여라."

이 대화를 마친 뿐나는 붓다에게 예를 표한 뒤 거처를 정돈하고 발우와 가사를 수하고 수나빠란따 지방으로 유행을 떠나 그 지방에서 머물렀다. 뿐나는 그곳에서 안거수행하면서 500명의 우바새(남자신도)와 500명의 우바이(여자신도)를 교화해 불자로 만들었다.

붓다의 가르침, 즉 담마는 나에겐 지당하고 귀한 말씀이지만 누군가에겐 거북스럽고 불편한 이야기일 수 있다. 그래서 담마를 전하는 일에는 반드시 필요한 덕목을 잊어서는 안 된다. 자애와 인내(인욕)와 열정이 그것이다. 상대의 반감과 모욕을 참아내고 상대가 마음을 열 때까지 화를 내지 않는 자애심과 묵묵히 기다릴 줄 아는 자세, 그리고 포기하지 않는 열정이 있을 때 비로소 온갖 역경(逆境)을 뚫고 담마를 전할 수 있을 터이다.

붓다 재세 시 설법제일 비구가 뿐나였다고 한다면, 비구니의 경우는 붓다가 "담마를 설하는 님 가운데 제일"이라고 찬탄해마지 않은 담마딘나(Dhammadinnā)이다. 담마딘나는 당시 마가다국 수도인 라자가하(왕사성)의 위사카(visākhā) 장자의 아내로서, 이들 부부는 불교사에서 최고의 부부로 손꼽히는 인물들이다.

위사카는 비록 재가자 신분이었으나 성자의 경지에 들어선 인물이다. 그는 붓다의 설법을 처음 듣고 수다원(예류과)에, 두 번 듣고 사다함(일래과)에, 세 번 듣고 아나함(불환과)에 오른 매우 지혜로운 자였다. 담마딘나가 출가의 뜻을 내비쳤을 때 황금가마에 태워 비구니교단으로 안내해준 이가 그였다.

담마딘나는 남편의 이러한 적극적인 후원에 힘입어 출가한 뒤 곧 아라한의 경지에 올랐다. 그 이후 담마딘나는 많은 동료 비구니 또는 대중에게 담마를 설했거니와, 그때마다 '마치 칼로써 연꽃의 줄기를 자르듯 쉽고 명료하게' 담마를 설했다는 찬사를 받았다. 그래서 붓다는 어느 경(『담마빠다』 421)에서 담마딘나에 대해 이렇게 읊었다.

"과거나 현재나 미래에 얽매이지 않고
물질의 소유에도 집착하지 않는다.
시간에 얽매임 없으며 집착에서 벗어났나니
나는 그를 브라흐마나(아라한)라 부른다."

현대기 비구니들의 실천포교의 모습은 어땠을까. 지난한 세월을 살아왔지만 그들에게도 자애와 인내와 열정을 엿볼 수 있다. 그들의 포교활동은 대체로 1960년대 맹아기와 1970년대 확산기를 거쳐 1980년대 이후부터 실천기반을 형성한 것으로 보인다.

대중포교의 선두는 어린이포교였다. 1960년대 서울 마포 석불사 천일(天日)과 삼선동 정각사 광우(光雨) 등이 사찰에 어린이법회를 개설한 것이 시초다. 천일은 1965년 비구 운문(雲門)과 함께 석불사 경내에 불교계 최초로 마포연화어린이회를 구성하고 어린이법회를 열었다. 이후 불교계는 유치원 30개 시설과 어린이집 25개 시설의 시설장을 맡아 운영하는 등 어린이포교에 일대 전기를 마련했거니와, 이는 곧 비구니들의 왕성한 활동을 웅변해준다.

충남 아산 관음선원 지행(智行)이 1985년에 이 지역 최초로 룸비니유치원을 개원한 데 이어 대한불교보문종 보문사가 1987년에 은영유치원을, 이 절에서 출가한 대전 세등선원 세등(世燈)이 1988년에 등불유치원을 개원한 것을 비롯해 부산 옥련유치원(현진)·광주 선덕사유치원(행법)·평창 극락사 연화유치원(자용)·진관사 코끼리유치원(각성)·포항 연화유치원(혜주) 등을 설립해 유아교육에 매진해오고 있다. 뿐만 아니라 안양 안흥사 수현(修賢)이 1981년 서울 창신동 산동네에 낙산어린이집을 개원한 이래 아산 룸비니어린이집(지행)과 서울 은영어린이집(보문사)·안암어린이집(혜도)·옥수연꽃어린이집(상덕)을 비롯해 평택 아가동산어린이집 및 맑고향기로운 연꽃동산어린이집(화정)·울산 보리수어린이집(선호)·대구 청수어린이집(종열)·경주 성림어린이집(지명)·안성 룸비니동산어린이집(총지)을 개원하는 등 유치원과 어린이집의 잇단 설립을 통해 비구니만의 고유한 자질과 특성을 살린 포교역량을 발휘해오고 있다.

청소년 계층에서 교화의 원력보살로 칭송받는 인물이 바로 화성 신흥사의 성일(性一)이다. 『어린이불교학교지침서』·『청소년포교지침서』·『신도포교지침서』 등을 직접 간행하고, 교계 최초로 1천여 평 규모의 청소년수련원을 건립해 매년 3천여 명의 청소년들을 교육하는 등 1973년부터 청소년포교의 지표를 제시해오고 있다.

유아·어린이·청소년 포교로써 대중교화의 원력을 몸소 실천했던 인물로 완산 정혜사 명주(明珠, 1904~1986)를 빼놓을 수 없다. 명주는 1983년 전라북도에서는 처음으로 정혜사 내에 보문유치원을 설립했으며, 매주 녹야원 어린이법회와 중고등학생으로 구성된 보리수법회를 개설·운용했다. 전주시 노송동에 불교중앙포교당을 건립하고 일요법회를 보았는데, 이 또한 전라북도에서는 최초의 일이었다. 군산·정읍·부안·고산·금구 등지에 포교당을 열고 매달 정기법회를 거행하는 등 기독교세가 강한 호남지역에서 포교의 가치를 드높인 사례로 평가받고 있다.

도심포교 분야에서는 조계종이 1977년 임명한 비구니 포교사 제1호인 지광(志光)이 일찍이 도심포교의 중요성에 착안해 서울 성북구 동소문동에 국보 제20호 분황사 모전석탑을 모델로 한 탑주 양식의 대형 포교당인 삼선포교원을 개원했다. 천안 연대선원 자민(慈珉), 불사의 왕으로 불렸던 북한산 승가사 상륜(相侖), 서울 불광동에서 불광한의원을 운영했던 도광도 도심포교에 열과 성을 다했던 비구니로 이름을 남기고 있다.

상담포교 분야에서는 2000년 4월 설립된 불교상담개발원이 그 기능을 담보하고 있다. 2, 3대 원장을 역임한 정덕(正德)은 불교상담개발원 출범에 앞서 1990년 3월에 개통한 자비의전화를 통해 상담포교의 포문을 열었으며, 4대 원장을 지낸 담교가 전문가로서 역량을 발휘했다. 5대원장 도현을 비롯해 벽공·혜타·희철·규정·선법·도영 등 10여 명의 비구니들이 전문상담원으로 활동하고 있다.

군 포교에서는 1980년 51사단 정기법회를 주관한 태현을 비롯해 도현·진우·지원·수진·지련·수임 등이 군승들의 손길이 못 미치는 군법당에 상주하거나 정기법회를 통해 군 포교에 매진하고 있다. 특히 명법(明法)은 2014년도에 조계종 군종특별교구로부터 군종 역사상 최초로 비구니 군종장교로 파송되었으며, 이밖에 군종교구로부터 임명장을 받은 군법당 상근 비구니로 호택·백거·덕현·대해·서장·지일 등이 있다.

교도소 포교와 관련해서는 1960년 태경의 대구교도소 교화로부터 시작해 전국의 교도소에서 자민·명우·상덕·정현 등 법무부 위촉 교화위원 70여 명이 재소자 포교에 앞장서고 있다. 1987년 1월 창단된 경승단에 소속되어 경찰포교에 전념하고 있는 비구니로는 성일·정명·경륜·보안 등의 활동이 두드러진다.

국제포교활동은 캐나다 토론토의 불광사 광옥(光玉), 미국 시카고의 불심사 법춘(法春)을 비롯해 LA 원명사 원명·명은, 뉴욕의 연국사 혜영·선묵과 조계사 도명·묘지 등이 대표적이다. 이들과 함께 영주·지법·정업·인권 등도 해외포교 1세대로서 이름을 남겼다. 호주 시드니의 관음사 정오, 미얀마 위빠사나 수행자인 범라·혜송, 티베트 설오, 중국의 호묵 등도 해외포교에 일익을 담당했다. 안양 한마음선원의 대행(大行, 1927~2012)은 미국 4개·아르헨티나 2개·캐나다·독일·태국·브라질 각 1개 등 10개의 해외지원을 설치해 비구니들을 파견했다. 지금은 1998년 설립한 국제포교사회를 중심으로 비구니 30여 명이 활동 중이다.

일반대중과 외국인들에게 예불·참선·다도 등 사찰문화프로그램을 통해 수행자의 삶을 엿보게 하거니와, 다양한 수행프로그램을 통해 한

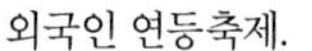
외국인 연등축제.

포교, 자비를 실천하다/멱조산 화운사 어린이 템플스테이.

국의 정신문화를 전파함으로써 불교에 대한 대중적 이해를 폭넓게 모색할 수 있는 프로젝트가 2002년부터 시행되었다. '나를 위한 행복여행'을 슬로건으로 내세운 템플스테이(temple-stay)가 바로 그것이거니와, 이는 국내외 대중에게 불교의 참된 정신을 알릴 수 있는 일대 전기로 작용하고 있다.

템플스테이는 2002년 시범사찰 33곳을 지정·운영한 이래 공식 시행된 2004년 이후 2013년까지 236개 사찰이 지정신청을 했고, 150개 사찰이 지정된 것으로 통계되고 있다. 2016년 5월 현재 121개 사찰에서 템플스테이를 시행하고 있다. 이들 가운데 비구니사찰은 산청 대원사·수원 봉녕사·화성 신흥사·용인 법륜사·용인 화운사·서울 진관사 등 6곳이다. 전체 대비 5% 정도다.

템플스테이 사찰의 지정·운영관리를 담당하고 있는 대한불교조계종 한국불교문화사업단에 따르면 2004년부터 2015년까지 12년 동안 템플스테이 참가자는 꾸준한 증가세를 보이고 있다. 이 기간 내국인 1,395,664명, 외국인 213,634명 등 도합 1,609,298명이 참가한 것으로 나타난 바, 이는 내국인 연평균 116,305명, 외국인 연평균 17,802명에 해당하는 통계수치다. 이들의 참가동기를 살펴보면 내국인은 힐링측면에서, 외국인은 문화측면에서 높은 관심을 보였다. 이러한 지표는 포교방법론 차원에서 템플스테이의 운용방식과 프로그램 개발에 좋은 자료가 될 수 있다.

템플스테이 희망사찰은 한국불교문화사업단이 교계언론매체를 통해 고지하는 지정신청공고를 확인하고 소정의 지정신청서류를 제출하면 된다. 소정서류를 접수하면 한국불교문화사업단 선정위원회가 신청서류 및 운영계획을 평가하고, 이를 통과한 사찰에 한해 현장실사를 통해 예비운영사찰 지정여부를 결정한다. 예비운영사찰로 지정된 사찰은 1년 동안 예비운영을 통해 성과를 평가받고 문제없을 경우 운영사찰로 공식 지정받게 된다.

6
복지(福祉)
수행의 궁극은 베푸는 삶

한 수행자가 이질에 걸려 고생하고 있었다. 그는 설사를 자주해 누워 있는 자리가 설사로 더러워져 있었다. 그때 붓다가 시자인 아난다와 함께 수행자들의 방사를 둘러보다가 그 병든 수행자를 보게 되었다. 붓다는 앓고 있는 그에게 말을 건넸다. 두 사람의 대화 내용을 보면 이렇다.

"비구야, 너는 무슨 병에 걸렸느냐?"
"부처님, 저는 이질에 걸렸습니다."
"그런데 너를 간호하는 사람이 있느냐?"
"없습니다. 부처님."
"왜 비구들이 너를 간호하지 않느냐?"
"저는 비구들에게 아무 도움이 되지 않기 때문입니다."

이 광경을 빠알리율장(『마하왁가』 8편26)은 자세히 전하고 있다. 붓다는 이 대화 중에 아난다에게 물을 가져오라고 일렀다. 그리고는 병에 걸린 수행자를 목욕시킨 후 침상에 눕혔다. 붓다는 사원에 있는 다른 수행자들을 불러놓고 말씀하셨다. 어디에 병든 수행자가 있는지, 무슨 병인지, 간호하는 사람이 있는지, 왜 간호를 하지 않는지를 소상하게 묻고서 이렇게 말씀하셨다.

"비구들이여, 여기에는 그대들을 돌봐줄 어머니도 안 계시고 아버지도 안 계신다. 서로 돌보고 간호하지 않는다면 누가 그대들을 돌보겠는가? 누구든지 나에게 시중들 사람이 있다면 먼저 그 병든 비구를 돌봐라. 만일 그에게 은사가 있다면 은사는 그를 평생토록 돌봐야 하며, 병자가 회복될 때까지 기다려야 한다. 방을 함께 쓰는 비구나 제자가 있다면 이들이 병자를 돌봐야 한다. 그러나 병자에게 이런 사람이 아무도 없다면 그때는 승단이 병자를 돌봐야 한다. 만약 승단마저 이를 돌보지 않는다면 계를 범하는 것이 되느니라."

이 내용에서도 우리는 붓다의 인간성을 엿볼 수 있다. 불교를 동양적 휴머니즘, 인본주의로 정의하는 것은 붓다의 이러한 인간적인 모습을 초기경전 곳곳에서 확인할 수 있기 때문이리라.

늙고 병들고 죽는 것은 태어난 이상 피할 수 없는 일이다. 그런데도 우리는 마치 늙지 않고 병들지 않고 죽지 않는 것처럼 생각하거니와, 그 모든 것은 남의 일이라고 착각하는 경향이 크다. 그게 우리의 인생인 것이다.

한 경(『장아함』 「세기경」 '지옥품')은 이러한 노병사(老病死)를 세 천사에 비유해 우리에게 교훈을 주고 있다. 어느 날 붓다는 제자들에게 다음과 같은 이야기를 들려주었다. 나쁜 짓을 해서 지옥에 떨어진 사람과 염라대왕이 주고받은 이야기다.

"너는 인간 세상에 있을 때 첫째 천사를 본 적이 있느냐?"

"대왕이시여, 보지 못했습니다."

"그렇다면 너는 머리는 희고 이는 빠졌으며 눈은 어둡고 가죽은 늘어지며 살은 주름이 패이고 등 굽은 노인이 지팡이를 짚고 신음하면서 걸어다니는데 온몸은 부들부들 떨리고 기력이 쇠잔한 그런 사람을 보았을 텐데, 정녕 그런 사람을 보지 못했느냐?"

"대왕이시여, 그런 사람이라면 보았습니다."

"너는 그 천사를 만났으면서 네 자신도 그처럼 늙을 것인데 착한 일을 서둘러 행해야겠다고 생각하지 않았기 때문에 지금의 업보를 받게 된 것이니라. 다음으로 너는 인간 세상에 있을 때 둘째 천사를 본 적이 있느냐?"

"대왕이시여, 본 적이 없습니다."

"그렇다면 너는 사람들이 병이 위중해 오줌과 똥이 묻은 더러운 담요 위에 누운 채 거기에서 일어나지 못하고 음식을 먹을 때는 남의 신세를 져야 하며 온 뼈마디가 쑤시고 아파 눈물을 흘리면서 신음하고 말조차 제대로 하지 못하는 것을 보았을 텐데, 너는 정녕 그런 사람을 보지 못했느냐?"

"대왕이시여, 그런 사람이라면 보았습니다."

"너는 그 천사를 만났으면서 네 자신도 병들 몸임을 생각하지 않고 건강할 때 몸과 마음을 청정하게 하고자 애쓰지 않았기 때문에 이 지옥에 떨어지고 만 것이니라. 다음으로 너는 인간 세상에 있을 때 셋째 천사를 본 적이 있느냐?"

"대왕이시여, 보지 못했습니다."

"그렇다면 너는 사람들이 죽어 몸이 무너지고 목숨이 끝나면 모든 감관이 아주 없어지고 몸이 뻣뻣하게 굳어져 마치 마른 나무처럼 되며 묘지에 버려진 뒤에는 새나 짐승의 밥이 되거나 혹은 널을 덮거나 혹은 불로 사르는 것을 보았을 텐데, 너는 정녕 그런 것을 보지 못했느냐?"

"대왕이시여, 그런 것이라면 보았습니다."

"너는 그 천사를 만났으면서 네 자신도 언젠가 죽을 목숨임을 등한시했기 때문에 이 업보를 받게 된 것이니라. 네가 한 일은 모두 네 자신이 그 업보를 받을 수밖에 없지 않겠느냐?"

붓다는 이런 문답을 제자들에게 들려준 다음에 다시 이렇게 말했다.

"제자들이여, 이 노·병·사가 세상에 파견된 세 천사이니라. 천사의 깨우침을 받아들이는 이는 다행이겠지만, 천사를 보고도 깨닫지 못하는 이는 영원히 슬퍼해야 하니라."

생로병사는 서로 뗄래야 뗄 수 없는 바늘과 실의 관계이다. 괴로움의 근원으로서 서로 인과(因果)관계에 놓여 있기 때문이다. 불교에서 이를 열두 과정으로 체계화한 것이 십이연기(十二緣起)[65]다. 세 천사의 이야기에서 알 수 있듯이 나를 성숙시켜줄 소중한 것마저도 오욕락(五欲樂)이 아니라고 해서 버리는 일이 허다하다. 바로 여기서 탐·진·치 삼독이 나를 감싸게 되어 욕망과 집착에 빠지게 되거니와, 다른 존재들을 돌아보는 일에 게으르게 되는 것이다.

오늘날 복지로 상징되는 중생교화는 내 눈앞의 현실, 즉 생로병사를 바로 볼 수 있을 때 가능하다는 것이 붓다의 수행자 간병과 세 천사 이야기가 주는 교훈이겠다. 고통과 어려움에 처한 이를 나 몰라라 하지 않는 것, 세 천사의 소중함을 깨닫고 살아생전 몸(신身)과 입(구口)과

65) 괴로움이 일어나는 열두 과정. ①무명(無明) ②행(行) ③식(識) ④명색(名色) ⑤육입처(六入處) ⑥촉(觸) ⑦수(受) ⑧애(愛) ⑨취(取) ⑩유(有) ⑪생(生) ⑫노사(老死)이다.

뜻(의意)을 닦아 나쁜 것을 고치고 선한 행을 실천하는 것, 이것이 중생교화요 베푸는 삶이요 복지일 것이다. 그래서 붓다는 어느 경(『상윳따니까야』 1:41~42)에서 베풂의 공덕에 대해 이렇게 읊었다.

베풀면 좋은 결실 얻지만
베풀지 않으면 좋은 결실 없다네.
도둑들이 훔쳐가거나
왕들이 빼앗아가거나
불타서 사라진다네.

모든 재산과 함께
이 몸도 끝내는 버려야 하니
지혜로운 이여 이것을 알아
자신도 즐기고 보시도 하세.

음식을 베푸는 사람은 남에게 힘을 주는 사람이며
의복을 베푸는 사람은 남에게 아름다움을 주는 사람이며
탈것을 베푸는 사람은 남에게 편안함을 주는 사람이며
등불을 베푸는 사람은 남에게 밝은 눈을 주는 사람이며
살 집을 베푸는 사람은 남에게 모든 것을 주는 사람이며
여래의 가르침(담마)을 베푸는 사람은 윤회의 해방을 주는 사람이네.

단언하건대 베푸는 것, 복지 실천은 수행의 궁극이거니와 불교의 최종 목표이다. 그래서일까. 비구니승가의 역동성은 예나 지금이나 복지 분야에서 가장 두드러졌다. 여성성을 자비성품으로 전환해 세상에 잘 회향(廻向)[66]해 오고 있는 것이다.

66) 자기가 닦은 공덕을 남에게 돌려 자타 공히 불과(佛果)를 성취하기를 기원하는 것.

복지, 수행의 지표를 구현하다/한국비구니복지실천가회가 2016년 1월 21일 공식 출범식을 갖고 자비복지의 실천을 다짐했다.

영산선원이 매년 주관하는 원자력병원 자비나눔 행사.

현대기 비구니의 복지활동은 서울 신림동 약수사 묘희(妙喜, 1935~2007)가 1986년 대만불교 자제공덕회와 자매결연을 맺고 발족시킨 불교자제공덕회로부터 출발한다. 불교자제공덕회는 1989년 화성에 부지확보와 1991년 4월 사단법인화에 이어 그해 10월 자제정사 양로원을 개원했다. 계속해서 2004년 7월 사회복지법인을 설립하고 노인요양시설과 장애인시설 등을 잇달아 개원하는 등 노인복지활동의 전범을 보이며 오늘에 이르고 있다. 묘희는 2007년 3월 31일 세납 72세 법랍 57세로 이생을 마감했다.

비구니 복지의 전형은 능행(能行)이 주도하고 있는 울산시 울주군에 소재한 재단법인 정토사관자재회를 손꼽는다. 1989년 결식아동돕기 모금운동을 시작으로 1993년 아미타호스피스회를 설립해 전문 호스피스 교육을 실시하고, 1997년에는 한국불교간병사협회를 결성해 전문 직업 간병사 교육을 실시했다. 2000년에는 불교계 최초 독립형 호스피스센터인 정토마을을 개원하고, 2014년 6월에는 완화의료전문 정토마을 자재요양병원을 개원하는 등 수행과 돌봄이 하나 된 출·재가의 행복공동체로서 그야말로 불교복지의 지표를 제시해주고 있다.

서울 도심의 대표적인 복지시설은 전국비구니회가 위탁받아 1988년 10월 26일 개관한 목동청소년회관을 들 수 있다. 이 시설은 현재 지역에서 없으면 안 될 정도로 주민들의 자랑스런 복지관으로 자리매김했다. 혜춘(慧春)이 초대관장을 역임했으며, 광우(光雨)가 1988년 9월부터 제2대 관장직을 수행했다. 1995년 명우(明又)에 이어 1999년 1월부터 명칭을 목동청소년수련관으로 바꾼 이래 현재 경륜(暻輪)이 관장으로 있다.

사회복지법인 자비복지원이 대전시 대덕구청으로부터 위탁·운영해오고 있는 대전 법동종합사회복지관은 1993년 3월 19일 개관한 대표적인 모범 복지시설이다. 도시 저소득층의 자립자활을 통한 삶의 질 향상을 목적으로 설립되었다. 종실(宗實)이 초대관장을 맡았으며, 1996년 7월부터 현재까지 보안이 관장직을 수행하고 있다. 수현(修賢)은 군포에서 1997년 10월 매화종합사회복지관을 개관한 이래 2007년까지 관장직을 수행하는 동안 여법한 운영으로 지역복지의 전형을 보여주었다는 평가를 받았으며, 그의 두 번째 상좌 지언(智彥)이 뒤를 이어 2014년까지 관장직을 지냈다. 현재 관장은 수안이다.

방생선원 주지 성덕(性德)을 중심으로 1994년 9월에 창립한 불교자원봉사연합회는 체계적인 자원봉사자 교육과 수료자들을 각 복지단체에 효율적으로 배치해 주는 역할을 담당하고 있다. 불교자원봉사연합회는 성덕이 창립한 한국방생바라밀회가 모태가 되었다. 신도회를 중심으로 1990년대 초 바라밀회를 조직해 복지시설 등지에서 봉사활동을 전개하면서 불자들의 수희동참이 확산됨에 따라 봉사연합단체를 결성한 것이었다.

노인복지시설로서 대구 서봉사 경희(慶喜)가 화성양로원을, 서울 성라암 법성(法性)이 성라원(법성이 입적하면서 지금은 폐쇄되었음)을, 서울 인과선원 정덕(正德)이 성라실버타운을 각각 운영했으며, 무구(無垢)가 서울 수효사에서 전문노인요양원 효림원을 운영하고 있다. 비구니가 운영하는 노인복지시설은 30여 개가 더 있는 것으로 파악된다.

장애인 복지는 원심회에서 수화교육을 받고 활동하는 해성·은성 등이 대표적이다. 종실은 아나율불교학교를 세워 맹인을 위한 『점자불교성전』을 간행하는 등 맹인 불자들의 불교공부에 도움을 주었다. 선진은 서울 노원구에 최초로 장애인 법당을 설립한 주인공이며, 선재는 장애인 가정을 방문해 가정법회를 열면서 삶의 용기를 북돋워 주고 있다.

병원 법당에서 환자와 의·간호사들을 상대로 포교에 전념하고 있는 비구니는 1985년 대구 불교한방병원에서 활동한 지성을 위시해 성범·은진·혜광·해광·지홍·무관·지문·지현·지명·무구·능행·도영·현수·지현·중재·법경·선문·행성 등 30여 명에 이른다. 중앙승가대학 교수인 혜도는 병원 현장에서 임종복지에 앞장서고 있으며, 서울 영산선원 여행(如行)은 원자력병원 등지에서 매년 암환자들의 암 극복을 위한 자비나눔을 실천하며 생명의 에너지를 불어넣고 있다. 정진을 비롯한 다수의 비구니들이 불교간병인협회 교육수료 후 각지에서 활동하고 있다. 불교간병인협회는 1996년 1월 9일 대한불교조계종사회복지재단에 인수되어 조계종자원봉사센터로 확대 전환되었다.

비구니승가의 교화활동은 이처럼 복지 분야에서 단연 돋보인다. 경향 각지에서 불교 복지에 전념하고 있는 비구니들은 2016년 벽두에 매우 고무적인 조직을 결성했다. 1월 21일 공식 출범한 한국비구니복지실천가회가 그것이다. '비구니 복지 수행자의 사명으로 지역복지사회를 선도해 불교와 비구니 위상정립에 힘쓰며 사회복지에 이바지한다'는 데 설립목적을 두었다. 이들은 출범에 즈음해 "부처님의 자리이타(自利利他)[67] 동체대비(同體大悲)[68]의 보살사상과 무연자비(無緣慈悲)[69]의 중생구원행을 본받아 자비복지행을 현실에 실천하고 모든 인연 생명들이 행복한 불국정토를 구현하겠다"고 선언했다. 임원진은 다음과 같다.

△회장 상덕(옥수종합사회복지관) △서울 수석부회장 지완(신사종합사회복지관)

---

67) 자기도 이롭고 남도 이롭게 한다는 뜻. 안으로는 깨달음을 구하고, 밖으로는 중생을 구제한다는 상구보리 하화중생(上求菩提 下化衆生)의 현실적 표현이다.

68) 타자와 내가 한몸이라고 생각하는 대자대비한 마음. 본래 뜻은 불보살이 중생과 자신이 같은 몸이라고 관찰해 대자비심을 일으키는 것.

69) 모든 중생에 대한 차별 없는 절대평등의 자비심.

△경기 부회장 묘전(자비복지타운) △강원 부회장 묘근(속초시노인복지관) △충청 부회장 선오(당진시립노인요양원) △영남 부회장 선공(부산 영도노인복지관) △호남 부회장 무공(신안장애인시설) △총무 부회장 정관(종로노인종합복지관) △총무부장 지현(대치노인복지센터) △재무 부회장 동준(승가원 장애아동시설) △재무부장 수안(매화종합사회복지관) △홍보 부회장 희유(서울노인복지센터) △홍보부장 보련(역삼청소년수련관) △감사 법등(사회복지법인 마곡)·동준(홍성군노인복지관) △자문위원 무구(사회복지법인 수효사 효림원)·혜성(사회복지법인 연화원)·지언(일산노인종합복지관)·종실(보문종합사회복지관)

이에 앞서 대한불교조계종은 전문적인 복지수행을 통해 더 많은 이들을 구휼하고 소외된 이들에게 등불이 되겠다는 취지로 1995년 2월 25일 대한불교조계종사회복지재단을 설립해 제반 복지시설을 통합관리해 오고 있다. 현재 조계종사회복지재단은 산하에 수도권 106개, 영남 38개, 호남 23개, 충청 10개, 제주 2개 등 총 179개의 복지시설을 두고 있다.

이들 가운데 비구니가 시설장으로 있는 기관은 구로종합사회복지관(관장 소희)·보문종합사회복지관(관장 종실)·신사종합사회복지관(관장 지완)·옥수종합사회복지관(관장 상덕) 등 사회복지관 5곳, 거창군삶의 쉼터(원장 일광)·구례군장애인복지관(관장 법현)·보현마을(원장 지현)·해남군장애인종합복지관(관장 지웅) 등 장애인복지시설 4곳, 경북서북부노인보호전문기관(관장 동건)·금오재가노인지원서비스센터(원장 보현)·보현데이케어센터(원장 한산)·서울노인복지센터(관장 희유)·신륵노인복지센터(원장 혜철)·예산군노인종합복지관(관장 동준)·의성군노인복지관(관장 선주)·종로노인종합복지관(관장 정관) 등 노인복지시설 8곳, 아동·청소년시설인 목동청소년수련관(관장 경륜) 1곳, 룸비니동산

어린이집(원장 총지) · 여주연꽃어린이집(원장 혜응) · 풍기어린이집(원장 해득) 등 어린이집 3곳, 고운실비노인요양원(원장 석우) · 당진시립노인요양원(원장 선오) · 불국성림원(원장 보명) · 수덕사노인요양원(원장 태민) · 직지사노인요양원(원장 성언) 등 노인요양시설 5곳 등 총 26곳이다.

7
문화(文化)
예술적 감성 공유는 삶의 윤활유

여기서 문화라 함은 역사성에 기반한 한 사회나 집단이 갖는 생활양식이라든가, 물질적·정신적 산물로서 유형화된 어떤 것이라는 거창한 문화적 술어를 의미하지 않는다. 비구니의 현재적 활동이라는 주제의 한 분야로서 모든 사람이 이해하고 즐길 수 있는 대중문화로서의 가치를 말한다. 우리가 흔히 대중매체를 통해 전달받거나 오프라인에서도 손쉽게 접할 수 있는 노래·연극·그림 등 예술 같은 것이다. 마치 취미생활 같은, 그러나 이 분야에서 단연 소질을 발휘하며 본연의 목적성을 성취하고 있는 경우이다.

본연의 목적성이라 함은 여기서 지목하는 문화활동가의 정체성이 출가자이거니와, 그의 궁극은 수행과 대중교화라는 사실을 말한다. 그런 까닭에 비구니들의 대중문화적 또는 예술적 감각과 현장 활동은 다양한 대중의 감성에 대한 다양한 교화 방편설이라는 얘기다. 대중문화를 통해 쫓기는 삶의 여유를 찾고, 팍팍한 인생을 위로받기도 하는 것이 우리의 사는 모습이 아니던가.

성악가로서 이름을 드높이고 있는 비구니 정율(廷律)은 자신이 노래하는 것에 대해,

"무대는 내 선방이고, 노래는 내 참선이어서, 노래에 빠져 들어가 노래하는 순간과 법당에서 기도하는 순간이 내게는 별개가 아니라, 수행 그 자체로 또렷이 하나가 됩니다."

라고 고백한다.

그렇기에 어떤 노래나 연극이나 영화의 경우에는 진한 감동을 주고, 어떤 그림이나 사진의 경우에는 마음의 내면을 통찰하게 하기도 한다. 예를 들어 불자 입장에서 찬불가가 주는 감동은 또 어떤가. 찬불가 하면 대체로 종교음악이 그렇듯 엄숙해서 귀에 달갑지 않은 면이 없지 않으나, 깊은 감명을 주는 노래도 적지 않다.

다음의 노랫말을 한번 음미해보자.

어둠은 한순간 그대로가 빛이라네
바른 생각 바른 말 바른 행동이
무명을 거두고 우주를 밝히는
이제는 가슴깊이 깨달을 수 있다네
(후렴)
정진하세 정진하세
물러남이 없는 정진
우리도 부처님 같이
우리도 부처님 같이

원망은 한순간 모든 것이 은혜라네
만족하는 마음 감사하는 마음이
나누는 기쁨을 맛볼 수 있는
이제는 여실히 깨달을 수 있다네
(후렴)

맹석분 작사 이달철 작곡의 찬불가 '우리도 부처님 같이'의 가사 1, 2절 전문이다. 나는 이 찬불가를 무척 좋아한다. 붓다의 삶 그 당체요 불교의 정수와 지향을 그대로 담고 있는 노랫말이거니와, 곡을 듣게 되면 매번 가슴 깊은 곳에서 진한 울림을 느끼기 때문이다. 찬불가 중 마음을 울리는 노래 하나를 손꼽으라면 주저하지 않고 이것을 드는 이유이다.

기실 노래 하나로써 사람의 마음을 울렸다 웃겼다 하거니와, 인생이나 역사의 상징으로 다가오기도 한다. 때로는 처한 환경에 따라 자신의 처지를 대변하는 것처럼 느껴지는 노래도 있다. 이러한 감정은 연극이나 영화를 보다가도 얼마든지 느낄 수 있는 것이다. 그림이나 사진은 또 어떤가.

비구니의 역량은 이러한 대중문화 분야에서도 뒤지지 않는다. 일제강점기 독립운동가로서 1967년 동학사 주지를 역임한 옥봉(玉峰, 1913~2010)은 묵죽(墨竹)과 묵란(墨蘭)을 전문으로 하는 비구니화가로 이름이 높다. 일선은 서양화 부문에 이름을 올렸으며, 최근에는 희상(熹尙)이 수행과 불교미술을 접목한 현대조형미술로 대중의 관심을 받고 있다. 미술 분야에서 활동하고 있는 비구니는 이 밖에도 혜담·수증·법성·귀산·선유·무애 등이 있다.

범패 분야에서는 중요무형문화재 제50호 영산재 기능전수자인 동희(東熙)가 단연 독보적이다. 노래하는 비구니는 다른 분야에 비해 다수가

비구니 성악가 정율스님이 명동성당에서 찬불가를 부르고 있다.

이름을 남기고 있다. 지성·범조·묘심·수법·오공·무진·정진 등은 찬불가 보급에 앞장선 인물들이다. 다솔은 국악가수로서, 정율(廷律)은 성악가로서 대중의 사랑을 한몸에 받고 있다. '첼로 켜는 비구니'로 유명한 법현(法賢)도 사찰과 교도소 등 포교현장과 연주회장을 누비며 아름다운 선율을 통해 불법을 전파하는 등 문화 분야에서 빼놓을 수 없는 인물이다. 마산시립교향악단 수석 플루티스트 출신인 서연(西蓮)은 '인드라'라는 예명으로 대중가요 음반을 낸 최초의 비구니 가수이다. 서울 행복선원장 정행은 숙명여대 성악과를 졸업하고 미국 유학 중에 카네기홀에서 연주한 실력파 소프라노 성악가이다.

꽃꽂이 분야의 선도적인 인물로 기원사 회주 지연(知衍)이 있다. 지연은 1983년 우담회를 창립하고 기원사에 불교꽃꽂이연구소를 개설했다. 지연·상덕·보명·정명을 주축으로 1988년 한국불교비구니꽃꽂이협회를 창립했다. 이와 별도로 보명(寶明)이 1988년 연화꽃꽂이회를, 정명이 1991년 연화플라워회를 결성했다. 정명은 또한 지화장엄(紙花莊嚴) 명인으로서 현재 한국불교지화장엄전승회 회장을 맡고 있다. 이보다 훨씬 앞선 1969년과 1978년부터 꽃으로 표현활동을 한 비구니로서 혜조와 혜영을 빼놓을 수 없다.

방송계에서 활약하는 비구니로는 단연 정목(正牧)이 손꼽힌다. 불교방송에서 오랫동안 '차한잔의선율'을 진행하며 방송포교에 일대 전기를 제공해 방송대상을 수상하기도 했다. 지금은 마음공부 전문방송인 유나방송을 운영하면서 아름다운 세상을 만드는 데 기여하고 있다. 자용·진명·일엄도 정목을 잇는 MC로서 확고한 이미지를 심어주었다. 서울 목동 반야사 주지 원욱과 호스피스 전문가 능행(能行)이 교리와 상담 분야 진행자로서 방송포교에 일익을 담당하고 있다.

근래 들어 저변확대되고 있는 사찰음식 분야에서는 대안·홍승·선재·효원·은우·운아·우관·선오 등이 전문가로 활동하고 있다. 청도 보갑사 내 영담한지미술관장 영담(影潭)과 중앙승가대학 출신인 법연은 한지공예가 돋보이는 비구니다. 환경·NGO 분야에서 이름을 남기고 있는 비구니로는 고속철도 천성산 관통저지를 위해 무려 다섯 차례에 걸쳐 350일간 단식에 들어갔던 지율(知律)이 유명하다. 사진 분야에서 작가로 활동하고 있는 비구니는 한국불교태고종 소속의 현중(玄仲)이 유일하다.

범패. 불교의 의식음악이다. 범음 또는 어산이라고도 한다. 이 분야에서 단연 독보적인 비구니는 중요무형문화재 제50호 영산재 기능전수자인 동희스님이다.

8
조직(組織)
화합과 자애의 자질을 갖추다

"비구들이여, 여기에 서로 화합하고, 일치하고, 논쟁하지 않고, 서로 돕고, 사랑과 존경을 이루어내는 여섯 가지 명심해야 할 자질이 있다.

첫째, 청정한 삶에서 그의 동료들에게 공적으로든 사적으로든 자애의 행동으로 대한다.

둘째, 청정한 삶에서 그의 동료들에게 공적으로든 사적으로든 자애의 말로 대한다.

셋째, 청정한 삶에서 그의 동료들에게 공적으로든 사적으로든 자애의 마음으로 대한다.

넷째, 청정한 삶에서 계행을 지키는 동료들과 함께 물건을 공유한다. 자신을 위해 아껴둠 없이 법답게 얻은 것은 무엇이든지 서로 나눠야 하며, 발우에 담긴 음식까지라도 서로 나눠야 한다.

다섯째, 결점 없고, 흠 없고, 얼룩지지 않고, 깨지지 않고, 자유롭고, 현자에 의해 칭찬되고, 삼매에 도움 되는 그런 계행 속에 청정한 삶의 동료들과 함께 공적으로든 사적으로든 일치해 머물러야 한다.

여섯째, 어떤 견해든 거룩하고, 해탈로 이끌고, 이것에 따라 수행하는 사람을 완전한 괴로움의 소멸로 이끄는 그런 견해 속에 청정한 삶의 동료들과 함께 공적으로든 사적으로든 일치해 머물러야 한다. 이것이 화합하게 하고, 일치하게 하고, 논쟁하지 않고, 서로 돕고, 사랑과 존경을 이루어 내는 명심해야 할 여섯 가지 자질이다."

『맛지마니까야』 48 「꼬삼비야경」 1-6

우리의 삶은 원하든 원하지 않든 태반(太半)을 조직 속에서 살아간다. 그곳이 학교이든 직장이든 또 다른 시공간이든, 서로 어울려 살아가는 게 인생이다. 더욱이 사람들은 어떤 형태로든 자발적으로 서로 모이는 것을 좋아한다. 동창회니, 향우회니, 동기회니, 동호회니 하면서 꼭 혈연이 아니더라도 학연 내지 지연 등 갖가지 배경과 동기를 부여해 집단화하고 스스로 그 부류 속으로 들어가기를 희망한다. 이루 헤아릴 수 없는 끼리끼리의 모임이 우리 사회를 형성하고 있는 것이다. 물론 그러한 모임에는 순수 친목모임에서부터 권익보호 내지 이익집단에 이르기까지 다양한 것도 사실이다.

종교집단이라고 해서 예외는 아니다. 불교계도 마찬가지로 공식·비공식 도합 350여 개에 이르는 불교종단을 위시해 다양한 기관·단체 등 공·사조직으로 '한국불교'라는 틀을 구성하고 있다. 비구니승가도 그 가운데 하나이다. 불교 교단이라는 틀 속에 비구니승가의 대표성을 담보하고 있는 '대한불교조계종 전국비구니회'가 있거니와, 단위별 비구니 모임들이 당위의 목적성을 갖고서 적잖이 활동하고 있다.

붓다 재세 시에는 출가자들의 수행공동체로서 승가(saṃgha)가 조직되어 있었다. 그들 승가는 각 지역마다 정사(精舍, 사찰)가 있어서 우안거(雨安居) 기간에는 유행(遊行)을 멈추고 이곳에서 대중생활을 영위했다. 그런데 어느 날 꼬삼비 고시따 승원에서 대중생활을 하던 비구들끼리 편을 나눠 다투는 사건이 일어났다. 그들은 말로 서로를 찌르면서 다투고 싸우고 심하게 논쟁했다. 그들은 서로 납득할 수도 없었고 납득시킬 수도 없었다. 서로 설득할 수도 없었고 설득시킬 수도 없었다.

붓다가 이를 알고서 그 비구들을 불러 놓고 말하기를,

> "말로 서로를 찌르면서 다투고 싸우고 심하게 논쟁할 때, 공적으로든 사적으로든 청정한 삶을 함께 사는 동료들에게 자애의 행동과 자애의 말과 자애의 마음이 나오겠는가?"

라고 그들을 꾸짖었다.

붓다는 계속해서 비구들에게 무엇을 알고 무엇을 보아서 그렇게 말로 서로를 찌르고 싸우고 다투고 논쟁하느냐고 질책하면서, 그런 싸움은 오랫동안 스스로에게 괴로움과 해로움을 가져올 뿐이라고 타일렀다. 그리고는 비구들에게 '자애를 일으키는 여섯 가지 자질'에 대해 말씀하셨다. 바로 본 절의 서두에 옮겨놓은 「꼬삼비야경」의 내용이 그것이다.

대중생활, 즉 조직 활동은 필요에 의해서 발생하고 또한 성취하고자 하는 공동 목표가 있어서 유지된다고 할 것이다. 규모가 커질수록 다양한 사람들이 함께함으로써 뜻하지 않은 불화들이 발생할 소지가 많아지는 것도 부정할 수 없다. 그래서 여기에는 화목과 단합이 우선 전제된다. 특히나 종교집단의 경우는 일반 사회집단과는 그 성격을 확연히 달리하기에 더더욱 이 덕목을 요구받는다. 승가가 화합공동체로서 그 의미를 부여받고 있는 까닭이 그것이다.

승가의 일원이 되어 화합덕목을 목숨처럼 받아 지녀야 하는 이유는 화합을 깨뜨리는 '파화합(破和合)'이 불교에서 다섯 가지 무거운 죄(오역

1987년 새해를 맞아 당시 전국비구니회장이었던 혜춘스님은 임원진과 함께 종정 성철스님을 뵙고 신년 하례를 올렸다.

비구니 전계대화상 정행스님이 수계식을 마치고 2사 7증사인 인홍·명성스님, 그리고 당시 전국비구니회장 혜춘스님 등과 기념촬영했다(1989년).

죄五逆罪)의 하나이거니와, 붓다가 계율보다 더욱 중요시한 덕목이 바로 이것이기 때문이다.

그렇다면 비구니승가의 역사 속 자취는 물론이거니와, 현재적 모습에서 화합승가의 면모를 찾아볼 수는 있는 것인가. 여섯 가지 화합(六和敬)[70]을 기본 덕목으로 삼아 다양한 공동체 활동을 전개하고 있는 비구니승가의 역동성을 들여다보자.

먼저 비구니들의 위상과 권익을 대변하고 있는 전국비구니회의 결성을 제일 먼저 손꼽을 수 있다. 전국비구니회는 1968년 2월 24일 서울 종로구 숭인동 청룡사에서 광복 이후 최초의 전국비구니조직으로 발기한 우담바라회에 뿌리를 두고 있다. 우담바라회는 3대 강령으로 ①비구니 총림 건립 ②포교의 합리화 ③복지사회 건설을 내세웠다. 당시 초대회

70) 서로 화합하고 경애하기 위한 여섯 가지 덕목. ①몸으로 화합하고(신화동주身和同住) ②입으로 화합하며(구화무쟁口和無諍) ③마음으로 화합하고(의화동사意和同事) ④바른 행동으로 화합하며(계화동수戒和同修) ⑤바른 견해로 화합하고(견화동해見和同解) ⑥이익을 베풂으로써 화합한다(이화동균利和同均).

장에 선출된 비구니는 탑골승방 보문사 주지 은영(恩榮)이다. 은영은 은사인 긍탄(亘坦)과 함께 세계 초유의 비구니 독립종단인 대한불교보문종을 창종한 주역이다.

우담바라회는 1971년 공식 발족하면서 서울 마포 석불사 천일(天日)을 제2대 회장으로 선출했다. 천일은 회장직을 수행하는 동안 비구 중심의 한국불교 현실 속에서 소외된 비구니계의 위상정립에 일조를 담임했다. 이와 함께 석불사에 어린이법회를 개설하고 찬불가를 통해 포교의 불모지였던 어린이포교의 단초를 제공하기도 했다.

우담바라회 제3대 회장에는 1975년 9월 9일 경기 용인 화운사 지명(智明)이 선출됐다. 지명은 서울 구기동 연화사 명수와 함께 1992년 3월 1일 화운사에서 실상문도회의 발족을 공식화하고 문중을 태동시킨 실질적인 주인공이다. 실상문중은 만공의 모친인 의선(義善)의 계보를 계승한 13명의 제자로부터 비로소 문도의 수가 번성하기 시작한 비구니계 대표문중의 하나이다. 지명은 만공에게 '월조(月照)'라는 당호를 받고 교단 안팎에 수행종풍을 드날렸던 인물로서, 2013년 12월 세납 93세 법랍 80세로 입적(죽음)할 당시 의선이 주석했던 수덕사의 비구 대중이 직접 상여를 메는 기연(機緣)으로 교단에 신선한 충격을 던져주었던 화제의 주인공이다.

우담바라회는 이후 1985년 9월 5일 석남사에서 총회를 열고 대한불교조계종 전국비구니회로 명칭을 변경하고 혜춘(慧春)을 제4대 회장에 선출했으며, 혜춘은 연임했다. 1995년 5월 18일 목동청소년회관에서 열린 전국비구니대회에서 서울 정각사 주지 광우(光雨)가 제6대 회장에 선출된 데 이어 1999년 9월 15일 제7대 회장에 재선됐다. 광우는 회장 재임시절인 1998년 9월 10일 '전국비구니회관 법룡사' 기공식을 갖고 2003년 8월 19일 개관기념법회를 봉행함으로써 비구니승가의 독립

전국비구니회관. 비구니승가의 독립적 위상을 담보하고 있는 이 비구니회관은 광우스님이 회장재임시절인 1998년 9월 10일 기공식을 갖고 2003년 8월 19일 개관법회를 봉행했다.

적 위상을 확보했다. 운문사승가대학원장 명성(明星)은 제8, 9대 회장에 선출되어 2003년 10월부터 2011년 10월까지 소임을 수행했다. 2011년 10월 17일 초유의 경선에서 제10대 회장에 명우(明又)가 선출되었으며, 2015년 10월 12일 제11대 회장 경선에서는 육문(六文)이 선출되었다.

전국비구니회는 이듬해인 2016년 3월 24일 제9차 정기총회를 갖고 비구니승가 최초로 원로회의를 구성했다. 이날 총회에서 원로의원으로 추대된 비구니는 경순·혜해·광우·진관·법운·경희·정륜·경심·성타·현묵·법용(이상 명예원로의원)·명성·재희·묘관·보각·혜운·자광·운달·수현·법희·불필·자행·재운·자민·혜준·명수·행돈·일법(이상 원로의원)·대인(특별원로의원) 등 29명이다. 이에 따라 원로회의는 5월 3일 첫 회의를 갖고 초대 원로의장에 명성(明星, 운문사 회주)을, 수석 부의장에 수현(修賢, 안양 안홍사 회주)을, 차석 부의장에 일법(一法, 불교여성개발원 고문)·운달(雲達, 동학사 미타암 주지)을 각각 추대했다.

대한불교조계종은 비구니승가의 이러한 위상정립의 움직임과 관련해

첫 비구니 명사 탄생. 대한불교조계종은 2007년 10월 23일 해인사 대적광전에서 한국불교사상 처음으로 원로비구니 7명에게 명사 법계를 품서했다. 혜운·정화·광우·정훈·묘엄·지원·명성스님이 그 주인공들이다.

전국비구니회 원로회의 출범. 전국비구니회 임원진들이 원로비구니들에게 정례를 하고 있다.

2007년 10월 23일 해인사 대적광전에서 한국불교사상 처음으로 원로비구니 7명에게 명사 법계를 품서했다. 혜운(慧雲, 전 내원사 선원장)·정화(淨華, 전 견성암 선원장)·광우(光雨, 정각사 회주)·정훈(正訓, 전 견성암 선원장)·묘엄(妙嚴, 봉녕사승가대학장)·지원(知元, 금련사 회주)·명성(明星, 운문사 회주) 등이 그 주인공들이다. 참고로 대한불교조계종의 법계는 비구와 비구니 법계로 나뉘어 있다. 비구니 법계는 △계덕(법랍 10년 미만, 4급 승가고시 합격자) △정덕(법랍 10년 이상, 계덕법계 수지 및 3급 승가고시 합격자) △혜덕(법랍 20년 이상, 정덕법계 수지 및 2급 승가고시 합격자) △현덕(법랍 25년 이상, 혜덕법계 수지 및 1급 승가고시 합격자) △명덕(법랍 30년 이상, 현덕법계 수지자) △명사(승랍 40년 이상, 명덕법계 수지자)로 구분된다.

세계여성불교연합단체인 사캬디타(sakyadhita, 세계여성불자협회)에 적극 참여해오고 있는 것도 한국 비구니승가의 역동성을 엿볼 수 있는 실례이다. 세계 45개국 2천여 명의 회원을 보유하고 있는 사캬디타는 세계 여성 불자들의 교류와 국제불교 네트워크 구축, 여성불자 교육, 비구니승가의 성장과 발전 지원, 붓다의 가르침에 의거한 세계평화운동 등에 중점을 두고 활동하고 있다. 달라이 라마의 후원으로 1987년 2월 인도 보드가야에서 결성되었다. 2년 주기로 개최하는 세계여성불자대회는 1987년 인도 보드가야에서 첫 국제대회를 개최한 이래 2015년 6월 23일~30일 인도네시아 욕자카르타에서 열린 컨퍼런스까지 14차 대회를 성료했다. 비구니승가를 비롯한 한국의 여성불자들은 2004년 6월 27일~7월 2일 제8차 대회를 서울에서 주관했으며, 한국지부인 샤카디타코리아를 2013년 7월 17일 발족시켰다.

이와 함께 친목단체로서 선문회를 위시해 정혜도량·목련회·보현회·

금련회·영산회 등의 조직이 결성되어 활동하고 있다. 조계종 비구니와 원불교 정녀와 천주교 수녀들을 중심으로 조직된 종교간 친목단체인 삼소회도 활동하고 있다.

선문회는 비구니 선원 운영과 청규기강 확립을 위해 21개 비구니 선원 수좌 30여 명이 2005년 5월 영천 백흥암선원에서 결성한 친목단체다. 지금은 1천여 명의 비구니들로 구성되어 있으며, 전국 비구니 선원의 발전과 수좌들간의 친목을 도모하는 데 앞장서고 있다.

정혜도량은 1994년 조계종 종단개혁 추진과정에서 비구니의 권익을 종헌종법에 반영하고자 당시 구종법회 동참 비구니들을 중심으로 63명이 백흥선원에 모여 발기한 단체이다. 당해연도 5월 9일 삼선포교원에서 창립법회를 갖고 비구니승가의 대종단 단일창구 기구로서 공식 출범했다. 정혜도량은 당시 선원·강원·대학의 전문인력을 초빙해 6개 분야(종헌종법팀, 행자교육팀, 강원교육팀, 대학교육팀, 선원팀, 사회복지팀)의 연구위원회를 발족해 종단개혁 전반의 비구니 의식조사를 전개하는 한편 비구니의 위상정립을 위한 대토론회, 사회적 역할 모색을 위한 비구니 의식개혁 세미나, 비구니의 권익을 종헌종법에 반영하기 위한 개혁위원회(개혁위원 육문·성총 등 9인) 등의 활동을 전개했다. 정혜도량의 활동은 비구들의 위기의식에 따른 완강한 반대로 소기의 목적을 달성하지 못했으나, 비구니의 위상을 확보하기 위한 과감한 노력은 초유의 일로서 높이 평가받았다.

목련회는 서울·경인지역 원로 비구니들의 친목단체이며, 보현회는 서울에 연고를 두고 있는 소장파 비구니들의 친선모임이다. 금련회는 부산과 인근 지역 비구니들이 도제양성을 목적으로 창립한 친목단체로서, 동국대 경주캠퍼스 비구니 기숙사(대지 2천여 평, 건물 360평 규모)를 건립해 후학들에게 큰 도움을 주었다. 대구지역 비구니들의 친목단체로 영산회가 활동한 바 있다.

삼소회는 다종교시대 종교간의 화합을 목적으로 대한불교조계종 비구니(설봉·상덕·정목 등), 원불교 정녀(지정·인신 등), 천주교 수녀(베아따·양요순 등) 등이 의기투합해 1988년 4월 창립한 친목단체이다. 삼소음악회와 시화전을 개최하고 그 수익금을 사회소외층에 기부하는 등 신선한 감동을 주면서 큰 관심을 받아오고 있다.

종무 분야에서는 국회기능을 담당하고 있는 대한불교조계종 역대 중앙종회의원으로 제1대 인홍·법일·수옥을 위시해 현재 제15대에 이르기까지 수인·묘전·해운·배전·명성·명우·성타·태경·천일·봉민·혜춘·법용·자민·명륜·영우·진관·묘희·자광·지원·묘엄·수현·재운·일법·육문·지훈·본각·홍륜·진성·해주·법성·도문·운달·계호·경륜·지형·정성·강혜원·서혜원·일초·성정·일운·상화·상덕·일진·탁연·계환·지홍·지성·정운·구과 등이 활동했다. 교역직에는 역사상 조계종 총무원 첫 문화부장으로 탁연이 2004년 6월 취임했으며, 이후 후임자로 수경·효탄·진명이 부임했다. 2016년 현재의 집행부에서는 보경이 총무원 재무부장을, 구과가 한국문화연수원장을 맡고 있다. 비구니의 교역직 소임은 이 밖에도 총무원 문화국장·재정국장·상임감찰을 비롯해 교육원 불학연구소 사무국장·상임연구원과 포교원 포교연구실 사무국장 등이 주어졌다.

작금의 비구니승가는 1968년 최초의 전국 비구니 조직인 우담바라회를 발기할 당시 발원한 3대 강령의 포교 합리화와 복지사회 건설에 일정한 역량을 발현해왔다고 평가할 수 있다. 하지만 총림건립과 참정권 확대 등은 여전히 숙제로 남아 있다.

❺

비구니문중과 그 원류

비구니승가의 역동성은 붓다가 여성출가를 수용한 이래 한순간도 단절된 바 없이 오늘에 이르고 있다. 그것은 한국불교사에서도 엄연한 사실이다. 그런데도 후세의 지남(指南)이 되고도 남을 지혜롭고 찬탄 받아 마땅한 수많은 비구니들조차 역사의 저편으로 스러지거나 겨우 이름만 남겨 우리를 안타깝게 하고 있는 까닭은 무엇인가. 불교사에서 붓다의 가르침을 탐구한 저명한 논서나 저술의 전승은 물론이고, 한국불교사에 전해오는 찬술문헌도 대개 비구에 한정된 이유는 무엇인가.

그것은 아마도 비구니 스스로 남성들이 만들어 놓은 문화적 덫에 빠져 비구에의 예속을 당연한 일처럼 여긴 결과이거니와, 우리나라의 경우 조선 후기 성리학적 질서이념에 강제된 역사인식과 다르지 않은 배경에서 기인한다고 할 것이다. 그러한 역사적 틈바구니에서 비구니 한 분 한 분의 소소한 흔적 내지 남겨진 이름이라도 건져 올린 소중한 결실이 지금까지 살펴본 내용이다. 물론 여기에 거론되지 못한 더 많은 비구니들이 우리의 역사와 현재에 분명 존재하겠으나, 이 정도에서 경계를 삼은 것은 말 그대로 일지반해(一知半解)라, 하나쯤 알고 반쯤만 깨달은 나의 무지에 기인한 때문이다.

문중(門中)은 한마디로 동일한 선조사(先祖師: 조상을 말한다)의 후

수정문중 쾌유스님이 문중본찰인 속리산 수정암에서 모친 계윤스님을 모시고 대중과 자리를 함께 했다(1953년경). 수정문중은 쾌유스님의 발원에 힘입어 1972년 문중계보를 처음 발행했으며, 이는 비구니문중 가운데 처음의 일이다.

청해문중은 1985년 10월 29일 가야산 해인사 보현암에서 1차 문도총회를 개최하고 문중성립을 공식화했다. 청해문중은 개창조의 연대가 고려말로서, 비구니문중 가운데 가장 빠르다.

손들로 이루어진 문도(門徒)집단을 말한다. 따라서 그 술어에는 이미 후손이 번성하고 계계승승 이어왔다는 뜻이 내포되어 있다. 물론 문중의 개념은 유교에서 비롯된바 사실이나, 불교 집안에도 보편화된 지 이미 오래다.

승가에는 두 종류의 스승과 제자의 관계가 있다. 하나는 삭발을 허락하고 계를 주는 스승(득도사得度師)으로서 그것을 은상좌연(恩上佐緣)이라고 하거니와, 세간의 부모자식에 비유되는 관계를 말한다. 또 하나는 마음을 깨우쳐 법(法)을 이어받게 해주는 스승(사법사嗣法師)으로서 여기에는 선맥·강맥·율맥의 계통이 있거니와, 이는 은상좌 인연관계와 같을 수도 있고 다를 수도 있다.

문중은 이들의 계통선상에 있는 문도들의 결합이다. 비구니문중은 사법사계통보다는 대체로 득도사계통의 관계로 그 문중을 형성하고 있다. 선조사로부터 내려오는 이러한 대대의 계통을 계보(系譜) 또는 세계(世系)라고 한다. 세간에서 종친의 족보가 그것이거니와, 후대에 이르도록 조상에 대한 존경과 종족(문도)의 단결·화목이 주목적이다.

그런데 불교에서의 문중개념은 여기에 한 가지를 더 보탠다. 개인과 교단과 사회를 향한 공동선(共同善)의 구현이다. 그것은 '좋은 벗들의 집단'이라고 해석되는 화합공동체 개념의 승가(僧伽, saṃgha)가 갖는 본연의 기능과 역할을 의미한다.

붓다는 흔히 승가(교단)의 제자들을 부를 때 '벗이여'라는 말을 자주 사용한다. 그 말에는 붓다 자신이 신적(神的) 존재이거나 구원자 또는 지도자의 권한을 가진 특별한 존재가 아니라는 뜻이 담겨 있다. 진리(법: dhamma)의 체득과 실천이라는 길을 가는데 서로 손잡고 같은 길을 가는 길동무라는 마음에서 진심으로 그렇게 부르고 있는 것이다.

그와 관련해 붓다의 의미 있는 말씀을 전하고 있는 한 경(『상윳따니까야』 45:2)의 내용을 살펴보자.

> 어느 때 붓다는 사꺄사람들이 사는 나가라까라는 마을에 계셨다. 그때 시자(侍者)인 아난다(阿難)가 붓다에게 이렇게 말했다.
> "부처님이시여. 생각해보건대, 우리가 좋은 벗을 갖고 좋은 벗 속에 있다는 것은 성스러운 도(道)의 절반을 성취한 것이나 다름없다고 여겨집니다. 이런 제 생각이 어떻습니까?"
> 이에 붓다는 대답하셨다.
> "아난다여. 그렇지 않다. 좋은 벗을 갖고 좋은 벗 속에 있다는 것은 성스러운 도(道)의 전부이니라. 왜냐하면 좋은 벗, 좋은 동지가 있으면 그로 말미암아 성스러운 여덟 가지 바른 길(팔정도八正道)을 연마하게 되고 성스러운 여덟 가지 바른 길을 더욱 발전시킬 수 있기 때문이다."

붓다는 해탈이나 열반에 이르기 위해서는 탐·진·치(貪瞋痴) 삼독을 제거해야 하거니와, 그것은 여덟 가지 바른 길(팔정도)을 실천함으로써 가능하다고 말한다. 이에 의거한다면 이 경의 내용이 뜻하는 바는 해탈 내지 열반에 이르게 하는 팔정도를 실천할 수 있게 하는 전조가 바로 좋은 벗의 유무(有無)에 있다는 설명이 된다. 이것은 한마디로 인생이 성공하느냐 아니냐의 전조요 선구가 되는 것은 좋은 벗을 사귀고 있느냐 아니냐라는 것을 말해준다고 하겠다. 다만 붓다는 한 경(『숫따니빠따』 1:3 「무소의 외뿔경」 41)에서 이르기를,

"이익을 꾀하여 사귀고 또한 의존하니
오늘날 조건 없이 사귀는 벗들은 보기 드므네
자신의 이익에만 밝은 자는 청정하지 못하니
무소의 외뿔처럼 혼자서 가라."

라고 말씀하셨다. 이 게송은 세상에는 이익을 목적으로 사는 사람들이 너무 많은 현실을 빗대어 좋은 벗을 사귀기 어렵거든 무소(코뿔소)의 외뿔처럼 혼자서 가라는 교훈을 말해준다. 붓다의 참뜻이 어디에 있는지를 알게 해주는 대목이다.

아난다는 나름대로 붓다와 같은 좋은 벗을 갖는 것의 중요성을 인식하게 된 자신을 뿌듯하게 생각하면서 그러한 뜻을 전했는데, 붓다는 의외로 그런 생각이 잘못되었다면서 그것은 도(道)의 전부라고 대답한 것이다. 붓다의 이 말씀은 한마디로 좋은 벗은 인생의 절반이 아니라 전부라는 얘기다.

이처럼 불교경전에는 '좋은 벗(kalyāṇamitta)'에 대해 설한 내용이 적지 않다. 그것들을 보면 대체로 이렇다. 아침에 해가 뜰 때는 그 전조로 먼저 동쪽 하늘이 차츰 밝아지고(이것을 여명黎明이라고 한다) 그런 다음

에 찬란한 빛을 발산하며 떠오르는 것처럼 우리가 성스러운 여덟 가지 바른 길을 일으키는 데서도 그 전조가 있으니, 그것은 좋은 벗을 가지는 일이라는 것이다. 다시 말해 좋은 벗을 갖고 있다면 성스러운 여덟 가지 바른 길을 배우고 닦아 익히게 된다는 것을 기대해도 좋다는 말이겠다.

문중은 그래야 한다. 문중이라 함은 승가의 또 다른 이름일 뿐, 그 본연의 개념이나 기능과 역할은 다르지 않을 터이기 때문이다. 비구니문중과 그 원류의 대강을 살피고자 하는 까닭이 그것이다.

그 여정에서 먼저 문중의 개창조 내지 초조를 밝히고 그 후손들에 의한 문중성립에 대해 약술할 것이다. 그 다음으로 종문(宗門)의 본찰(本刹)이 되는 문중 인연사찰(암자)을 일별하겠다. 이 책의 성격상 간결한 소개형식에 지나지 않겠으나, 비구니문중의 시·공간성을 확인해주는 나름의 의미 있는 여정이 될 것이다. 개창조 내지 초조를 고찰하는 일은 시간성을 확인하는 것이다. 곧 문중의 뿌리를 좇는 일이다. 인연사찰을 일별하는 일은 공간성을 확인하는 것이다. 이는 문중의 탄생지 또는 의지처가 되는 장소적 원류를 찾아간다는 의미에서 고향을 찾는 일과 다르지 않다. 그렇게 뿌리를 좇고 고향을 찾는 일, 그것은 초심(初心)을 다시금 확인하는 일일 터이다.

초심은 초발심(初發心)이다. 그러니까 처음 마음을 낸 그것이다. 발심은 불교적으로 풀이하면 발보리심(發菩提心)이다. 보리심을 내는 것이다. 보리(Bodhi)는 깨달음이다. 깨달음은 눈앞의 현실을 있는 그대로 보는 지혜를 갖추는 것이다. 있는 그대로 보는 지혜를 여실지견(如實知見) 또는 정견(正見)이라고 한다. 곧 우주 삼라만상의 존재의 법칙인 연기(緣

起)를 보는 것이다. 연기를 보면 원인과 결과의 법칙을 알고(인과율因果律), 조건과 조건의 화합에 의한 생멸법칙을 알며(인연화합因緣和合), 존재와 존재간의 상의상관성(相依相關性)을 알게 된다. 그것은 지혜와 자비를 갖추는 일이다. 해탈과 열반은 이렇게 해서 성취된다. 해탈과 열반에 대해서는 이미 앞에서 밝힌 바 있다. 이러한 인격을 완성한 사람을 붓다(Buddha)라고 부른다.

좋은 벗들로서 문도를 결집하고 문중을 형성하는 목적이 여기에 있거니와, 그것을 일별해보고자 하는 것도 발자취의 향기를 통해 그 초심을 상기해보고자 함이다.

한국의 비구니문중은 대체로 10여 개 정도다. 청해·계민·법기·삼현·수정·봉래·육화·실상·보운·일엽문중과 보문종문중이 그들이다. 이밖에도 두옥(斗玉)·봉완(奉琓)문중과 서울 청량사문중·서울 보문동 미타사 탑골문중·서울 옥수동 종남산 미타사문중과 같이 초조(개창조)와 그 이후의 계보를 정확히 파악할 수 없지만, 대표인물 내지 단위사찰 중심으로 계보를 이어오고 있는 문중들이 몇몇 존재한다.

1
청해문중

청해문중(靑海門中)은 비구니문중 가운데 기원이 가장 빠르다. 문중 초조로 추앙하고 있는 도한(道閑)과 대유(大宥)가 고려 말 금강산 유점사에서 나옹혜근(懶翁慧勤, 1320~1376)에게 계(戒)를 받아 지녔기 때문이다. 이들의 출가은사가 된 이는 중국 승려 취진쌍운(翠眞雙運)이었다.

이들 사형사제가 문중의 초조로 추앙받게 되면서 그 법손들은 자연스레 두 형제의 계통으로 나뉘어 계승되었다. 오랜 세월 명맥을 유지해오던 이 문중의 문도들이 문중형성의 당위를 논의하기 시작한 것은 1966년에 이르러서다. 그 해 6월 15일 문도 대표들은 해인사 약수암에서 계보편찬에 관한 자료수집을 숙의하고 문도결집의 필요성에 공감했다.

그렇게 9년 동안 정례적인 모임을 가지면서 문도들의 흩어져 있던 직·방계 존·비속 관계 등을 세밀히 조사·확인하는 작업을 진행했다. 마침내 문도회를 결성할 수 있는 기반이 어느 정도 형성되자 문도회를 출범하기 위한 준비모임을 가졌다. 1975년 5월 12일 청암사 백련암에서 청해문도회(靑海門徒會)를 발기하고 문중성립의 기초를 다진 일이 그것이다.

그로부터 10년, 1985년 10월 29일 당시 문도 대표 혜춘(慧春)·장일(張一)·상덕(想德)·묘관(妙觀)·태구(泰具)·보각(寶覺)·성원(性元)·용운(龍雲) 등 50여 명이 공식 모임을 갖고 청해문도회의 성립을 공식화했다. 청해문중의 탄생이다. 문도회는 이때 근행(勤行)·장윤(長允, 이상 도한7세)·종덕(種德)·혜춘(慧春)·성원(性源)·상희(祥喜)·덕순(德順, 이상 도한8세)·보현(普賢)·학련(鶴蓮)·태구(泰具, 이상 대유8세) 등을 고문으로 추대했다. 그리고 3년 후인 1988년 부처님오신날(음4.8)에 『청해문도계보』를 발간하고 그 존재를 시방에 드러냈다.

이에 따르면 청해문중은 초조인 도한과 대유를 양대 계통으로 삼아 계보를 이어오고 있다. 도한계통은 다시 불령산 청암사 백련암·수락산 석림사·팔공산 동화사 내원암·갑장산 용흥사 등 4개 계열로 분파·계승되고, 이 가운데서도 백련암·석림사·내원암 등 3개 계열은 도한의 맏상좌 계밀(戒密)의 법맥을, 용흥사계열은 도한의 둘째 상좌 의밀(議密)의 법맥을 계승하고 있다. 대유계통은 가야산 해인사 약수암계열로 전승되어 오늘에 이른다.

이처럼 모두 다섯 계열로 문중계파를 형성하고 있는 청해문중의 문중 명칭은 도한계통 청암사 백련암계열과 대유계통 해인사 약수암계열의 첫 글자를 인용한 것이다.

가. 불령산 백련암

경북 김천 불령산 청암사는 859년(헌안왕3) 도선(道詵, 827~898)이 창건한 유서 깊은 천년 고찰이다. 창건 당시 도선의 스승이자 구산선문의 하나인 동리산문을 개창한 적인혜철(寂忍惠哲, 785~861)이 머물렀다고 한다. 현재 행정구역상 주소지는 경북 김천시 증산면 평촌리 688번지(평촌2길 335-48)이다.

청암사가 자리한 곳은 수도산(修道山)이라고 하기도 하고, 불령산(佛靈山)이라고 부르기도 한다. 이래저래 불교지명이다. 일주문 현판은 '불령산 청암사'로 되어 있다. 조선 제19대 숙종의 비 인현왕후(仁顯王后)가 서인으로 있을 때 이곳 극락전에서 기도를 올렸던 인연으로 원당(願堂)이 되었던 곳이기도 하다.

청암사 산내암자인 백련암은 하얀 연꽃(백련白蓮)을 가리키는 이름의 암자이다. 연꽃은 불교집안에서 붓다(buddha)를 의미하는 꽃으로 통한다. 더러운 진흙 속에서 그 생명을 유지함에도 불구하고 가장 고귀하고 아름다운 꽃을 피운다는 태생적 특성으로 그러한 위상을 확보했다. 경전에서 붓다를 상징해 '진흙 속의 연꽃'이라 표현해놓고 있는 것도 그 때문이다. 더러운 곳에 머물더라도 항상 깨끗함을 잃지 않는다는 뜻의 처

염상정(處染常淨)도 같은 말이다. 그러다 보니 '연꽃 연(蓮)'자를 사찰이나 암자 이름으로 쓰는 곳은 부지기수다. 말하자면 백련암·청련암·홍련암·연화사 등 연꽃사찰이 산속이거나 도회지이거나, 전통사찰이거나 새로 지은 단위사찰이거나 전국에 즐비하다.

청암사 백련암은 여타의 사암처럼 단지 이름이나 형상만이 연꽃 암자가 아니다. 비구니 특유의 손길을 닿아 포근하고 아기자기한 미려함이 연꽃의 아름다운 형상을 말해준다면, 그곳을 법계(法界)로 삼아 청정대광명의 깨침을 이루어가는 비구니들의 은은한 삶은 연꽃이 품어내는 향기와 다르지 않다.

청암사 백련암은 초조 도한의 법을 이은 계밀의 다섯 제자 상욱(尙旭)·성문(性文)·광우(光宇)·태일(泰日)·덕진(德眞) 가운데 첫째 상욱의 유일한 제자 우경(宇景)의 법을 계승하고 있는 계파의 발상지이다. 계밀의 둘째 상좌인 성문의 계파도 이곳을 발상 원류지로 삼고 있다. 도한계통 4세인 우경이 문하에 법성(法性)·유안(有安)·치영(致永)·태선(泰禪)·법언(法彦) 등 다섯 제자를 두면서 이 계열의 문도 번성을 가져왔다.

청암사 백련암이 문중계열의 발상 원류지로 이름을 남기게 된 것은 우경의 다섯 제자 가운데 서울 대감집 자녀로 알려진 유안이 이 암자의 면모를 확립시킨 데 따른 것이다. 유안은 18세에 백련암에서 출가한 이후 이곳에서만 67년간 수행정진했다. 출가할 당시 백련암의 사세는 초옥 몇 칸의 협소한 암자에 불과했다.

유안은 어느 날 대중을 수용할 수 있는 규모의 암자 증축을 발원했고, 1년 만에 대방 21간, 곡루(穀樓) 6간, 행랑 5간 등 3동(棟)의 전각을 증축해 장대하고 위엄 있는 도량으로 우뚝 세우니 1906년 가을이다. 당시 암자 증축에 유안이 내놓은 자금은 출가 전 본가에서 물려받은 9천

냥(논 3천 평 규모)이었다. 유안의 발원에 감동해 동화사 내원암계열의 도한계통 4세인 회진(會眞)과 장운(章雲)도 각각 1천 냥과 3백 냥을 보탰다. 그러니까 당시의 백련암이 위용을 갖추는데 총 1만3백 냥이 들어간 것이다. 청암사 백련암이 이처럼 청해문중 일파의 종찰로 자리매김한 것은 유안의 발원성취에 따른 것이다.

참고로 백련암의 비구니강원으로서의 자취를 더듬어본다는 의미에서 본절인 청암사의 연혁을 좀 더 살펴보자. 청암사는 사적에 의하면 창건 이후 조선 중기까지의 연혁이 전해오지 않다가 1647년(인조25)에 화재로 전소되자 벽암각성(碧巖覺性, 1575~1660)이 문도인 허정혜원(虛靜惠遠)을 보내 1차 중창하면서 이로부터 자취를 남기고 있다. 1736년(영조12)에 문루(門樓)가 물사태 당한 것을 회암정혜(晦庵定慧, 1685~1741)가 2차 중창하고, 모운진언(慕雲震言, 1622~1703)이 1660년경에 개설한 전문강원의 강학을 더욱 진작시키니 학인 수가 3백 명이 넘었다고 한다. 청암사가 승려들의 교육기관인 전문강원의 역사를 시작한 것이 이로부터다. 청암사는 1782년(정조6) 4월에도 다시 불탔는데, 20년 후쯤 환우연찬(喚愚演贊)이 3차 중창했다. 1897년 무렵부터 거의 폐사되어 대중이 흩어졌으나, 1905년(광무9)에 대운병택(大雲丙澤, 1868~1936)이 극락전을 복원하면서 절을 다시 세웠다. 1911년 9월 21일 밤 원인 모를 화재로 전소하자, 대운이 이듬해 봄에 현존하는 대웅전· 육화료·진영각을 신축하고 1921년에는 중국 항주 영은사에서 목조석가모니 불상을 조성해 대웅전에 봉안하는 4차 중창을 완공했다.

청암사는 앞에서 잠깐 언급한 것처럼 조선 후기부터 전문강원으로서 그 맥을 이어오는 전통을 갖고 있다. 벽암각성(碧巖覺性)의 강맥을 이은 화엄종장 모운진언(慕雲震言)이 1660년경 이곳에 전문강원을 개설한 이래 대강백 회암정혜(晦庵定慧)가 융창발전시키고 대운병택(大雲丙澤)이 크게 중창하며 오늘에 이르고 있거니와, 박한영(朴漢永, 1870~1948)이 강백으로 있던 일제강점기에는 특히 그 명성을 드날렸다고 한다. 1955년에는 근대기 비구니 3대 강백-금룡·혜옥·수옥-의 한 분인 정암당(晶岩堂) 혜옥(慧玉)이 비구니로서는 처음 이곳 주지로 부임해 강원의 위용을 이어갔다. 당시 청암사강원은 고봉태수(高峰泰秀, 1901~1969)를 강백으로 초빙해 비구는 극락암에, 비구니는 백련암에 거주하면서 비구·비구니가 공학(共學)했다고 한다. 그러나 청암사는 고봉의 입적(죽음)과 당시 강사였던 고산(杲山) 등이 범어사로 옮겨가고 백련암에서 강학의 열정을 불태웠던 혜옥마저 1969년 5월 입멸(죽음)하면서 거의 방치되다시피 했다. 그러던 중 1987년 3월 비구니 의정지형(義淨志炯)이 주지로 오면서 강백인 의진상덕(義眞相德)과 함께 이곳에 비구니만의 전문강원을 개설하고, 대웅전·육화료·진영각·보광전·극락전·정법루·회암정혜 및 대운병택의 비각 등을 보수 또는 중수하는 한편, 부속전각인 중현당·선열당·범종각·백화당·자양전을 신축하는 등 대대적인 불사를 거쳐 지금과 같은 위용을 갖추었다. 2005년에 완공한 5차 중창이다. 2007년 4월에는 봉녕사 금강율원에 이은 두 번째 비구니 전문율원(율학승가대학원)을 개원해 매년 비구니 예비율사를 배출하며 오늘에 이르고 있다.

나. 수락산 석림사

경기도 의정부시 장암동 산147번지(동일로 122번길 177)에 위치한 수락산 석림사(石林寺)는 1671년(현종12)에 석현(錫賢)과 그의 제자인 치흠(致欽)이 창건한 석림암에서 유래한다. 조선 숙종 때 문신이자 학자인 서계(西溪) 박세당(朴世堂, 1629~1703)이 암자명을 지었다고 전한다. 이와 관련한 일화가 전해오거니와, 여기에 옮기면 다음과 같다.

서계문화재단에 따르면 박세당은 자신이 살던 수락산 서쪽에 이곳과 깊이 연관 있는 매월당 김시습을 기념할 만한 절이 없음을 더욱 한스럽게 여기고 은선암의 승려 석현과 치흠에게 사찰건립을 권유했다고 한다. 치흠이 이에 동조해 숙고 끝에 암자의 건립지를 채운봉의 서남쪽, 향로봉의 북쪽으로 정하고 박세당에게 원조를 요청했다. 박세당은 공역에 드는 대부분의 비용을 부담했으며, 1년 후 암자가 낙성되었다. 절진이속(絶塵離俗: 속세를 벗어나 번뇌가 끊어짐)의 청정지대에 암자가 들어서자 박세당은 흔쾌한 마음을 감추지 못하고 암자에 '석림암(石林菴)' 이란 이름을 붙여주었다. 지금의 석림사이다.

석림암을 낙성한 박세당은 김시습을 위한 영당건립을 서둘렀다. 이는 홍산의 사림들이 부여 무량사에 봉안된 김시습의 영정을 모실 새로운 영당을 건립한 것이 계기가 되었다. 무량사는 김시습이 생을 마감한 곳으로 생전에 김시습이 직접 그린 영정이 보존되어 있었다. 이 영정은 율곡 이이에 의해 김시습의 작품으로 인정된 명품의 초상화였다. 박세당은 이 기회에 수락산에 영당을 건립해 김시습의 자필영정을 모사해서 봉안할 계획을 세웠다.

박세당은 자신과 석림암과 은선암의 승려들만으로는 막대한 공역을 충당할 수 없다고 판단하고 의연금 요청문을 지어 유지자(有志者)의 협력을 촉구했다. 『서계집』에 수록된 「매월당영당권연문」이 바로 그것이다. 이 글은 은선암의 승려들을 위해 지은 장문의 호소문으로서 박세당의 문장실력이 발휘된 명문이기도 하다.

이러한 과정을 거쳐 1680년(숙종6) 마침내 수락산의 동봉 아래에 영당이 완성되었다. 1686년(숙종12)에는 무량사의 영정을 모사한 진영을 봉안하고 봄·가을로 제사를 지냈다. 당초 영당의 공식적인 명칭은 김시습의 아호를 딴 '동봉사우(東峯祠宇)'였으며, 박세당을 중심으로 약 15년간 제사가 이루어진 것으로 보인다. 1700년(숙종26) 양주 사림들에 의해 사액청원운동이 전개되었고, 이듬해인 1701년(숙종27)에 조정으로부터 '청절사(淸節祠)'라는 편액이 내려졌다. 1698년 2월 대홍수로 유실된 석림암이 축원당으로 복원된 것은 이로부터다.

석림사지도 비슷한 내용을 전한다. 유담(裕談)화상이 1676년 7월에 삼소각(三笑閣)을 짓는 등 암자의 규모를 키웠으나, 1698년 2월에 대홍수로 유실되었다는 것이다. 그 이후 나라에서 매월당 김시습을 기리는 청절사(淸節祠)를 세우고 그 옆에 축원당으로서 석림암을 복원했다고 한다.

1745년 7월에 다시 홍수로 유실되었던 것을 익명의 스님이 복원한 뒤 석림사(石林寺)라고 개칭했는데, 6.25한국전쟁 당시 또다시 전소되었다.

10년 후인 1960년, 상인(相仁, 1896~1973)이 상좌 보각(寶覺)과 함께 이 절터에 들렀다가 중창의 원력을 세우고 수년간 각고의 노력을 기울인 결실에 힘입어 1963년부터 불사에 착수한 지 3년 만에 38평의 극락보전·4평의 칠성각·3평의 독성각·2동 14평의 요사채·5평의 창고·동사(東司) 등을 신축하고 3존불과 도량석탑을 조성·건립하니 지금의 석림사다. 보각이 1980년 10월 퇴락한 요사를 35평의 적묵당으로 신축하고 전기·전화시설과 870미터의 진입로를 폭 5미터의 시멘트 포장길로 확장공사한 이래 오늘에 이르고 있다.

이 문중계열은 초조인 도한계통 불령산 백련암계열 5세인 법성의 셋째 상좌 선주(善周)의 후학들이 번창하면서 형성된 계파이다. 도한 6세인 선주는 상인(相仁)·정안(正眼)·근행(勤行)·시현(示現)·시법(示法) 등 5명의 제자를 두었는데, 맏상좌 상인이 상좌 보각과 함께 터만 남아 있던 석림사를 오늘날의 위용으로 중창했다. 석림사가 청해문중의 일파로서 그 본찰이 된 저간의 사정이 그와 같다.

다. 팔공산 내원암

팔공산 내원암(內院庵)은 비구니 선원이 있는 대구 동화사 산내암자이다. 동화사에서 북으로 800미터 가량 좌청룡 우백호의 길지에 자리잡고 있다. 1626년(인조4)에 유찬(惟讚)이 창건하고 1823년(순조23)에 제월(霽月)이 중창한 이래 1937년에 보월(寶月)이 3창했다. 그 이후 수십 년간 보수를 하지 못해 퇴락해가던 중 그마저도 6.25한국전쟁으로 폐허가 되어버린 암자를 다시 일으켜 세운 이는 비구니였다. 당시 해인사 국일암에 주석하고 있던 도한계통 8세인 도림당(道林堂) 장일(長一, 1916~1997)이 바로 그 주인공이다. 장일은 화주보살 김무상심(金無相心)의 재정지원에 힘입어 내원암의 당우 36칸을 중건하고 비구니 참선도량으로 일신했다.

내원암을 본찰로 삼고 있는 청해문중의 일파는 초조 도한의 법을 이은 계밀(戒密)의 다섯 제자 중 셋째인 광우(光宇)의 계보를 잇고 있다. 광우는 회진(會眞)에게, 회진은 정은(正恩)·법신(法信)에게 법맥을 전수했다. 정은이 재희(在喜)·재운(在雲)·성호(性護)를 상좌로 두면서 이로부터 문중이 급속 번창했다. 재희가 문하에 오전(伍田)·창호(彰浩)·정각(正覺)·묘각(妙覺)·각선(覺善) 등 5명의 법제자를 배출한 것이다. 내원암 계열의 계보는 사실상 이들의 후계법손들로 구성되어 있거니와, 청해문중을 대표하는 인물 다수도 여기에 속해 있다. 내원암을 문중일파의 원류로 삼게 된 배경의 주역인 장일(長一)과 대한불교조계종 전국비구니회 4, 5대 회장을 역임한 혜춘(慧春, 1919~1998)을 비롯해 이들과 함께 청해문중을 태동한 상덕(尙德)·성원(性源) 등이 그들이다.

내원암은 계민문중 11대손 성문(性文)이 1928년에 개설한 부도암선원과 수정문중 8대손 성련(性蓮)이 1958년에 개설한 양진암선원과 함께 현재 동화사 산내암자로서 비구니 선원의 기능을 담보하고 있다.

라. 연악산 용흥사

경북 상주시 지천동 722번지(지천1길 223-35)에 자리잡은 연악산 용흥사(龍興寺)는 839년(문성왕1)에 진감혜소(眞鑑慧昭)가 창건했다. 연악산은 세칭 갑장산이라고도 한다.

다음과 같은 두 가지 창건 일화가 전해온다. 하나는 두 명의 상주가 무덤을 쓰기 위해 땅을 파던 중 큰 반석이 나와 그것을 들어내니 거기에서 학이 나와 하늘로 날아가므로 여기에 절을 창건했다고 한다. 또 하나는 절 앞에 커다란 연못이 있었는데, 어느 날 물속에서 용이 승천했다고 해서 여기에 절을 짓고 용흥사라 이름했다는 것이다.

용흥사계열은 도한의 법을 이은 두 제자 계밀과 의밀 가운데 의밀의 계보를 잇고 있는 계파다. 의밀의 제자 덕징(德澄)이 도정(道淨)을 상좌로 두었고, 도정이 영한(永閑)·영주(永周)·영유(永宥) 등 3명의 제자로 하여금 법을 계승하도록 하면서 문도의 융성을 보았다. 특히 영주의 법을 법희(法希)·응섭(應攝)이 계승했는데, 응섭의 제자 수인(修仁)이 다섯 상좌를 두면서 더욱 번창했다. 도한 7세인 수인은 용흥사에서 22년간 염불정진하다가 세납 102세로 입적했는데, 후학들이 사찰경내에 공덕비를 세우고 다비 때 출현한 사리 5과를 사찰이 자리잡고 있는 갑장산(연악산) 극락봉에 봉안했다. 수인의 맏상좌이자 청해문중 태동의 핵심일원인 종덕(鍾德)이 용흥사 주지로 부임하면서 1967년에 박정희 전 대통령의 누나 박재희로부터 시주받아 선방 수십 칸을 증축하고 사찰을 일신했다. 이로부터 수인과 종덕의 문도를 중심으로 이 사찰에 의거해 계파의 번성을 이루었다.

사적비에 따르면 용흥사는 창건 이후 5백여 년간 방치되었다가 고려 공민왕 때 나옹혜근(懶翁慧勤)이 중창했다. 1805년(순조5)에 지은 「중수상량문(重修上樑文)」이 극락보전에서 발견되었는데, 이에 의하면 1647년(인조25)에 법심인화(法心印和)가, 1680년(숙종6)에 사우홍흡(思祐弘洽)이, 1707년(숙종33)에 사준도인(思俊道仁)이, 1805년(순조5)에 정화(定和)가 중수 또는 중건했다. 최근에는 종덕이 1967년에 5중수하고 극락보전을 중창했다. 그 뒤 종덕의 상좌 선용(善用)이 오층석탑을 세우고, 1983년 백운선원(白雲禪院)과 1997년 요사 2동 등을 지으며 오늘에 이른다.

용흥사는 조선 후기에 편찬된 『상산지(商山誌)』에 사찰 이름과 조선 중기 유학자인 만오(晩悟) 황면(黃緬, 1600~1670)의 '유용흥사시(遊龍興寺詩)'가 전하는 것으로 보아 꾸준히 명맥을 이어왔음을 알 수 있다.

참고로 용흥사가 있는 연악산은 상주삼악-연악(淵岳) 갑장산(甲長山)·노악(露岳) 노음산(露陰山)·석악(石岳) 천봉산(天鳳山)-의 하나인데, 고려 충렬왕이 '영남의 으뜸 산'으로 칭하면서 갑장산이란 이름을 얻었다고 한다. 갑장산 정상부에 갑장사가 있는데, 이 사찰은 남장사·북장사·승장사와 함께 상주지역 사장사(四長寺)로 불린다.

마. 가야산 약수암

가야산 약수암(藥水庵)은 비구니 선원이 있는 해인사 산내암자이다. 약수암을 본찰로 의지하고 있는 청해문중의 이 계파는 도한의 사제인 대유의 계통을 계승하고 있는 문파이다. 청해문중 4개 계열이 도한계통인 반면 유일하게 대유의 계보를 잇고 있다.

대유 5세인 성주(性主, 1822~1921)가 지리산 천은사 도계암에서 수행하다가 1903년 가야산 남쪽계곡의 마르지 않는 샘을 발견하고 이곳에 가람을 창건하니 지모암(智母庵)이다. 덕망이 높았던 성주는 이후 지모암의 명칭을 약수암으로 바꾸고 많은 후계승들을 배출했는데, 청해문중 일파로서 번성을 이룬 것과 약수암이 종문의 본찰로 자리매김한 것은 그로부터 연유한다.

청해문중 태동 당시 고문으로 추대된 보현(普賢)·학련(鶴蓮)·태구(泰具)와 문중태동의 주역인 묘관(妙觀)·용운(龍雲) 등이 모두 이 계열에 속한다.

약수암은 성주의 네 번째 상좌 도삼(道三)이 1927년 1차 중건했으며, 두 번째 상좌 의영(義永)의 증손인 법공(法空)이 1969년 중창하고 선방(죽림선원)을 개설해 비구니 납자들로 하여금 정진할 수 있도록 도량을 일신한 후 오늘에 이른다.

현재 해인사 산내암자 열여섯 곳 가운데 다섯 곳이 비구니 수도처인데, 약수암은 삼선암·보현암과 함께 비구니 선원의 기능을 담당하고 있다. 국일암도 1944년 비구니 선원을 개설해 1970년대 중반까지 그 기능을 담당했다.

바. 가야산 보현암

여시래(如是來)
여시거(如是去)
래거일여(來去一如)
청풍만리(淸風萬里)
이렇게 왔다가
이렇게 가는가
오고 감이 한결 같은데
청풍은 만리로네.

가야산 보현암(普賢庵) 들어서는 길에 가장 먼저 만나는 비석이 있다. 이 게송은 그 비석에 새겨진 글귀다. 청해문중 성립의 핵심주역인 도한계통 8세 혜춘(慧春)의 열반송이다.

가야산 보현암은 삼선암 · 약수암과 함께 비구니 선원의 기능을 하고 있는 해인사 산내암자이다. 가야산과 홍류동계곡이 한눈에 들어오는 절승지에 1973년 혜춘이 창건했다.

그것은 납자제접이었다. 구법(求法)의 여정에 오른 비구니 납자들에게는 낭보였다. 눈 밝은 스승의 회상에서 마음을 갈고 닦을 수 있는 터전이 마련되었기 때문이었다. 보현암 창건은 또한 혜춘이 비로소 상좌를 받아들여 문도 번성에 일대 전기를 가져오는 계기로 작용했다. 이때부터 상좌 되기를 희망하는 비구니 납자들의 간청과 도반들의 권유를 받아들였기 때문이다. 맏상좌 서용(瑞庸)을 비롯해 정안(正眼)·보현(普賢, 입적)·정명(正明)·종각(宗覺)·현조(玄照)·현웅(玄雄, 입적)·법진(法眞, 입적)·현응(玄應)·대현(大玄)·대광(大光)·정지(正知)·정광(正光)·일운(一雲)·일행(一行)·일여(一如)·선운(禪雲)·일석(一錫)·선애(禪崖)·선주(禪洲)·삼행(三行)·종일(宗一)·종광(宗光)·묘련(妙蓮)·적연(寂然)·보명(普明) 등의 제자들이 앞다퉈 혜춘의 문하로 출가했다.

2
계민문중

계민문중(戒珉門中)은 경북 영천 은해사로 출가한 것으로 추정하는 계민(戒珉)을 개창조로 삼고 있다. 『계민문중계보』는 계민의 출가 전 신분을 조선 제16대 인조(재위 1623~1649)의 옹주로 밝히고 있다. 병자호란 때 은해사로 피해왔는데, 난이 끝난 이후에도 환궁하지 않고 백운암에 머물며 정진하던 중 『열반경』을 독송하다가 '제행무상 시생멸법 생멸멸이 적멸위락(諸行無常 是生滅法 生滅滅已 寂滅爲樂)'이란 구절에서 깨닫는 바 있었다고 한다. 그 길로 만화(萬化)화상에게 나아가 삭발하고 출가했다고 하거니와, '계민(戒珉)'은 이때 받은 법명이라고 한다.

그런데 실록을 보면 인조는 7남 1녀를 두었고, 귀인(貴人) 조씨(趙氏) 사이의 효명옹주(孝明翁主)가 그 1녀이다. 옹주는 혼인도 하고 궁궐에 살면서 불상을 모시고 기도하면서 살았다고 하는데, 말년의 전하는 기록이 없어 계민과의 연관성을 확인할 수 없다.

문중성립의 계기는 해인사 삼선암에 반야선원을 개설해 비구니 납자들의 수행정진을 재촉했던 문중 11대손 혜월당(慧月堂) 성문(性文,

1895~1974)이 살아생전 문도결집과 계보발간의 뜻을 세우면서 마련되었다. 후학들은 성문의 이러한 뜻을 받아 1991년 3월 4일 모임을 갖고 계민문도회를 결성했다. 10여 년 이상의 문중관계를 조사하고 기록해 2003년 12월 30일 『계민문중계보』를 세상에 내놓았다.

이에 따르면 계민문중은 계민 이하 승운(承雲)-학천(學天)-보련(普蓮)-복증(福增)까지 단일문손으로 내려오다가 복증이 문하에 정공(定空)·우영·원공(圓空)을 두면서 이들을 중심으로 계파를 이루며 오늘에 이르고 있다. 이 가운데 정공계통이 번성하면서 오늘날 계민문중을 대표하고 있다.

대수(代數)를 거듭할수록 비구니승가를 대표하는 당대의 큰 인물들을 배출해온 계민문중은 11, 12대손에 이르러 문중형성의 기틀을 세웠다. 성문(性文)·금룡(金龍)·성월(性月)·혜옥(慧玉)·지부(志赴)·명주(明珠)·영명(永明) 등이 당대의 비구니계 거목들로서 문중성립의 전기를 마련해준 11대손들이거니와, 이들의 뒤를 이은 수한(守漢)·태호(泰鎬)·태희(泰喜)·광우(光雨)·태경(泰鏡)·태응(泰應)·태헌(泰憲)·태인(泰仁, 이상 성문제자), 일조(日照)·영춘(永春)·해운(海雲)·법일·혜명·도정(道淨)·형을(炯乙)·정일(淨日)·법상(法相)·승열(承烈)·벽운(碧雲)·도경(道鏡)·장경(藏鏡)·운종(雲鐘, 이상 금룡제자), 복석(福石)·정인(貞仁)·지형(志亨)·정광·지해(智海)·지원·정안·명원(이상 성월제자), 정헌(正憲)·인완(仁完)·정봉(正奉, 이상 혜옥제자), 혜명(慧明)·혜일(慧日)·혜월(慧月)·혜진(慧眞)·혜원(慧苑)·선행(善行)·혜석(慧石, 이상 명주제자), 혜안(慧眼, 영명제자) 등이 문중을 태동시킨 12대손들이다. 이들보다 아래 항렬이지만 문중 태동의 핵심인물로 폐허가 된 방장산 대원사를 중창복원한 14대손 법일(法一, 지부의 증법손)을 빼놓을 수 없다.

가. 가야산 삼선암

가야산 삼선암(三仙庵)은 법보종찰 해인사 입구 계곡가에 위치하고 있다. 이 계곡에서 세 명의 신선이 놀았다는 전설에 의해 삼선암이라고 불렸다고 한다. 가야산 세 봉우리 아래에 있다고 해서 암자 이름을 그리 지었다는 설도 전해오나, 신선놀이가 더 정감이 가는 것은 인지상정일 게다.

이곳은 계민문중 성립의 전기를 마련해준 문중 11대손 성문(性文)이 출가하고 입적(죽음)한 인연 깊은 곳이다. 성문은 1945년 여기에 비구니 선원을 처음 개설하고 반야선원이라고 이름했다. 삼선암이 비구니 선원으로 이름을 드날리기 시작한 것은 이로부터다.

1893년(고종30)에 자홍(慈洪)이 창건했으며, 1904년에 보찬(普讚)과 지종(智鍾) 두 비구니가 일신 중건했다. 그래서 후손들은 보찬과 지종을 삼선암의 실질적인 창건주로 보고 있거니와, 보찬은 성문의 은사이고 지종은 성문의 친가 동생인 정행(淨行)의 노스님이다. 선원 가까이에는 계민문중 10대손인 문오(文悟)의 부도(사리탑)가 모셔져 있는데, 문오는 근대기 비구니 3대 강백의 한 분인 혜옥(慧玉)의 은사이다.

삼선암은 뒤에 기술하게 될 삼현문중과도 인연 깊은 곳이다. 이 문중

8세인 보월당(寶月堂) 정행(淨行, 1902~2000)이 세납 10세 때인 1911년 이곳에서 성학(性學)을 은사로 출가한 이후 금강산과 오대산 등지에서 정진을 거듭하고서 1962년부터 이곳에 안착한 이래 40여 년간 비구니 선풍과 지율정신을 드높였던 곳이기 때문이다. 정행은 대한불교조계종 최초의 비구니 전계사로서 그 이름을 남겼다.

삼선암은 정행의 첫째 상좌 혜운(慧雲)과 셋째 상좌 혜안(慧眼)의 원력에 힘입어 요사(1957)·인법당(1961)·칠성각(1963)·선원(1981) 등을 확장·증축하고, 1995년에 선불장과 후원요사를 새로이 건립하는 등 면모를 일신하면서 오늘에 이르고 있다. 현재 보현암·약수암과 함께 해인사 산내 대표적인 비구니 선방으로서 그 위상을 자랑한다.

나. 방장산 대원사

방장산 대원사(大源寺)는 덕숭산 견성암·사불산 윤필암·오대산 지장암·가지산 석남사·천성산 내원사 등과 함께 한국불교의 대표적인 비구니 선(禪) 수행도량이다. 경남 산청군 삼장면 유평리 2번지 지리산 동기슭

에 자리잡은 이 절이 비구니 선원으로 거듭난 것은 계민문중 14대손 만허당(滿虛堂) 법일(法一, 1904~1991)에 의해서다.

대원사는 548년(진흥왕9)에 연기(緣起)가 창건해 평원사(平原寺)라 부른데서 연원을 찾는다. 이후 1천여 년 동안 폐사로 내려오다가 1685년(숙종11)에 회암운권(檜巖雲捲)이 복원해 대원암이라 불렀다. 1890년(고종27)에 구봉혜흔(九峰慧昕)이 중창해 대원사라 이름했으며, 1913년 12월에 원인 모를 화재로 소실되자 1917년 주지 영태(永泰) 등 50여 대중이 다시 중건했다. 1948년 1월에 발생한 여순사건으로 자장율사가 세웠다는 9층 여래사리탑(보물 1112호)만 남긴 채 다시 폐허가 되었다.

그로부터 8년, 대원사는 다시 중창의 인연을 만난다. 1955년 9월 5일 법일(法一)이 주지로 부임하면서부터다. 법일은 제자인 행원·성우·행돈·행석·송벽 등과 함께 현재 선방으로 사용되는 탑전(塔殿)을 시작으로 1986년까지 30여 년에 걸쳐 사리전·대웅전·천광전·원통전·산신각·봉상루·범종각·명부전·요사채·염화실·백인당(후원)·큰방 등 17여 동을 세워 대사찰의 면모를 갖췄다. 이 가운데 사리전(舍利殿)은 절 뒤쪽에 위치한 암자인데, 다른 지방에서 찾아온 납자들로 하여금 거주하도록 지정해 법일의 자비심을 엿볼 수 있는 곳이다.

방장산(方丈山)은 지리산(智異山)이라고 하거니와 두류산(頭流山)이라고도 부른다. '지리'와 '방장'은 문수보살의 백련낙화(白蓮落花) 속에 유마거사의 불이법문(不二法門)을 강설하는 수행도량을 의미하는데, 신라 선승들이 처음 사용했다. '두류'는 백두산의 지류라는 맥락에서 유생들이 붙인 이름이다. 예부터 해동의 남악이라 불린 이곳에 대가람 수십 개가 건립되었으나, 가장 깊은 역사를 지닌 도량은 대원사가 으뜸이다.

다. 완산 정혜사

완산 정혜사(定慧寺)는 줄곧 계민문중 법손들이 그 맥을 이어오고 있거니와, 초유의 비구니 종단인 대한불교보문종의 총림기능을 담당하고 있는 사찰이다. 전북 전주시 완산구 효자동 1가 77번지(외칠봉 1길 36)에 위치하고 있으며, 호남지역 대표적 비구니 선원인 완산선원이 들어서 있다.

이 사찰은 근대기 최초의 비구니 법사이자 대강백인 월광당(月光堂) 금룡(金龍, 1892~1965)을 비롯해 대한불교보문종 3·4대 종정을 역임한 한산당(寒山堂) 명주(明珠, 1904~1986)와 탑골승방 보문사 초대 강주였던 영명(永明) 등 세 자매가 모두 이곳에서 어린 시절을 보내면서 출가 인연을 맺고 이곳에서 이생을 마감한 유서 깊은 곳이다. 그러한 사실은 이 사찰에 있는 부도전이 잘 말해주고 있다. 범종각 뒤쪽으로 자리잡고 있는 석축기단 위에 7기의 부도(사리탑)가 세워져 있거니와, 맏언니 금룡의 부도(비구니 정금광)를 비롯한 명주·영명 자매의 그것과 이곳에서 주석한 혜명(慧明)·혜안(慧眼)·혜일(慧日)·혜진(慧眞)의 부도 등이 그것이다.

사찰연원은 1899년 금룡·명주·영명 세 자매의 부친 고견(古見) 정원명(鄭圓明) 거사와 모친 최정명(崔淨明)·장성우(張惺牛, 친모) 보살이 함께 보리심을 발해 완산 아래 이곳에 한 칸짜리 법당을 건축한 후, 불상을 모신 뒤 그 옆에 삼간초가를 사서 절을 창건하고 정혜사라 이름한 데서 비롯되었다. 1921년부터 명주가 원력을 세워 부모님과 함께 보광전 15칸(31평) 용화전 1칸을 위시해 1977년까지 나한전·명부전·요사채·천왕문·범종각 등과 완산선원을 지어 대사찰의 면모를 갖추었거니와, 전문강원을 설치해 도제양성에도 힘을 기울였다. 1983년부터 보문유치원을 설립해 어린이포교에도 앞장서고 있다. 명주의 제자 혜명(慧明)과 혜일(慧日)이 차례로 주지를 맡아 중건과 중창을 거듭했다. 1998년 사천왕문과 일주문 신축에 이어 지하 1층 지상 4층 600평 규모의 완산불교회관(불교대학)을 건립해 불자교육에도 힘을 기울이며 오늘에 이르고 있다.

라. 문의산 대휴사

경북 김천시 지례면 상부리 384번지에 위치한 문의산 대휴사(大休寺)

는 근대기 비구니 3대 강백-금룡·혜옥·수옥-의 한 분인 계민문중 11대손 정암당(晶岩堂) 혜옥(慧玉, 1901~1969)이 만년에 이곳에서 유유자적하다가 입적(죽음)한 곳이다.

대휴사는 사적에 따르면 신라 헌강왕(재위 875~886) 때 도선(道詵)이 창건했다. 그때 절 이름은 은적암(隱寂庵)이다. 그 이후 일제강점기까지 수백 성상의 연혁은 알 수 없다. 그러다가 1910년 봉찬이 주지로 있을 때 일본인에 의해 암자 땅에 양질의 규석이 있다고 해서 규석광산으로 개발되었고, 암자는 불가피하게 지금의 자리로 이전해 363평의 대지에 다시 지었다. 1920년의 일이다.

1944년 봉진이 머물렀으며, 광복 직후 상봉이 주지로 부임하면서 암자명을 지금의 대휴사로 바꿨다. 그 후 화재로 3칸 요사만 남고 모두 불탔다. 1957년 봄 지례면에 살던 유대각화 보살이 당시 청암사 극락전에 주석하던 비구 덕순을 모셔와 3칸 요사를 인법당(人法堂) 삼아 정진했다. 1963년 규석광산주 김병용 거사가 385번지 129평의 토지와 386번지 56평의 밭을 기증하고, 신중달 거사가 이를 설계해 8평 시멘트 기와 법당인 관음전을 신축했다. 또한 문덕연 거사가 383번지 밭을 기증함으로써 도량을 확장했다. 혜옥이 청암사 백련암에서 이곳으로 옮겨와 만년을 보내다가 생을 마감한 때가 이즈음이다.

1983년 9월 384번지 359평의 토지를 매입해 기존의 토지와 합하고 밭을 대지로 지목변경한 뒤 그해 12월 재단법인 선학원에 사찰등록을 마쳤다. 하지만 법당 규모가 협소하고 비마저 새는 바람에 법당을 다시 건립하지 않을 수 없었다. 대중은 중창원력을 세우고 3천일 기도에 들어간 끝에 1990년 3월 30평의 대웅전을 신축하고, 1992년 입구도로·주차장·해우소(화장실)와 이듬해인 1993년 요사채를 건립했다.

1994년 9월 황의민 거사가 규석공장이 있는 입구터 367번지 519평 토지를 헌납함으로써 진입로 문제를 일시에 해결했다. 1999년 봄 비로전(毘盧殿)을 신축하고, 2001년 중반기 단청을 끝으로 중창불사를 모두 마치고 지금에 이른다. 최근까지 혜옥의 제자 인완(仁完)이 이곳에 머물다가 생을 마쳤다.

마. 삼각산 정각사

삼각산 정각사(正覺寺)는 서울 성북구 삼선동 1가 277-12번지(삼선교로 10마길 6-12)에 위치하고 있다. 도심 포교당이 거의 없었던 1958년에 30평 규모의 인법당을 세우면서 처음 건립됐다.

정각사는 전국비구니회 6, 7대(1995~2003) 회장을 역임하면서 오늘날 비구니승가의 위상정립에 공헌한 계민문중 12대손 광우(光雨)의 숨결이 묻어있는 서울의 대표적인 도심 포교사찰이다. 광우는 창건과 함께 바로 믿고 바로 행하자는 '정신(正信)·정행(正行)'이라는 기치 아래 당시 뇌허동화(雷虛東華)를 법주로 모시고 일요법회를 시작했다. 이 법회에는 당시 동국대·서울대·고려대·이화여대 등 서울 시내 각 대학생들이 몰렸으며, 삼선교회 목사·통일교 총무 등 타 종교인들도 앞다퉈 경전공부와 강의에 참석할 정도였다.

1961년에는 교계 최초로 통신포교의 일환으로 소책자인 신도회보를 발행해 군 법당·교도소와 각 사찰 학생회에 무상 배포했다. 1960년대로 들어서면서 어린이법회를 개설해 어린이포교에 앞장선 것도 이즈음이다. 1968년 불자들의 동참과 계민문중 11세인 명성(明性, 광우의 사숙)의 사재로 지금의 대웅전을 짓고, 1973년 120평 규모의 선실(禪室) 및 요사를 지었다. 처음 16평으로 시작했던 대지는 점차 주변의 땅을 매입하면서 지금은 620평에 이른다.

정각사는 1975년부터 지금까지 매년 동국대 불교대학에 장학금을 지급해오고 있다. 1983년에는 뇌허동화의 학덕을 기리기 위해 한국불교 최초로 학술상을 제정한 이래 2002년까지 20여 년간 수상자를 배출했다.

정각사는 현재 광우를 회주로 모시고 그의 네 번째 상좌인 정목(正牧)이 주지를 맡아 도심포교의 전통을 이어가고 있다.

바. 비봉산 법혜선원

비봉산 법혜선원(法慧禪院)은 1940년 계민문중 11대손 도여(道如)가 대중교화를 기치로 창건한 사찰이다. 경남 진주시 상봉동 888-1번지(창렬로 199-5)에 소재한다.

도여는 1902년 해인사 삼선암에서 문오(文悟)를 은사로 출가득도했다. 1910년부터 10여 년간 금강산에서 진주까지 유행(遊行)을 멈추지 않았거니와, 1928년 월정사에서 수선안거(修禪安居)한 이래 34안거를 마쳤다.

도여는 1940년 이곳 889-1번지의 주택을 매입해 도솔암(兜率庵)이라 칭하고 선원을 개원했다. 이때 도여의 상좌들인 성춘(性春)·덕광(德光)·광우(光雨, 서울 정각사 광우와 동명이인)·성운(性芸)·태영·묘정(妙淨)과 조카 상좌인 승덕·진화 등의 도제가 이곳에서 수행했다. 또한 운문사 명성과 봉녕사 묘엄 등 비구니계 현덕(賢德)들도 이곳을 거쳐갔으며, 훗날 법혜암(法慧庵)이라 이름을 바꿨다.

1969년 도여가 입적(죽음)하자 두 번째 상좌 덕광이 주지로 부임하면서 1976년 1월 주변부지 888-10번지를 매입해 이전 중창하고 절 이름을 법혜사(法慧寺)로 개칭했다. 1984년 4월 3일 재단법인 선학원에 사찰등록하면서 법혜선원이라 개칭한 이래 오늘에 이른다. 덕광을 중창주로 부르는 이유는 그 때문이며, 현 주지는 덕광의 둘째 상좌 본각(本覺)이다.

3
법기문중

법기문중(法起門中)은 금강산 신계사 법기암을 문중의 정신적 근간으로 삼아 그 계보를 계계승승 이어오고 있는 비구니문중이다. 문중의 초조를 위시한 2, 3대 선조사와 주요 법손들이 대체로 금강산에서 출가했거나 수행정진한 인연에 따른 것이거니와, 금강산에서 항상 설법하고 있다는 보살이 법기보살이라는 불교적 믿음도 일정하게 작용했다.

법기문중은 그에 따라 대원(大願)을 초조로 모시고 그의 제자 충휴를 2대로 삼았다. 3대 처금(處金)과 창섭(昌暹) 대에 이르러 법손이 급속 번성하며 오늘에 이르고 있다. 처금과 창섭의 후계법손들은 다시 종문의 본찰로 삼은 구심사찰을 중심으로 분파·확장하면서 계보를 잇고 있다. 서울 숭인동 삼각산 청룡사·경남 울산 가지산 석남사·서울 옥수동 종남산 미타사(금수암)·대전 보문산 복전암 등 네 개 계열이 그것이다. 청룡사·석남사·미타사(금수암)계열은 처금을 선조사로 추앙하고, 복전암계열은 창섭을 선조사로 모셨다.

법기문중 초조인 대원은 문중 본찰의 한 곳인 종남산 미타사의 연혁에 이름이 등장하거니와, 『종남산미타사무량수전초창기(終南山彌陀寺無量壽殿草創記)』(1827)와 『종남산미타사약지(終南山彌陀寺略誌)』(안진호, 1943)에도 내력이 기술되어 있어 다행히 연대기를 살필 수 있다. 그에 따르면 대원은 대체로 18세기 후반기에서 19세기 전반기를 살았던 인물로 보인다.

법기문중은 1972년 석남사 인홍(仁弘)과 회룡사 도준(道準)을 증명으로 문도회의를 열면서 문중성립을 위한 발걸음을 내디뎠다. 마침내 10여 년의 노력이 결실을 맺으면서 『비구니법기문중계보』를 세간에 내놓고 문중태동을 공식화하니, 1984년 12월 20일의 일이다. 다시 10년이 흐른 1994년 9월 20일 증보판을 발행하고, 2008년 9월 15일 개정증보판을 발행했다.

가. 금강산 법기암

법기암의 본절인 신계사 전경.

海底燕巢鹿抱卵(해저연소녹포란)

火裡蛛室魚煎茶(화리주실어전다)

此家消息誰能識(차가소식수능식)

白雲西飛月東走(백운서비월동주)

바다 밑 제비둥지엔 사슴이 알을 품었고

불속 거미집에선 물고기가 차를 달인다

이 집안의 소식을 뉘 있어 알아볼 건가

흰 구름 서쪽으로 나니 달은 동쪽으로 달리네.

법기암에서 가행정진 끝에 깨달음을 얻었던 통합종단 대한불교조계종 초대종정 효봉원명(曉峰元明, 1888~1966)의 오도송이다. 현재 생존 비구니로는 법기문중 8대손인 경주 홍륜선원장 혜해(慧海)가 1944년에 이곳에서 출가했다.

금강산 법기암(法起庵)은 신계사 산내암자이다. 본절인 신계사에서 1.8km 정도 떨어진 동석동(動石洞) 골짜기 오른쪽에 있다. 조선 후기 중창되었고 일제강점기에 보수·수리했으나, 6.25한국전쟁 때 본절과 함께 전소되었다. 지금은 '법기암터'라는 푯말이 있을 뿐이며, 작은 연못터와 우물터만 남아 있다. 2004년 남측 대한불교조계종과 북측 조선불교도연맹이 현대아산(주)과 공동으로 신계사 복원불사를 시작할 때까지 접근조차 어려웠던 곳이다.

금강산에서 항상 설법하고 있다는 보살을 불교에서는 법기보살이라고 한다. 「화엄경」(80권본) 「제보살주처품(諸菩薩住處品)」은 방위별로 산명(山名)을 열거하고 산마다 예로부터 여러 보살이 살았음을 명기하고 있다. 어떤 보살이 얼마만큼의 권속을 거느리고 어느 산에서 설법하고 있다는 것이 주요 내용이다. 그에 따르면 동북방 청량산 다음에 해중금강산(海中金剛山)을 열거하고 그곳에 법기보살이 거주하거니와, 1만2천 여 명의 권속을 거느리고 지금도 설법하고 있다는 것이다. 설법 내용은 주로 반야(般若: 지혜)에 관한 것이다. 법기보살에 대한 신앙은 8세기 전반에 의상(義湘)의 제자인 표훈(表訓)에 의해서 정립된 것으로 보고 있다. 표훈은 법기보살이 상주하고 있다는 법기봉(法起峯)을 배경으로 표훈사를 창건했는데, 본전을 반야보전(般若寶殿)이라고 하고 법기보살의 장륙상(丈六像)을 주존불로 봉안했다. 이로 보아 법기라는 암자명은 법기보살에서 가져온 것으로 볼 수 있다.

본절인 신계사는 519년(법흥왕6)에 보운(普雲)이 창건했으며, 금강산 4대 사찰(유점사·장안사·표훈사·신계사) 가운데 한 곳이다. 『여지도서』「고성군조」에 따르면 당초 11개의 전각을 거느린 대가람이었다. 대웅전을 중심으로 그 정면에 삼층석탑, 그 동쪽에 칠성각·대향각·극락전, 그 서쪽에 나한전·어실각, 그 남쪽에 만세루와 좌우로 향로전과 최승전 등을 배치하고 여타 부속건물을 두었다고 한다. 신라 때 김유신, 고려 때 묘청 등이 이 절의 중창에 참여했으며, 조선조 임진왜란 때 휴정·유정·처영이 승군을 조직한 곳이다. 6.25한국전쟁 때 전소하고 삼층석탑만 남아 있던 것을 2004년 11월 남측 대한불교조계종과 북측 조선불교도연맹이 현대아산(주)과 공동으로 대웅전을 복원하고, 2007년 10월 명부전을 비롯한 11개 전각을 재건했다.

나. 삼각산 청룡사

삼각산 청룡사는 서울 종로구 숭인동 17-1번지(동망산길 65)에 소재한 대표적인 도심 전통사찰이다. 도선(道詵)의 유언에 따라 922년(태조5) 고려 태조 왕건의 명으로 창건되었다. 이때 비구니 혜원(慧圓, 851~938)이 초대주지로 부임했다.

청룡사는 그 이후 만선(萬善, 996~1060)·지환(知幻, 1261~1312)·법공(法空, 1471~1538)·예순(禮順, 1587~1657)·묘담(妙湛, 1776~1837)·수인(守仁, 1779~1838)·처금(處金, 생몰미상)·등확(登彍, 생몰미상)·계흔(桂昕, ?~1889)·정기(正基, ?~1923)·창수(昌洙, 1842~1910)·금전(錦典, 1869~1921)·상근(祥根, 1872~1951)·윤호(輪浩, 1907~1996) 등 줄곧 비구니가 대를 이어 주지를 역임하면서 중창을 거듭해왔다. 지금의 청룡사는 문중 7대손인 인월당(印月堂) 상근과 그의 맏상좌인 묘각당(妙覺堂) 윤호가 주지를 역임하면서 모두 새롭게 정비한 것이다.

이상의 「청룡사사적」의 내용은 매우 중요한 사실을 확인해준다. 생몰미상의 처금의 이름이 등장하고 있는 것이 그렇다. 처금의 후임주지가 등확으로 기술되어 있고, 등확은 처금의 제자일 개연성이 높다. 그렇다면 이 처금이 바로 법기문중 청룡사·석남사·미타사(금수암)계열의 선조사로 추앙받는 처금과 동일인물이라는 사실을 반증해준다고 하겠다.

『법기문중계보』에 따르면 처금은 등확·등위·의첨 등 세 명의 제자를 배출했다. 등확은 청룡사계열, 의첨은 석남사·미타사(금수암)계열의 중시조가 되었다. 등확은 계흔을 단일제자로 두었고, 계흔은 정기·창수·상용을 제자로 삼았다. 그리고 창수의 상좌로 금전·상근·금하가 있는데, 창수는 금전과 상근 자매의 친가 모친이다. 그러니까 처금-등확-계흔-정기/창수-금전/상근-윤호로 이어지는 관계는 청룡사 주지의 대수를 계승하고 있거니와, 문중계보상에서도 대를 잇고 있는 사실을 확인할 수 있다. 그렇다면 처금의 생몰연대를 대체로 18세기 후기에서 19세 중기로 상정하는 것은 매우 신빙성이 높거니와, 사찰연혁과 사지 등의 내력이 서로 달라 혼란을 주고 있는 문중초조(대원大願)의 생몰연대도 확연해진다. 그것이 이미 앞에서 밝힌 내용이겠다.

청룡사는 고려 공민왕비 혜비 이씨가 출가한 사찰이거니와, 1398년(태조7) 1차 왕자의 난 때 신덕왕후 강씨의 소생인 경순공주가 또한 출가한 곳이다. 또한 1456년(세조2) 단종비 정순왕후 송씨가 이곳으로 출가해 영월로 귀양 가서 승하한 단종을 애도하며 명복을 빌었던 곳이다.[71] 이 사찰에는 특히 1771년(영조47) 영조가 경내에 세운 사적비 '정업원구기(淨業院舊基)'와 단종을 추도한다는 취지의 친필표석 '동망봉(東望峰)'이 지금도 보존되어 있다. 청룡사가 한때 정업원이라 알려진 배경이 된 정업원구기는 현재 서울시 유형문화재 제5호로 지정되어 있다.

조선시대에는 탑골승방(보문사)·두뭇개승방(종남산 미타사)·돌곶이승방(천장산 석고사)과 함께 새절승방으로서 성 밖 4대 비구니승방 중

71) 정순왕후의 법명은 허경(虛鏡)이다. 18세(1457)에 청룡사로 출가해 82세(1521)에 생을 마감할 때까지 이곳에서 일념정진했다. 1698년(숙종24) 노산군이 단종으로 추복(追復)될 때 정순왕후로 추복되었다.

한 곳이었다.

다. 가지산 석남사

가지산 석남사(石南寺)는 울산광역시 울주군 상북면 덕현리 1064번지(석남로 557) 가지산 남쪽 기슭에 위치한 비구니 수행도량이다. 가지산(迦智山)은 달리 석면산(石眠山)이라고도 불리는데, 이 산의 남쪽에 있다고 해서 석남사라고 이름했다고 한다.

석남사는 신라 헌덕왕(재위 809~826) 때 우리나라 최초로 중국 남종선을 들여와 가지산문의 개조로 추앙된 도의(道義)가 824년에 창건한 절이다. 그 이후 여러 차례 중건·중수를 거듭하다가 임진왜란 때 전소된 것을 1674년(현종15) 언양현감 강옹(姜甕)의 시주로 탁영(卓靈)·자운(慈雲)·의철(義哲)·태주(泰珠)가 중창하고, 1803년(순조3)에 침허(枕虛)·수일(守一) 등이 중수했다. 세월이 흘러 황폐해지자 1912년 우운(友雲)이 다시 중수했으나, 6·25한국전쟁 당시 폐허가 되어 고찰의 모습을 모두 잃어버렸다.

석남사가 지금의 면모로 우뚝 선 것은 이로부터다. 1957년 문중 9대 손인 원허당(圓虛堂) 인홍(仁弘, 1908~1997)이 주지로 부임하면서 40여 년에 걸쳐 대웅전·극락전·청화당을 비롯한 각 부속시설과 심검당선원·정수선원 등을 중창하고 신축하는 등 사찰의 옛 명성을 다시 찾아 오늘에 이르고 있는 것이다. 석남사가 비구니 수도처로서 그 위상을 자랑하게 된 것은 이때부터다. 현재 대한불교조계종립특별선원으로 지정되어 비구니계 대표적인 참선도량으로 거듭나고 있다.

법기문중 석남사계열은 처음의 세 명의 법제자인 등확·등위·의첨 가운데 의첨의 맏상좌 지환(智幻)의 법맥을 전승하면서 네 개의 문중계열 가운데 가장 번성한 문도를 형성하고 있다.

라. 종남산 미타사(금수암)

종남산 미타사는 서울시 성동구 옥수동 395-1번지(독서당로 40길 21)에 위치한 비구니승방이다. 절이 있던 곳의 옛 지명이 고양군 한지면 두모리(豆毛里)라고 해서 두뭇개승방이라 불렸다. 조선시대 성 밖의 4대

비구니승방-탑골승방 보문사·두뭇개승방(종남산 미타사)·돌곶이승방(천장산 석고사)·새절승방(삼각산 청룡사)-중 한 곳이다.

문중 3대인 처금이 19세기 초반에 이 사찰의 주지로 부임해 요사 등 경내전각을 일신하고, 그의 제자와 법손인 의첨(義沾)-영심(永沈)-부영(扶榮)이 대를 이으면서 무량수전을 비롯한 사찰 전반을 중수했다. 이후 부영의 맏상좌 보함(普咸)을 위시해 묘운(妙雲)-경호(景浩)로 이어지는 법손들이 주지로 부임하면서 사찰을 일신하고 비구니 현인들을 많이 배출했다. 그 이후 60여 년의 세월이 흐르면서 퇴락해가자 경호의 제자 창길(昌吉)이 중창원력을 세우고 정진에 들어간 끝에 1976년 4월 15일 사찰의 면모를 다시 세웠다. 지금의 절이 있게 한 주인공으로 창길을 손꼽는 이유는 그 때문이다.

미타사는 사세가 번성했을 때 경내전각이 9동 66칸이나 되었다고 한다. 지금도 금수암을 비롯해 대승암·칠성암·금보암·정수암·용운암·관음암 등 7개의 부속암자를 두고 있을 정도로 그 위세가 만만치 않다. 한때 토굴암이 있었으나 계보를 잇지 못함에 따라 소멸했다. 금수암·칠성암·정수암이 법기문중에 속하고, 금보암·용운암은 기타 미타사문중으로 별립해 있다.

미타사는 1827년(순조27)에 쓰인 『종남산미타사무량수전초창기』에 따르면 1824년 3월 대원(大願)이 무량수전을 짓기 시작했고, 3년 만에 갑자기 세연을 마감하자 그의 상좌 환신(幻信)이 1827년에 사찰의 면모를 일신했다고 한다. 안진호(安震湖)가 1943년에 편찬한 『종남산미타사약지』도 19세기 초반에 무량수전을 처음 지은 사실이 가장 오래된 기록이라고 전한다. 이 자료는 계속해서 1884년(고종21)에 봉적(奉寂)과 취희(就羲) 등이 대방을 새로 짓고, 1897년(고종34)에 만보(萬寶)가 칠성전 개금중수와 불화를 조성했다는 기록을 확인해준다. 1911년에 원만(圓滿)과 묘정(妙定)이 화주해 중종을 조성하고, 1915년에 치해(致海)가 괘불을 조성했으며, 1918년에 조상종(趙尙鍾)이 전경각(全敬覺) 등 여섯 비구니와 함께 양주군 별내면 산곡리의 토지 2,689평을 매입했다는 기록도 남기고 있다. 이 자료에 언급되고 있는 대원은 법기문중의 초조이고, 봉적·만보·치해·상종(尙鍾:相宗)은 이 문중의 창섬계통 복전암계열의 인물들이다.

그런데 『미타사 연혁』은 888년(진성여왕2)에 지금의 금호동(당시 지명은 궁중의 메주를 쑤어 올리는 곳이라 하여 '메주골'이라고 했다고 함) 골짜기에 대원(大願) 비구니가 창건하고, 1115년(예종10)에 봉적(奉寂)·만보(萬寶) 두 비구니가 지금의 종남산으로 옮겨 극락전을 창건하고 비구 담진(曇眞)으로부터 미타사라는 사찰이름을 받았다고 기술하고 있다. 이때 지명이 고양군 한지면 두모리였다. 두뭇개승방(미타사 연혁은 '두물게' 또는 '두무께'로 표기하고 있음)이라는 말이 회자된 것은 이로부터다. 또한 『법기문중계보』는 미타사 금수암 창건과 관련해 638년(선덕여왕7)에 문중초조인 대원(大願)이 공사에 착수했으나 도중에 생을 마감하자 그의 제자 충휴가 완공했다고 기록하고 있다.

하지만 미타사와 관련해 전하는 확인자료와 『법기문중계보』, 문중 3대인 처금과 관련한 서울 숭인동 『청룡사사적』 등을 종합해보건대 문중 초조인 대원과 충휴는 18세기 후반기에서 19세기 전반기를 살았던 인물로 보는 게 타당하다고 하겠다.

마. 보문산 복전암

보문산 복전암(福田庵)은 행정구역상 대전광역시 중구 석교동 17-1번지(봉소루로 54번길 13-3)에 위치한 전통사찰이다. 일주문은 '보문산복전선원'이라고 명기하고 있다. 현재 대전지역 최고의 비구니 수행도량으로 그 위상을 자랑하거니와, 암자라기보다는 결코 작지 않은 단위사찰 규모의 사격(寺格)을 갖추고 있다.

복전암은 원래 신묘암(神妙庵)이라는 작은 암자였다. 1943년 정도익 화상이 중건했으며, 6.25한국전쟁 당시인 1951년에 이 문중의 창섭계통 8대손 경순(景順, 1925~현재)이 주지로 부임한 이후 복전암으로 바뀌었다. 경순은 1954년에 이 암자를 3창하면서 원통선원을 짓고 당대의 비구고승인 고봉경욱(古峰景昱, 1890~1961)을 조실로 초빙해 비구니 선원을 개원했다. 1985년에는 원통선원을 제외한 모든 건물을 헐고 현재 규모로 대웅전·삼성각·종각·요사·취사실·일주문 등을 신축해 도량을 일신했다.

복전암에는 다음과 같은 이야기가 전한다. 보문산성 동쪽에 높이 6미터 폭 6미터 정도의 바위가 있는데, 이 바위의 남쪽면에 3.2미터 크기의 좌불상이 새겨져 있다. 마애여래좌상이다. 바로 그 아래에 오래전부터 신묘사라는 절이 있었다. 어느 날 마애불 정상에 있던 큰 바위가 굴러 떨어져 절이 파괴되었다. 이를 본 당시의 고승 학조(學祖)가 원래 절이 있던 자리보다 아래쪽에 터를 잡아 새로 암자를 짓고 신묘암이라고 했다는 것이다. 학조는 대중과 신도들에게 신묘사의 관음상과 이 마애불을 정성껏 모시도록 당부했다. 그런 까닭에 마애여래좌상은 복전암의 주불인 관음상과 함께 지금까지 대중의 섬김을 받으며 유명한 기도처로서 영험을 보이고 있다고 한다. 학조는 조선 세종의 한글창제 비밀프로젝트를 수행한 것으로 알려진 혜각존자(慧覺尊者) 신미(信眉)의 제자 학조등곡(學祖燈谷, 1432~1514)이다.

복전암은 1989년 전통사찰로 지정받았으며, 이듬해인 1990년 5월 28일 마애여래좌상이 대전광역시 유형문화재 제19호로 지정되었다. 마애여래좌상은 고려 후기의 작품으로 평가받고 있다.

바. 북한산 진관사

북한산 진관사(津寬寺)는 동쪽의 불암사·남쪽의 삼막사·북쪽의 승가사와 더불어 서쪽의 진관사로서, 예로부터 서울 근교 4대 명찰로 손꼽아왔다. 1011년(현종2)에 고려 현종이 당대의 비구고승 진관(津寬)을

위해 창건했다고 한다. 소재지는 서울시 은평구 진관동 354번지(진관길 73)다.

전해오는 연기설화에 의하면, 진관은 이곳에서 훗날 고려 8대 임금이 될 대량원군(현종)을 피살될 위기에서 구해주었다. 이 인연으로 현종은 즉위 후 유년시절 자신의 목숨을 구해준 진관을 왕사로 책봉하고 피신했을 때 머물렀던 암자를 신혈사(神穴寺)로 고쳐 불렀거니와, 부근의 평탄한 터에 크게 절을 짓게 하고 진관의 이름을 따서 진관사라고 명했다. 마을이름이 진관동으로 불리게 된 것은 그에 연유한다. 이후 국찰의 예우를 받았다.

조선조에 들어와서는 태조 이성계에 의해 수륙무차도량으로 지정되었고, 세종 대에는 집현전 학사들을 위한 독서당을 짓고 학문에 몰두할 수 있도록 배려했다. 1452년(문종2)에 중창, 1463년(세조9)에 화재로 일부 소실, 1470년(성종1)에 벽운(碧雲)이 중건, 1854년(철종5)·1858년(철종9)에 중수, 1879년(고종16)에 당두(堂頭)·경운(慶雲)이 큰방 34칸을 지어 대가람의 면모를 갖췄다. 1908년에 송암(松庵)이 오층석탑 조성, 1910년에 경운이 다시 대대적인 중창불사를 추진해 근대기 중창주로 이름을 남겼다.

진관사는 이후 6.25한국전쟁으로 나한전 등 3동만 남기고 모두 불탔다. 폐사지로서 스산한 바람만 불던 이 터에 복원의 기운이 일기 시작한 것은 1963년 현재 이 사찰의 회주인 진관(眞觀)이 주지로 부임하면서부터다. 법기문중 10대손인 진관은 사찰의 최초 창건 인연이 되었던 진관과 한자가 다른 동일한 이름의 비구니로서, 이곳 주지로 오게 된 것도 인연소이가 아닐까 싶다.

진관은 주지 부임 이후 1965년 대웅전 27평을 낙성하면서 복원의 깃발을 올렸다. 이어서 나한전 11평·명부전 20평·노전 동별당 27평·나가원 57평·2층 구조의 요사 2동 154평·범종각 8.8평·일주문 등의 신축과 조선시대부터 수륙재법회 도량이었던 홍제루 27평을 중창하는 등 1977년까지 건물을 차례로 복원해 오늘에 이른다. 1993년에는 서별당 140평, 1997년에는 경기도 고양포교원 보현정사와 코끼리유치원을 설립해 어린이포교에도 심혈을 기울였다. 2002년에 나한전 소조석가삼존상과 소조십육나한상 등 12점이 서울시 유형문화재 또는 문화재자료로 지정되었다.

2006년부터 진관의 상좌 계호(戒昊)가 주지를 맡아 2007년 사회복지법인 진관무위원을 설립해 복지 구현에도 앞장서고 있다. 2009년 5월 칠성각 내부해체과정에서 독립신문 등 20여 점의 독립운동 관련유물이 쏟아져 나와 일제강점기에 이곳이 독립운동거점으로 사용되었던 정황을 알려주었다. 독립운동에 일생을 바친 비구고승 백초월(白初月, 1878~1944)이 남긴 것으로 알려진 이 유물들은 2010년 2월 등록문화재 제458호로 지정되었다.

사. 도봉산 회룡사

도봉산 회룡사(回龍寺)는 만장봉에서 동북쪽으로 솟아있는 관음봉 아래에 자리잡고 있다. 행정소재지는 경기도 의정부시 호원동 산89-2번지(전좌로 155번길 262)다. 6.25한국전쟁 당시 폐허가 되었으나, 법기문중 9대손 도준(道準, 1900~1992)이 은사 보성(寶成) 및 사형 응명(應明)·사촌 탄행(坦行)과 함께 사찰을 복원해 오늘에 이른다.

회룡사는 681년(신문왕 원년)에 의상(義湘)이 창건한 후 법성사(法性寺)라 이름한 데서 그 기원을 찾는다. 그 후 수많은 영고의 변화를 겪으면서 930년(경순왕4)에 동진(洞眞)이 2차 중건, 고려 때인 1070년(문종24)에 혜거(慧炬)가 3차 중건, 1384년(우왕10)에 무학(無學)이 4차 중건했다. 조선 태종 3년에 이르러 무학이 태조의 환궁(회란용가回鸞龍駕)을 빌던 곳이라 해서 회룡사라고 개칭했다. 1630년(인조8)에 비구니 예순(禮順)이 5차 중건, 1881년(고종18)에 대응이 6차 중건, 1954년에 도준이 7차 중건했다.

회룡사는 도준에 원력에 힘입어 1954년 44평의 승당(僧堂, 선방)이 세워지면서 옛 영화를 되찾기 시작했다. 도준은 대웅전(8평, 1955, 지금의 삼성각)과 약사전(3평, 1958)·선실(11평, 1959)·요사채(32평, 1960)를 차례로 세우고, 다시 28평의 대웅전(1971)을 중수했다. 1973년에는 전화를 가설하고, 1975년에는 전기를 설치하는 등 건물의 상설시물에서 문화시설에 이르기까지 어느 것 하나도 부족함이 없었다. 장엄한 천년 고찰의 위용이 도봉산을 다시 위엄으로 감쌌다. 도준의 원력은 끝이 없었다. 사중의 시물을 절약해 푼푼이 모은 돈으로 의정부 3동 98번지에 장만했던 전답 2,500평을 현재 광동학원의 전신인 의정부고등공민학교에 희사해 재정난에 따른 폐교 위기를 모면하도록 조치했다.

유적으로 의상의 사리1과를 모신 5층 석탑을 1979년 3월 복원했는데, 현재 지방문화재로 등록되어 있다. 이 사리는 의상의 제자 지통(智通)이 봉안한 것이다.

4
삼현문중

삼현문중(三賢門中)은 염평(念平)과 만선(萬善)을 문중의 개창조로 추앙하고 있다. 이들 개창조는 18세기 중·후반기의 인물로서 염평이 1세이고 만선이 2세다. 만선은 문하에 지성(智性)·복탄(福坦)·복찬(福贊)·계관(戒觀) 등 네 명의 제자를 두었고, 이들로부터 법손이 크게 번성했다.

이들 3세 문손들은 삼현문중 형성의 실질적인 배경이 되는 주역들이다. 삼현문중이 이들의 계통으로 오늘에 이르고 있기 때문이다. 지성계통은 대종가로서, 복탄계통은 중종가로서, 계관계통은 소종가로서 이들 3종가가 튼실하게 성장하며 삼현문중을 형성하고 있다. 이들 지성·복탄·계관을 세 분의 현인, 즉 삼현(三賢)이라고 일컫는 데서 삼현문중이라 이름했다. 복찬은 당대에서 대가 끊어졌다.

삼현문중은 1960년께 문중 9세인 화산당(華山堂) 수옥(守玉, 1902~1966)이 어른스님들의 기억을 더듬어 1쪽 창호지에 문중계보를 정리하면서 그 전기를 마련했다. 그로부터 15년 후인 1975년 3월 수덕사에서 법희(法喜, 1887~1975)·정행(淨行, 1902~2000)·인정(仁貞, 1899~1978) 등 문도 대표들이 만나 문도결집과 문중계보 발간 등을 숙의했다.

삼현문중은 수옥이 정리한 계보를 보강해 이듬해인 1976년 4월 7일 『비구니 염평 삼현문중계보』를 발간했다. 이 문중계보는 문도들의 이름(법명)만을 나열한 방식을 취해 문도 개인별 상세한 정보를 수록하지 못했으나 문도와 계보를 확인한 것만으로도 큰 성과였다. 그 이후 30여 년 만인 2008년 5월 12일(음 4.8)에 개정판을 발행하고, 이 개정판에서 부득이한 사정으로 누락되었던 문도들을 재취합해 2009년 3월 30일 다시 개정증보판을 발간했다. 이 개정증보판은 1976년 초판의 나열방식을 대폭 보강해 법명·법호·생년월일·사미니계 수지년도와 계사 및 수계사찰·비구니계 수지년도와 계사 및 수지사찰·생몰연대 등의 사항을 수록하고 있다. 문중계보의 완성도를 높임으로써 큰 진전을 본 것이었다.

가. 계룡산 미타암

계룡산 미타암(彌陀庵)은 충남 공주시 반포면 학봉리 787번지(동학사 1로 432)에 있는 비구니 수행도량이다. 동학사 가는 길에 만나는 마지막 암자이다. 1600년대 초기 당시부터 비구니 수행처로 전해온다.

미타암은 대체로 삼현문중의 문도 일원이 머물며 정진했던 곳으로 그 위상을 정립해왔다. 계관계통 7세인 대은(大恩, 1852~1954)은 1871년 나이 스무 살 때 경전(敬典)을 은사로, 만화(萬化)화상을 계사로 이곳에서 수계득도했다. 대은은 출가 이후 이곳에서 80여 년을 한결같은 인내와 정진력으로 수행에 전념했다. 대은은 당대의 보기 드문 비구니종사로서 경과 율에 통달했거니와, 평생 후학들을 지도하는 데 온화한 성품과 자애로운 가르침으로 '부처님 가운데 토막'이라는 별칭을 얻었다.

미타암은 특히 근대기에 접어들어 한국불교사상 최초로 비구니 선풍을 중흥시킨 묘리당(妙理堂) 법희(法喜)가 겨우 네 살 되던 해(1890)에 이곳에 맡겨져 출가 인연처가 된 곳이다. 이때 법희의 친가 어머니도 출가해 도전(道全)이라는 법명을 받고 이곳에서 정진하다가 법희의 나이 여덟 살 때 이생을 마감했다. 법희는 열다섯 살 때인 1901년 이곳에서 삼현문중 계관계통 7세로서 대은의 바로 아랫사제인 귀완(貴完)을 은사로, 비구 동운(東雲)을 계사로 공식 사미니계를 받아 지녔다. 스물네 살 때인 1910년 해인사에서 구족계를 수지한 직후부터 동학사 본절에서 만우(萬愚) 강백으로부터 경전과 조사어록 등을 모두 수료했다. 그러니까 이곳 동학사와 미타암은 법희가 일대시교(一代時敎)[72]를 마친 곳이거니와, 훗날 법희에 의해 비구니 선풍의 부흥이 예고되었던 곳으로 역사적으로도 매우 뜻깊은 도량이라 하겠다.

미타암은 이처럼 삼현문도의 출가 인연과 정진 수행처로서 이름을 드

72) 붓다가 성도(成道) 후 입멸(入滅)할 때까지 베푼 모든 가르침. 곧 담마(dhamma)를 말한다.

높였다. 대은의 상좌 도길(道吉), 도길의 상좌 인정(仁貞), 인정의 상좌 지현(智玄) 등이 모두 그들이거니와, 현재 암주로 주석하고 있는 지현의 상좌인 운달(雲達)이 1993년에 이곳을 개축한 이래 오늘에 이르고 있다.

나. 가야산 보덕사

가야산 보덕사(報德寺)는 1871년(고종8) 홍선대원군(興宣大院君) 이하응(李昰應)이 창건한 절이다. 6.25한국전쟁 때 소실된 것을 1951년 7월에 주지로 부임한 삼현문중 9세이자 근대기 비구니 3대 강백의 한 분인 화산당(華山堂) 수옥(守玉)이 중창했다. 1962년 이 문중의 10세손 종현(宗玄)이 중축하고, 1987년에 비구니 전문선원을 개설한 이래 오늘에 이른다.

충남 예산군 덕산면 상가리 277번지(가야산로 400-74)에 소재한 보덕사는 본래 옥양봉 남쪽 기슭에 있던 가야사(伽倻寺)를 계승한 것이다. 이 배경에는 다음과 같은 사건이 있다.

이하응은 가야사 자리가 왕손을 낳게 한다는 풍수설에 의해 1840년

(헌종6)에 가야사를 불사르고 경기도 연천 남송정에 있던 선친인 남연군(南延君) 이구(李球)의 묘를 이곳으로 이장했다. 이때 이하응은 절을 불사른 죄책감으로 자신의 소원이 이루어지면 새로 절을 지어주겠다고 약속했다고 한다. 이후 아들 고종이 보위에 오르자 보은의 뜻으로 지금의 자리에 절을 짓고 보덕사라고 이름했다는 것이다. 보덕사는 남연군 묘로 가기 전 약 2㎞지점의 오른편 산에 위치한다.

보덕사는 정남향의 ㄱ자형 본전을 중심으로 뒤편에 극락전과 역시 ㄱ자형 요사채가 길게 배치되어 있다. 현존하는 전각으로는 극락전·칠성각·요사채 등과 현대식 2층 별원이 있다. 문화재자료 175호 삼층석탑과 183호 석등이 경내에 있다.

특히 이곳에는 근대기 비구니 선풍의 중흥조로 불리는 삼현문중 8세인 묘리당(妙理堂) 법희(法喜)의 부도와 탑비가 조성되어 있다.

다. 천성산 내원사

천성산 내원사(內院寺)는 제2의 금강산이라 불리는 경남 양산시 하북

면 용연리 291번지(내원로 207) 일대 천성산 계곡에 위치하고 있다. 신라 선덕여왕 때 원효(元曉)가 창건했으며, 그 이후 고려시대까지의 사적은 전하는 바가 없다. 조선시대 세 차례(1646, 1846, 1876)에 걸쳐 중건한 기록이 전하나, 6.25한국전쟁으로 폐허가 된 절을 다시 일으켜 세운 이는 가야산 보덕사를 중창한 삼현문중 9세손 수옥(守玉)이다.

수옥은 1955년 3월 이곳의 주지로 취임하자마자 복원불사의 원력을 세웠다. 1957년 2월부터 중창불사를 시작해 1959년 3월 마침내 비구니 전문선방(선해일륜禪海一輪)을 낙성했다. 내원사를 복원하고 선방을 건립하는 등 오늘의 내원사가 있기까지 11년의 열정이 필요했다. 이렇게 동국제일선원의 위상이 복원되면서 덕숭산 견성암과 함께 남방에서도 비구니 선납자들의 성성한 수행의 기운이 비로소 자리매김하기 시작했다. 수옥은 내원사의 중창과 그 감회를 26편의 시로써 남겼다. 그 가운데 한 수를 옮긴다.

> 천성유전지(千聖遺傳地)
> 중선열좌전(衆禪列坐前)
> 자하생동구(紫霞生洞口)
> 교월부중천(皎月浮中天)
> 천성의 옛 자취 전해온 곳에
> 많은 선객들 모여 정진하네
> 붉은 안개는 동구에서 피어오르고
> 밝은 달은 중천에 떠있네.

당대의 비구고승 원광경봉(圓光鏡峰, 1892~1982)이 수옥의 시에 다음과 같이 차운(次韻)했다.

수절수심청사옥(守節修心淸似玉)
고암신축성산간(古庵新築聖山間)
도광지덕심여해(道光智德深如海)
사필성공의자한(事必成功意自閑)
절개 지켜 닦은 마음 옥같이 맑은데
옛 절터 천성산에 새로 절 지었네
도의 광명 지혜의 덕 깊기가 바다이런 듯
일을 기필코 이룩하니 뜻이 한가롭네.

내원사는 이후 성우·혜운·종현·자광·향엄·혜등·승혜·지형 등이 차례로 주지를 역임하면서 선나원·정려헌·죽림원·원화당·간월당·심우당·산령각·일주문 등 13동에 달하는 불사를 계속해 비구니 선찰로서의 사격을 갖추며 오늘에 이르고 있다.

내원사가 동국제일선원으로 처음 이름을 떨치기 시작한 것은 1898년 석담유성(石潭有性)이 설우(雪牛)·퇴운(退雲)·완해(玩海) 등과 수선사(修禪社) 창설과 함께 절 이름을 내원사로 개칭하고 동국제일선원이라 명명하면서부터다. 경허의 법제자인 혜월(慧月)이 조실로 주석하면서 운봉(雲峰)·향곡(香谷) 등 한국선종사의 선맥을 잇는 명안종사를 배출했다. 아울러 만공의 비구니 법제자인 법희·선경 등 수행자들의 정진처가 된 이래, 지금도 안거 때마다 수십 명의 비구니 납자들이 정진하고 있다.

내원사가 있는 천성산은 원래 원적산(圓寂山)이었는데, 그에 따른 유명한 일화가 전한다. 중국 당나라 종남산 운제사(終南山 雲際寺)에서 수도하던 1천 명의 대중이 산사태로부터 자신들을 구해준 해동의 원효를 찾아와 도를 구했다. 원효는 이곳에 대둔사(大屯寺)를 창건하고 상·중·하 내원암과 89개의 암자를 지어 1천 명의 대중으로 하여금 정진수행하도록 했다. 원효가 1천 명의 대중에게 『화엄경』을 강설한 이 산의 상봉을 화엄벌이라 불렀거니와, 988명이 이 산에서 득도하고 나머지 12명 중 8명은 팔공산에서, 4명은 사불산에서 각각 도를 깨달았다고 해서 이후로 천성산(千聖山)이라 부르게 되었다.

라. 삼각산 승가사

삼각산 승가사(僧伽寺)는 서울시 종로구 구기동 3번지(비봉4길 213) 삼각산에 자리잡은 비구니 참선도량이다. 6.25한국전쟁 때 폐허된 것을 삼현문중 9세인 도원(道圓, 1904~1971)과 무아당(無我堂) 상륜(相侖, 1929~2007) 형제가 연이어 주지로 부임하면서 지금의 면모를 갖췄다.

승가사의 초창은 1,300여 년 전으로 거슬러 올라간다. 756년(경덕왕 15)에 수태(秀台)가 북한산 비봉(碑峰)과 승가봉을 등지고 북악산과 인

왕산을 조산으로 터를 잡아 굴암자를 창건한 것이 이 절의 시작이다. 수태는 초창 당시 당나라 장안 천복사(薦福寺)에서 대중을 교화하며 세칭 관세음보살의 화신으로 추앙받았던 신승(神僧) 승가(僧伽)를 사모하는 뜻으로 절 이름을 승가사라 지었다.

고려시대로 들어와서는 1024년(현종15)에 지광(智光)·성언(成彥)이 중창했고, 1090년(선종7)에 영현(領賢)이 중수했다. 1099년(숙종4)에 대각의천(大覺義天)이 왕과 왕비를 모시고 참배했으며, 이때 불상을 개금(改金)하고 불당을 중수했다. 비록 규모는 작으나 창건 이후 역대 왕들이 행차해 기도함으로써 이 절은 줄곧 호국도량으로서 이름을 떨쳤다.

조선 초기에는 함허득통(涵虛得通)이 이곳에서 수도했으며, 정조(재위 1776~1800) 때는 이곳에서 득도한 성월(城月)이 팔도도승통(八道都僧統)의 직책을 맡아 쇠잔하던 불교를 크게 진작시켰다. 고종 때 명성황후와 엄상궁의 시주로 중건 일신했고, 일제강점기 말미인 1941년에 도공(道空)이 중수했으나 6.25한국전쟁으로 소실되었다.

비구니 도원은 1953년 이곳 주지로 취임해 극락전(지금의 대웅전)·영산전·큰방(선방)·원주실·요사 등의 당우를 새로 건립했다. 뒤를 이어 상륜이 1971년 주지로 부임해 30여 년간 도량장엄과 중창불사에 착수한 결과 창건 이후 초유의 대역사를 갈무리했다. 보물 제215호 마애석가여래좌상을 참배하기 쉽도록 108계단을 조성했다. 대웅전·영산전·산신각·선방(적묵당)을 확장·중건하고, 향로각·일주문·종각을 신축했다. 서래당·원주실·후원(식당)을 새로이 개축·확장하고, 650관의 범종을 주조해 동정각(動靜閣)에 설치했다. 1994년 높이 76척 대석 면적 45평의 9층 석탑(호국보탑)을 세우면서 지금의 성지로 완전히 일신했다. 2005년 상륜의 상좌 정호(精晧)가 주지로 오면서 선원과 요사를 중수해 오늘에 이른다.

승가사에 들어서는 길에 108계단이 두 군데 있다. 일주문을 지나서 9층 호국보탑으로 올라가는 청운교계단이 첫 번째이고, 경내의 마애석가여래좌상을 참배하기 위해 올라가는 계단이 두 번째이다. 이 마애불과 약사전 약사여래의 영험이 입소문으로 퍼지면서 승가사는 기도처로서도 유명하다. 보물 제1000호 석조승가대사상이 모셔져 있다.

승가사가 자리한 비봉에는 진흥왕순수비가 있었는데 훼손을 막기 위해 1972년 국립중앙박물관으로 이전·보관하고 있으며, 2006년 그 자리에 유지비(遺址碑, 복제비)를 세웠다.

마. 사불산 윤필암

사불산 윤필암(潤筆庵)은 경북 문경시 산북면 전두리 16번지에 위치

한 비구니 전문선원이다. 수덕사 견성암·오대산 지장암과 함께 국내 3대 비구니 선원으로 이름이 높다.

삼현문중 성립에 공헌한 법희(法喜)·인정(仁貞)을 비롯해 덕수(德秀)·재윤(在允)·보인(寶磷) 등이 모두 이곳에서 정진했다. 삼현문중 문도들이 대체로 계룡산 미타암을 비롯해 가야산 삼선암과 사불산 윤필암 등 3개 암자 출신들로 구성되어 있는 것도 삼현(三賢)이라는 문중명칭에 일정한 영향을 준 것으로 파악된다.

윤필암은 또한 문중은 달리하지만, 일제강점기인 1935년에 봉래문중 성립배경의 핵심인물인 본공(本空)이 입승으로 주석한 이후 비구니 납자라면 이곳에 방부를 들이지 않는 이가 없을 정도로 비구니 선방으로서의 명성을 드날리며 오늘에 이르고 있다. 특히 수원 봉녕사에 세계 최초의 비구니 전문율원인 금강율원을 개원하고 율주를 역임한 이 시대 대표적인 비구니율사였던 수정문중 9대손 묘엄(妙嚴)이 출가한 곳이기도 하다.

윤필암에는 불상을 모시지 않은 특이한 법당이 있다. 사불전(四佛殿)이다. 산봉우리에 부처님 형상이 사면에 새겨진 바위가 우뚝 솟아 있는데, 그것을 일러 사불석불이라고 한다. 사불전 벽면에 설치된 큰 유리 밖으로 사불석불이 정면으로 보이는데, 이를 향해 참배하고 기도하면 그 신이함에 신심이 절로 난다는 것이다.

윤필암의 창건기록은 몇 가지가 전한다. 『대승사사적』에 따르면 1380년(우왕6)에 각관(覺寬)이 작은 암자로 창건했다고 한다. 그 이후 1645년(인조23) 서조(瑞祖)와 탁잠(卓岑)이, 1765년(영조41) 야운(野雲)이, 1806년(순조6) 종백(宗伯)이, 1885년(고종22) 창명(滄溟)이 각각 중건했으며, 1980년대 초 모든 건물을 다시 새롭게 지어 비구니 선원에 걸맞는 사격을 갖추고 오늘에 이른다. 『동문선』의 『이색기(李穡記)』는 각관대사와 함께 고려 후기 때 문신 찬성(贊成) 김득배(金得培, 1312~1362)의 부인 김씨가 조성했다고 전한다.

윤필암의 명칭은 원효와 의상이 각각 사불산의 화장사와 미면사에서 수행할 때 의상의 이복동생인 윤필(閏筆)이 이곳에 머물렀다고 해서 그리 이름지었다고 한다.

5
수정문중

수정문중(水晶門中)은 속리산 법주사 수정암 출신 문도의 결집에서 유래한다. 18세기 중·후반기 인물인 관선(觀先)과 그의 제자 능행(能行)을 개창조로 추앙하고 있거니와, 이들 개창조를 위시해 법손들이 대체로 수정암에서 출가하거나 그 계통을 이어온 내력에 따른 것이다.

문도결집의 필요성은 1960년대 말 7대손 쾌유(快愈, 1907~1974)가 사숙 태수(泰守)와 함께 문중계보의 기초를 작성하면서 본격 거론되기 시작했다. 그 이후 10여 년이 흐른 1972년 『수정문중계보』를 처음 발행했는데, 이는 비구니문중 가운데 『문중계보』를 가장 먼저 발간한 사례이다. 문도회는 매년 모임을 열면서 날로 번성하는 문도들의 움직임을 조사·기록했으며, 이를 토대로 1990년 11월 2일(음 9.15) 수정암에서 문도회의를 열고 문중계보 증보판을 발행하기로 의견을 모았다. 1992년 9월 마침내 『수정문중계보』 증보판에 이어 2016년 2월 다시 개정증보판을 발행했다.

이에 따르면 수정문중은 2대 능행이 응운(應雲)·정안(正眼)·상학(上學) 등 3명의 제자를 두고, 3대 응운이 10명의 법손을 배출하면서 비로소 문중을 형성할 수 있는 전기를 마련했다. 응운의 상좌들인 4대손 재일(載日)·자흡(慈洽)·도원(道圓)·덕진(德津)·실상(實相)·변홍(辯弘)·묘흥(妙興)·대전(大轉)·대흔(大欣)·대순(大順) 가운데 맏상좌 재일계통과 막내상좌 대순계통이 크게 번성하면서 지금의 수정문중을 형성했다.

재일계통은 청언(淸彦)·오봉(悟奉)·봉정(奉政)·법선(法善) 등 네 명의 제자가 5대손으로서 각 계파를 형성하며 오늘에 이르고 있다. 청언계열은 태석(太錫)·태용(泰容)으로 분파되어 6대손 태용이 선진(善眞)·선홍(善洪)에게 법을 전했는데, 7대손 선진이 월혜(月慧, 1895~1956)에게 사사하고, 8대손 월혜가 묘엄(妙嚴, 1931~2011)을 비롯해 묘전(妙典)·묘희(妙喜)·혜관(慧觀)·원각(圓覺)·정수(精修)·상운(祥雲)·각진(覺眞)·고견(古見)·대은(大恩)·묘공(妙珙) 등 11명의 제자를 두면서 이들 9대손에 의해 가장 번성한 문도를 형성함으로써 지금의 수정문중을 대표하고 있다.

월혜는 출가 전 판사 아들을 둔 이른바 잘나가던 집안의 안주인이었다. 1936년, 당시 젊은 수좌였던 청담순호(靑潭淳浩, 1902~1971)의 법문을 듣고 발심 출가한 이후 무소유의 본분을 실천한 청풍납자로서 이름을 남겼다. 그의 수제자 묘엄은 1974년 경기 수원 봉녕사에 비구니 전문강원인 승가학원을 설립한 이래 봉녕사승가대학 학장과 1999년 세계 최초로 개원한 비구니 전문율원인 금강율원 율주를 역임하고 2011년 12월 2일(음 11.8) 세수 80세 법랍 67세로 입적했다. 성철의 선과 자운의 율과 운허의 경을 이어받는 등 당대 고승으로부터 선·교·율 삼장을 모두 전수받은 비구니계 거목으로 추앙받고 있다. 2007년 10월 광우·명성과 함께 비구니 최고법계인 명사법계를 품수 받았다.

대순계통은 맏형인 재일의 계통과 함께 수정문중의 한 축을 형성하고 있는 계파이다. 대순이 만각(萬覺)에게, 만각이 계윤(戒允)에게 법을 전하면서 6대까지는 단일제자로 계승되었다. 계윤이 문하에 열네 명의 제자들을 두면서 문도번성을 가져왔거니와, 영서(靈犀)·영완(靈完)·보성(普聖)·영선(靈善)·영오(靈悟)·영각(靈覺)·혜일(慧日)·영관(靈觀)·보각(普覺)·영우(靈祐)·보현(普賢)·영희(靈喜)·영덕(靈德)·법화(法華) 등의 7대손들이 그들이다. 첫째 영서, 셋째 보성, 아홉째 보각의 계열이 번성했다. 보성의 맏상좌인 문중 8대손 수현(修賢)이 현재 수정문도회 회장이다.

이로 보아 수정문중은 7, 8, 9대손이 문중형성의 중심문도로 확인된다. 7대손과 8대손은 문도결집의 실질적인 동기를 부여했으며, 9대손 이하는 오늘날 비구니승가의 중추인물들이기 때문이다.

가. 속리산 수정암

수정문중의 종문본찰인 속리산 수정암(水晶庵)은 충북 보은군 속리산면 사내리 209번지(법주사로 379)에 위치한 비구니 수행도량이다. 553년

(진홍왕14)에 의신(義信)이 본절인 법주사를 창건하면서 함께 건립한 산내암자이다. 현재 남아있는 10여 개 암자 중 그 역사가 가장 깊거니와, 오래전부터 비구니 선방으로 이름이 높다.

수정암은 창건 이후의 기록이 없어 자세한 내력을 알 수 없으나, 일제강점기인 1914년 수정문중 6대손 태수(泰守)가 극락전 등을 중창하고 선방과 요사 등을 중건하면서 이때부터 비로소 사적을 확인해주고 있다.

하지만 광복 이후 정부의 토지정책에 의해 사찰소유의 전답이 소작인들에게 넘어가면서부터 수정암도 큰 어려움에 봉착했다. 이때 절살림을 책임졌던 인물이 수정문중 7대손 쾌유(快愈)다. 쾌유는 속리산 등산객을 상대로 밥장사와 청주와 옥천 등지의 주변 도회지로 나가 수년간 탁발하고 화주(化主)[73]하면서 사찰경제를 일으켜 세웠다. 1967년에 이르러 비로소 사찰소유지로 논 30마지기를 매입하고, 극락전과 진영각을 중창하는 등 수정암의 옛 명성을 다시 찾게 되니 1971년의 일이다. 수정암이 수정문중의 본찰로서 오늘에 이르고 있는 것은 이처럼 쾌유의 청렴청빈(淸廉淸貧)의 결실이라 하겠다.

나. 광교산 봉녕사

광교산 봉녕사(奉寧寺)는 수정문중 9대손인 세주당(世主堂) 묘엄(妙嚴, 1931~2011)의 원력에 힘입어 국내 4대 비구니 전문강원-동학사·운문사·청암사·봉녕사-의 한 곳으로 거듭났거니와, 가장 모범적인 비구니 전문율원을 두

73) 신도의 집을 돌며 절의 생활에 필요한 물건을 모으는 일 또는 그 소임.

고 있는 사찰이다.

봉녕사는 묘엄의 사제인 묘전(妙典)이 1971년에 주지로 부임해 요사와 선원을 신축하고 봉녕선원을 개원하면서 새로운 전기를 맞았다. 묘엄이 1974년에 대웅전을 신축하고 봉녕승가학원을 설립했으며, 이로부터 봉녕사 비구니 전문강원의 역사가 시작되었다. 1979년부터 묘엄이 주지와 학장을 겸임하면서 1983년 봉녕사승가대학으로 개칭했다. 1992년에는 국내사찰 가운데 최대 규모의 도서관(소요삼장)을 완공했고, 1999년에는 세계 최초로 비구니 전문율원인 금강율원을 개원해 오늘에 이른다.

봉녕사는 묘엄의 입적(죽음) 이듬해인 2012년 9월에 묘엄불교문화재단과 2013년 5월에 사단법인 세주불교문화원을 설립하고 묘엄의 수행과 교화의 유훈을 계승하고 있다. 묘엄의 이러한 유지계승은 그의 상좌이자 현 주지인 문중 10대손 자연(自然)이 주도하고 있거니와, 승가대학장 도혜(徒慧)와 금강율원장 적연(寂然)이 맡은 바 소임을 다하며 봉녕사의 위상을 이어가고 있다.

봉녕사가 위치한 경기도 수원시 팔달구 우만동 248번지(창룡대로 236-54) 주변 일대는 유네스코 지정 세계문화유산의 하나인 화성(華城)이 있다. 그리고 절이 자리잡고 있는 산은 본래 광악산(光嶽山)이었다.

928년 고려 태조 왕건이 후백제의 견훤을 물리치고 돌아가는 길에 이곳 행궁에서 머물며 군사들을 위로할 때 산에서 빛이 솟구쳐 올라 기운이 하늘로 뻗치는 것을 보고 붓다의 가르침을 빛낼 산이라 예견했다고 한다. 이때부터 빛 광(光) 가르칠 교(敎)의 광교산이라 불렀다.

봉녕사의 사찰연혁은 1208년(희종4)에 원각이 창건하고 1469년(예종1)에 혜각이 중수했다는 일설만 존재할 뿐, 자세히 전하는 바는 없다. 다만 봉녕사가 보관하고 있는 철종 대의 상량문에 따르면, 1801년(순조원년) 화성행궁 옆에 건립한 정조의 진전(眞殿, 초상화를 모셔놓은 전각)인 화령전(華寧殿)의 원찰로 지정된 후 줄곧 왕실원찰로 이어져온 것으로 보고 있을 뿐이다.

다. 팔공산 양진암

대구광역시 동구 도학동 팔공산에 소재한 양진암(養眞庵)은 1743년(영조19)에 무주(無住)가 창건한 동화사 산내암자이다. 본절 동화사에서 서북쪽으로 800m 지점에 위치한다. 1898년(광무2)에 춘파(春坡)가 중수했다. 중창 유공기(侑功記)에 "양진공부 하고 나면 양진암이 어디던가, 너와 내가 둘이 아니리니 그것이 양진공덕이니라"라고 적혀 있는데, 양진(養眞)이라 함은 천성을 기르는 것을 의미하는바 이 유공기를 통해 암자이름이 지닌 뜻을 엿볼 수 있다.

양진암은 현대기에 들어오면서 수정문중과 깊은 인연을 맺게 된 절이다. 1950년 초에 속리산 수정암에서 정진하고 있던 성련(性蓮, 1920~2012)이 이곳으로 와서 감원소임을 맡던 중 1956년에 비구니 전문선원을 처음 열었다. 성련은 수정문중 8대손이자 문도결집의 구심이 되었던 쾌유(快愈)의 맏상좌이다. 성련은 이후 자신의 첫 번째 제자이자 현재 이곳의 선덕(禪德)인 일홍(一弘)과 함께 퇴락한 당우들을 모두 중건했다. 1998년에 관음전을 짓고 42수(手) 관음보살상을 봉안했으며, 요사채 육화당(六和堂)을 새로 건립했다. 현존하는 당우는 ㄱ자형 인법당을 중심으로 동쪽에 정묵당(靜默堂), 서쪽에 미소실(微笑室)이 있다. 정묵당은 참선 후 몸과 마음을 조용히 쉬는 장소로, 미소실은 요사로 사용하고 있다. 중앙에 삼층석탑이 있고, 인법당 뒤쪽으로 법보전과 그 뒤로 객실이 위치해 있다.

동화사 산내암자 6곳-비로암·부도암·내원암·양진암·염불암·약수암-가운데 3곳이 비구니선원이거니와, 이 양진암선원과 함께 계민문중 11대손 성문(性文)이 1928년에 개원한 부도암선원과 청해문중 8세손 장일(長一)이 1959년에 문을 연 내원암선원이 그것이다.

라. 삼성산 안흥사

삼성산 안흥사(安興寺)는 경기도 안양시 만안구 안양동 1343번지(예술공원로 154번길 21) 안양유원지 입구에 위치한 절이다. 1965년에 현재 수정문도회 회장인 수현(修賢)의 은사 되는 수정문중 7대손 보성(普聖, 1910~1974)이 창건했다. 창건 당시 절의 규모는 20평의 법당과 대지에 미륵석불을 모시고 요사 1동이 전부였다. 보성이 1974년 5월 입적(죽음)하자 수현이 그 뒤를 이어 주지로 부임해 오늘의 사격(寺格)으로 우뚝 세웠다. 창건 당시 행정소재지는 안양2동 1-68번지였고, 수현이 부임할 당시는 안양2동 162번지였다.

수현은 주지 취임 10여년 후인 1986년에 공대정(孔大正) 거사와 김대덕화(金大德華) 보살을 비롯한 이 절 신도들의 시주에 힘입어 지금의 대웅전과 요사를 중창했다. 수현은 곧이어 비구 청운(靑雲)의 후불목각탱화와 조각가 민종태(閔鍾泰)의 법당탁자 등을 조성해 법당의 구비조건을 완성했다. 수현은 주지 취임 이래 지금에 이르기까지 안양시내에 포교당을 개설해 시민의 정신적 지도는 물론이거니와, 무의탁 노인과 소년소녀가장 등 불우이웃들에게 성심봉사하는 모범을 보여주고 있다. 2008년에는 연면적 300평 3층 규모의 재가불자들을 위한 수행·복지 도량을 완공했다.

이처럼 안홍사를 수행과 복지의 실천공간으로 키워온 수현은 1981년 서울 종로구 창신동 산동네에 낙산(駱山)어린이집을 개원하면서부터 지금까지 35년이 넘도록 복지포교의 한길을 걸어온 진정한 보살승이다. 1987년~1990년 목동청소년회관 사무국장과 1990년부터 복지법인 연꽃마을 이사를 역임하고, 1997년부터 10년간 군포 매화종합사회복지관장에 취임하는 등 멈춤 없는 현장복지를 실천했다. 2005년~2009년에는 대한불교조계종 한스문화복지재단 이사를 역임했다. 1999년 사회복지사 1급 자격증을 취득하는 정성을 보이면서 복지포교의 한길을 걸어오고 있는 수현은 이러한 복지활동에 힘입어 1993년 포교대상과, 지역사회복지 발전에 기여한 공로로 2001년 경기도지사상을 수상했다.

수현은 수원 광교산 봉녕사 묘엄이 2011년 입적하게 되면서 수정문중의 문도회장을 맡아오고 있다. 아울러 2016년 5월 3일 개최된 대한불교조계종 전국비구니회 첫 원로회의에서 비구니 원로회의 수석부회장으로 추대되었다.

안홍사가 위치한 삼성산(三聖山)은 여러 일화가 전하는 명산이다. 안양의 진산인 이 산은 신라 문무왕 때 원효와 의상과 거사 윤필(의상의 동생)이 수도하던 곳이라 해서 삼성산이라 불렀다는 일설이 있거니와, 고려말 지공·나옹·무학이 이곳에서 수도했다고 해서 삼성산이라 이름했다는 것이다. 이 산은 이밖에도 남성의 기운이 충만한 바위산이면서도 거목이 자랄 만큼 비옥해 음양이원기(陰陽二元氣)의 조화가 출중하다든가, 배산임수(背山臨水)의 길지라든가, 자녀잉태의 길지로 이름난 곳이기도 하다.

한편 안홍사는 현재 안양시 만안구 석수동 241-52번지(예술공원로

245번길 150)에 위치한 염불암(염불사)의 창건 당시 최초 이름으로 알려져 있어 연혁에 혼돈을 주기도 한다. 『신증동국여지승람』이나 『봉은본말사지』「염불암편」에 따르면 염불암은 고려 태조 왕건이 자신과 뜻과 같은 생각을 가졌던 도승(道僧) 능정(能正)을 위해 936년(태조19)에 창건하고, 절이름을 안국흥민(安國興民)의 뜻을 담아 안흥사라 했다고 전한다. 그 아래 다시 절을 창건해 안양사(安養寺)라 하고 7층 전탑을 세웠는데, 안양(安養)이라는 지명은 이곳에서 유래했다고 한다.

6
봉래문중

봉래문중(蓬萊門中)은 금강산 4대 사찰(유점사·장안사·표훈사·신계사) 가운데서도 규모나 역사성에서 으뜸인 유점사를 종문의 본찰로 삼고 있다. 19세기 전반기에 살았던 인물로 보이는 이 문중의 초조인 최선(最善)·최상(最祥)은 물론이거니와, 문중성립의 전기를 제공한 문중 6세인 본공당(本空堂) 계명(戒明, 1907~1965)과 그의 상노(上老: 증조에 해당)스님인 사득(四得, 1862~1940)이 이곳에서 출가 수행한 행적을 기린다는 의미를 담고 있다. 문중 명칭으로 봉래를 채택한 것은 이에 의거한 것이다.

『동국여지승람』에 의하면 금강산을 부르는 이름은 다섯 가지나 된다. 첫째 금강산(金剛山), 둘째 개골산(皆骨山), 셋째 열반산(涅槃山), 넷째 풍악산(楓嶽山), 다섯째 기달산(怾怛山)이다. 금강과 열반은 불교이름이고, 계절에 따라 달리 부르기도 한다. 봄에는 온갖 꽃이 산을 뒤덮는다고 해서 금강이라 하고, 여름에는 계곡과 봉우리가 녹음으로 무성하다고 해서 봉래라 하고, 가을에는 단풍으로 곱게 물든다 해서 풍악이라 하고, 겨울에는 나뭇잎이 지면 암석만 뼈대처럼 드러난다 해서 개골이라 부른다는 것이다. 이처럼 여러 가지 이름으로 불리면서도 금강산으로 통칭되는 것은 이 산이 불교의 영적인 산이라는 이유 때문이다.

문중성립의 실질적인 배경이 되는 사득은 유산으로 물려받은 친가의 재산을 유점사·장안사·표훈사·신계사·마하연 등 금강산 유수사찰에 헌납해 사찰중흥에 공헌했으며, 비구니 수행도량인 득도암을 창건한 공적도 크다. 사득의 이러한 행적은 현재 본공의 유일한 생존 상좌인 경희(慶喜)를 비롯한 문도들이 2005년 신계사 복원 당시 이곳을 찾아 만세루 앞에 있는 '시주표(施主標)' '박사득(朴四得)'이라고 새겨진 공덕비를 확인함으로써 드러났다. 경희가 소장하고 있는, 1905년 1월에 쓰인 「금강산유점사열반계안서(金剛山楡岾寺涅槃禊案序)」도 사득을 비롯한 비구니 권속들과 유점사·장안사·표훈사의 대다수 대중이 계원으로 참여한 사실을 확인해준다.

문도결집을 위한 본격적인 행보는 1987년 3월 25일(음 2.26) 본공의 기일에 즈음해 경희가 주지로 있는 대구 기린산 서봉사에서 문중회의를 개최한 일로부터 비롯되었다. 당시 회합에 동참한 문중 대표들은 봉래문도회 구성과 문중계보를 편찬하기로 결의하고, 문도회장에 경희를 선출했다. 아울러 매년 정례회의를 열기로 하고, 사득과 본공을 문중계보의 기준으로 삼아 직·방계 존·비속과 사형사제간의 관계를 상세히 조사하고 기록하기로 약속했다. 그 결과 2008년 초 『유점사비구니봉래문중계보』를 마침내 세상에 내놓았다. 봉래문중의 태동을 공식화하는 일대사였으며, 그것은 문도결집을 발원한 지 20년 만의 결실이었다.

그에 따르면 봉래문중은 개창조로부터 계통을 달리하면서 계보를 계승하고 있다. 사형인 최선계통과 사제인 최상계통이 그것이다. 최선계통은 최선-세묵(世默)-사득-만성(萬性, 1870~1935)-상운(祥雲, 1879~1943)-본공·본심(本心, 1946~1983)·본진(本眞)·본연(本然)으로 계승되었고, 6세 항렬 가운데 본공이 법열(法悅)·선행(善行)·경희(慶喜)·도안(道眼)·유심(唯心)·무주(無住)·지홍(知弘)·현오(賢悟)·현성(賢性)·자호(慈浩) 등 10명의 제자들을 배출하면서 이들로부터 문중번영을 이루었다. 최근 대한불교조계종 전국비구니회장을 역임한 명성(明星)과 명우(明又)가 모두 이 문중 출신들이다. 최상계통은 최상-태묵(太默)-태전(太典, 1859~1935)-?-선혜(善慧, 1871~1952)/선일(善一, ?~1953)-본현(本賢)·본견(本堅)/성진(性眞, 1896~1983)으로 전승되어, 그 후손들이 번성하면서 오늘에 이르고 있다.

가. 오대산 지장암

오대산 지장암은 월정사 산내암자인 남대 지장암을 말한다. 월정사에서 상원사로 올라가는 큰길로 2백미터쯤 가다 보면 왼쪽으로 오대천을

가로지르는 지장교가 나오는데, 이 다리를 건너 2백미터쯤 산속으로 더 들어가면 조용하게 자리잡은 암자를 만나다. 바로 남대 지장암이다.

봉래문중 최선(最善)계통 6세인 본공(本空)이 1937년 12월 이곳에 북방 최초의 비구니 전문선원을 개설한 이후 6.25한국전쟁 때 소실된 것을 최상(最祥)계통 6세인 성진(性眞, 1896~1983)이 재건했다. 성진은 지장암이 6.25한국전쟁으로 폐허가 되자 휴전 후 10여 년간 이곳에서 토굴을 짓고 수행하다가, 1961년에 상좌인 혜종(慧宗)과 조카 상좌이자 본공의 셋째 상좌인 경희(慶喜)와 함께 재건불사에 착수해 오늘의 지장암 선원을 일구었다.

지장암선원은 1996년 경희의 일곱째 상좌 명인(明印)이 도감소임을 맡으면서 선원명칭을 '기린선원(麒麟禪院)'이라 고쳐 이름했거니와, 오늘날 덕숭산 견성암·사불산 윤필암과 함께 비구니 3대 선원의 위상을 자랑하고 있다.

비구니 수선납자들의 수행면모를 가늠할 수 있는 기린선원의 청규를 옮기면 다음과 같다. ①지대방에서는 묵언한다. ②반살림 등산과 자유정진을 하지 않는다. ③개인적 포행은 지장암 입구 다리와 선원 산쪽 텃밭 중부리 개울을 넘지 못한다. ④안거 중에 사무실과 월정사 및 산내 암자를 출입하지 못한다. ⑤텔레비전·신문·잡지 등을 보지 못한다. ⑥안거 중 정진시간은 오전 3시부터 오후 10시까지로 한다. ⑦입방자는 구족계 수지자로서 3안거 이상 성만한 자라야 한다. ⑧정하지 아니한 규범은 선원규범 교본에 의한다. ⑨안거 중 청규를 위반한 자는 자진 퇴방한다.

지장암은 본래 남대 기린산 기슭에 자리했는데, 뒤에 중부리로 옮겼다가 조선 말 지금의 자리에 터를 잡았다. 그 기원은 신라 정신왕(신문왕)의 태자인 보천(寶川)과 관련해 『삼국유사』 「탑상」제4에 남대 지장방 기록이 있는 것으로 보아 7, 8세기로 거슬러 올라간다고 볼 수 있다.

나. 기린산 서봉사

기린산 서봉사(瑞鳳寺)는 대구광역시 남구 이천동 438-7(명덕로 54길 31)에 위치한 도심사찰이다. 조선시대 대학자인 서거정(徐居正, 1420~1488)이 대구의 아름다운 10곳을 노래한 대구십경(大邱十景) 중에 지금의 건들바위(입암立岩)에서 낚시하는 즐거움이 포함되어 있다. 이 건들바위의 주변산을 수도산(水道山)이라고 하는데, 이곳의 지형이 기린을 닮았다고 해서 기린산(麒麟山)이라고 부른다. 서봉사는 기린산의 동남쪽 자락에 자리하고 있다.

사적비에 따르면 서봉사는 1920년 익명의 청신녀가 창건하고, 탄응·동운·전강·학봉 등 비구대덕들이 머물렀다. 이후 유점사에서 출가수행한 봉래문중 6세인 본공(本空)이 해인사 국일암에서 5년 안거를 마치고 1952년부터 이곳에서 여름 안거를 지내면서 사찰의 위상을 확보했다. 본공은 이후 결제기에는 제방선원에서 안거하고, 해제기에는 이곳으로 돌아와 사찰을 수호하고 붓다의 가르침을 선양했다.

서봉사는 본공의 셋째 상좌이자 친가 이종조카인 경희(慶喜)가 이곳의 주지소임을 맡으면서부터 본격적인 불사에 들어갔다. 목조요사 20칸을 헐고 철근콘크리트 2층 양옥 88칸을 동향으로 새롭게 지었으며, 대웅보전·명부전·삼성각·범종각·사천왕문 등 사찰의 위용을 갖추며 오늘에 이른다. 특히 대웅보전은 통도사 적멸보궁을 축소한 형식으로 1978년 착공해 무려 7년에 걸쳐 지어졌다. 보물 제1856호 '지장시왕도'와 대구광역시 유형문화재 제76호 '목조지장보살삼존상 및 시왕상(일괄)'을 보유하고 있다.

경희는 서봉사에 주석하며 화성양로원을 운영하는 등 스승의 구법이타행을 그대로 계승하고 있다.

다. 두류산 금룡사

대구광역시 달서구 성당1동 198-10번지(성당로 49)에 소재한 두류산

금룡사(金龍寺)는 봉래문중 최선(最善)계통 6세인 본심(本心)이 출가 전에 이곳이 절터라는 사실을 알고 부지를 사들여 절을 창건함으로써 시작되었다. 그때가 1926년이다. 본심은 이곳을 원찰로 삼아 안거정진하다가 99세로 이생을 마감했다.

이 사찰에 전해오는 일화는 이렇다. 이 지역에 구전되어 오던 전설과 주변에 산재한 묘지안장 때 출토된 토기와 와당들을 보면 고려시대 것으로 추정된다고 한다. 이곳에 전래된 지명과 유래를 살펴보면 지금의 두류산 일부를 금봉산으로 불렀는데, 이는 고려 중기에 한 부호가 몽고의 관습을 피해서 이곳으로 이주해 살면서 원찰을 짓고 그 이름을 금봉사라 이름했다는 것이다. 조선이 개국하면서 숭유억불정책으로 재산이 몰수됨으로써 절은 폐사되고, 이곳에 향교를 지으려고 하자 천재지변이 일어나 절터는 못이 되었다고 한다.

이렇게 사라진 금봉사는 오랜 세월 잊혀져오다가 인근에 불심이 돈독한 김송동 보살(여자신도)이 원찰을 짓기 위해 부지를 물색하면서 세상에 드러났다. 김보살은 성당못(聖堂池) 주변에 묘지를 안장하기 위해 땅을 파던 중 파불조각과 토기·와당들이 출토되었다는 말을 듣게 되었거니와, 당시 농경지였던 부지를 사들여 이곳에 절을 세우고 금룡사라고 했던 것이다.

김보살은 당시 대웅전·산신각·요사2동을 짓고, 뜻한 바가 있어 상운(祥雲)을 은사로 출가해 본심이라는 법명을 수지했다. 본심은 본공의 사제(師弟)가 되었다.

금룡사는 1986년 대구 전국체전 때 사찰부지가 두류산공원으로 편입되면서 어려움에 처했다. 이에 본심의 맏상좌 혜선(慧禪)은 은사의 창건원력을 수호한다는 일념으로 본래 사찰에서 인접한 지금의 사찰부지를 확보하고, 대웅전·삼성각·요사1,2동·대피소 등을 새로 짓고 지금에 이른다.

혜선은 복지실천에 앞장선다는 취지로 사찰 인근의 대지 281평에 지하 1층 지상 3층 건물을 낙찰 받아 2004년 4월 금룡사복지회관을 열었다.

라. 보문산 법륜사

대전 보문산 법륜사(法輪寺)는 봉래문중 최상(最祥)계통 7세인 길상(吉祥)이 1973년 대전시 중구 부사동 산1번지에 있던 법륜사를 인수하면서 문중종찰이 되었다.

현재 소재지인 대전시 중구 옥계동 173-47번지(학고개로 56번길 6)로 이전 신축해 오늘에 이르고 있는 것은 1981년부터다. 350평 부지에 1층 요사, 2층 법당 구조의 콘크리트 건물이다. 1997년 110평의 요사 및 후원(공양간: 취사실)을 새로 건립했다.

길상은 다시 2004년 1천여 평의 대지를 확보하고 동향 32평의 목조건물로 대웅전과 요사를 중창해 오늘에 이른다. 법문사라는 신도회를 결성하고 대중교화를 서원했다.

길상의 계보인 최상계통은 최상-태묵-태전-?-선혜·선일-본현·본견·성진으로 그 맥을 전해왔거니와, 이들 본현·본견·성진이 최선계통 6세인 본공과 같은 항렬의 문도들로서 이후의 후손들이 번성하면서 최상계통을 이어오고 있다. 길상은 보안(普眼)·현근(玄根)·주화(周和)·보문(普門)·보현(普賢)을 제자로 두었다.

마. 청량산 망월사

청량산 망월사(望月寺)는 남한산성에 있는 절이다. 청량산은 남한산의 다른 이름이며, 이 산에 소재한 망월사는 망월암으로부터 그 연원을 시작한다. 조선 태조 이성계가 한양에 도읍을 정할 때 서대문 밖에 있던 장의사(壯義寺)를 허물고 그곳의 불상과 금자화엄경(金字華嚴經), 그리고 금정(金鼎: 금솥) 1좌를 이곳으로 옮겨와 창건했다고 한다. 이후의 연혁은 전하는 바가 없다.

다만 『남한지(南漢誌)』에 따르면 남한산성 내에 있었던 9개 사찰 중 그 역사가 가장 오래이며, 산성의 승병을 관할하던 절이었다고 한다. 옛 절터는 경기도 기념물 제111호로 지정되었다.

남한산성은 1624년(인조2) 벽암각성(碧巖覺性)이 팔도도총섭으로서 전국 승려들을 모아 2년 만에 완성한 산성이다. 본래 산성 내에는 망월사와 옥정사 2개 사찰만 있었으나, 산성 축조에 동원된 승려들의 숙식과 훈련장소를 확보하기 위해 개원사·한흥사·국청사·장경사·천주사·남서사·동림사 등 7개의 사찰을 더 지었다.

일제강점기에는 산성 내의 다른 사찰과 함께 의병들의 본거지로 사용되다가, 이것이 탄로나 일제에 의해 모두 파괴되었다고 한다. 그 이후 잡초 속에 주춧돌·맷돌·돌절구 등의 유물만이 여기저기 흩어져 있는 황망한 절터로 내려왔다.

그러던 중 1989년 동국대박물관에 의해 발굴되었다. 이때부터 봉래문중 최상(最祥)계통 7세인 성법(性法)이 57평의 대웅보전과 27평의 극락보전을 고려양식으로 복원하고, 비구니 수도원으로 운영하면서 오늘에 이르고 있다. 망월사는 계속해서 석조묘법연화경 및 판화·13층 석탑·산신각·범종각·요사채 등을 세우는 등 복원불사를 추진했다. 13층 석탑은 원형과 6각과 8각을 혼합한 석탑이거니와, 탑신마다 불상 등의 불교상징물을 장엄하게 각인했다. 성법이 인도 간디 수상으로부터 석가모니 정골사리를 기증받아 이 석탑에 봉안했다. 현재 망월사와 함께 장경사·국청사·개원사가 복원되었다.

망월사를 복원해 옛 영광을 되찾은 성법은 보문산 법륜사 길상의 사제(師弟)이다. 제자로 현철(玄哲)·명안(明眼)·현각(玹覺)·정운·리련·정암(亭岩)·호묵·현종(玄宗)·현원(玄圓)을 두었다.

바. 봉제산 보광사

서울시 강서구 화곡동 408-49번지(초록마을로 34길 35)에 위치한 봉제산 보광사(寶廣寺)는 1975년 12월에 봉래문중 최선(最善)계통 7세인 법열(法悅)과 그의 상좌 성우(性盂)가 창건한 절이다. 법열은 문중성립의 배경이 되는 본공(本空)의 맏상좌이다.

성우는 1982년 은사가 입적(죽음)하자 그 유지를 받아 사찰중흥의 기틀을 마련했다. 주변의 땅을 매입해 1984년 지상 2층 80평 규모의 요사채를 새로이 건립했다. 다시 1991년 주변의 토지와 건물을 매입해 150평의 주차장을 확보했으며, 2004년에는 대웅전 주위 500평을 매입하면서 도량을 일신하고 오늘에 이른다.

사. 월송 선적사

월송 선적사(善積寺)는 봉래문중 최상(最祥)계통 7세인 현오(賢悟)가 1964년 문을 연 사찰이다. 경북 울진군 평해읍 월송리 303-5번지(월송

정로 400-67)에 위치한 관음도량으로, 64평의 지상 1층 지하 1층 규모의 대웅전과 극락전·요사채 2동 및 부속전각 2동을 갖추고 있는 아담한 사찰이다.

선적사는 본래 이름이 광홍사포교당이었으나, 1964년 현오가 이 지역의 영양면 화천1동에 있는 신라고찰 구암사에 와서 서원을 세운 끝에 포교당과 그 주변 땅 2백여 평을 매입해 선적사(仙適寺)로 이름했다. 1999년에 이르러 신도총회 의결을 통해 월송리 303번지 일대 1,687평방미터 부지를 합병해 지금의 이름인 선적사(善積寺)로 개칭한 이래 오늘에 이른다.

선적사가 지금의 규모를 갖춘 정법도량으로 거듭나기까지는 현오의 원력에 힘입은 바 컸거니와, 신남신녀(信男信女)들의 희사가 기둥과 들보가 되었다. 현오는 본공의 여덟 번째 상좌이고, 지금의 주지인 동화(東和)는 현오의 손상좌이다.

7
육화문중

불교에서 의미하는 육화(六和)란 여섯 가지 화합을 말한다. 다시 말해 '몸으로 화합하고(신화동주身和同住), 입으로 화합하며(구화무쟁口和無諍), 마음으로 화합하고(의화동사意和同事), 바른 행동으로 화합하며(계화동수戒和同修), 바른 견해로 화합하고(견화동해見和同解), 이익을 베풂으로써 화합한다(이화동균利和同均)'는 여섯 가지 덕목을 일컫는다. 이는 승가 대중이 받아 지녀야 할 제일덕목이거니와, 화합을 깨는 행위는 무간지옥에 떨어질 지극히 악한 다섯 가지 행위인 오역죄(五逆罪)에 해당하는 것이었다.

육화문중(六和門中)은 문도결집에 있어 바로 이러한 기본 덕목을 거듭 천명했다. 문중 명칭을 육화로 채택한 취지도 그것이다. 문도간 화합을 무엇보다도 중요시해야 한다는 당위와 문도 화합을 토대로 비구니승가의 위상정립과 불교중흥에 공헌한다는 지표를 세운 것이었다.

육화문중은 그처럼 문도간 결의를 다짐하는 일로부터 시작했다.

1980년대 초반의 일이다. 마침내 1983년 11월 문도 대표들이 서울 마포 석불사에서 첫 모임을 갖고 문도결집과 문중계보 간행에 의견을 모았다. 당시 문도를 대표했던 무위당(無爲堂) 대영(大英, 1903~1985)·송월당(松月堂) 진오(眞悟, 1904~1994)·담연당(湛然堂) 선경(禪敬, 1904~1996)·묘령당(妙靈堂) 천일(天日, 1912~1977)·묘공당(妙空堂) 대행(大行, 1926~2012) 등을 기준 삼아 직·방계 존·비속관계의 계보를 상세히 정리하는 한편, 노스님들의 기억을 더듬어 선대(先代)의 자취를 확인하고 기록했다.

문도들의 반응은 매우 긍정적이고 적극적이었으며, 성과는 빨랐다. 불과 4개월 만인 1984년 3월에 『육화문중계보』 초판을 발행하기에 이르렀고, 육화문중은 그렇게 태동되었다. 시간이 얼마간 흘러 번창한 문도와 초판 간행 당시 자료수집의 한계로 누락되었던 문도들을 모두 수록한 『육화문중계보』 개정증보판을 세간에 내놓으니, 2002년 4월의 일이다.

이에 따르면 육화문중은 18세기 초·중반기 인물로 보이는 상월당(霜月堂) 국인(國仁)을 초조로 모시고 2세 신암당(信庵堂) 보학(普學)과 함께 개창조로 추앙하고 있다. 보학은 월심(月心)·여학(廬鶴)·월한(月閒) 등 3명을 제자로 두었거니와, 이들 3세에 이르러 비로소 문도번성을 가져왔다. 오늘날 육화문중이 성립할 수 있었던 실질적인 배경이 이들로부터 비롯된 현실이 그것이다.

이들 문중계파와 본찰의 인연관계를 살펴보건대 맏형인 월심계통은 충남 부여의 만수산 무진암을 종문의 본찰로 삼고, 막내사제인 월한계통은 태화산 마곡사 영은암을 종문의 본찰로 삼아 각각 계보를 계승해 오고 있다. 중형인 여학계통도 명맥을 유지하며 오늘에 이르고 있다. 이 가운데 오늘날 그 종문이 가장 번성한 계파문중은 영은암을 본찰로 삼고 있는 월한계통이다.

이들의 계통을 계승해 문중성립 당시 이를 주도한 실질적인 주역과 현재 대표문도로 지목되는 인물들은 대개 9세~13세 법손들로 파악된다. 월한계통의 대영·천일·진오가 9세손이며, 선경이 11세손이다. 10세손인 정원(正源)·쾌성(快性)·탄성(呑性)·정덕(正德)은 대영의 제자들이고, 11세손 적연(寂然)은 진오의 법손이다. 12세손 경륜(暻輪)은 천일의 증법손이고, 역시 12세손 법연(法演)·만수(晩水)·정훈(正訓)·명기(明機)·도강(度江) 등은 선경의 제자들이다. 12세손 성주(瑆珠)와 효탄(曉呑), 13세손 묘순(妙洵)도 활약이 돋보인다. 그리고 월심계통의 대행은 11세손이고 그의 제자인 혜원(慧圓)·혜초(慧超)·혜수(慧秀)·혜솔(慧率) 등과 정원(正圓)은 12세손이다. 여학계통에서는 11세손 연호(蓮湖)와 그의 제자들인 대원(大原)·무문(無門)·진우(眞愚)·무위(無爲) 등이 있다.

가. 만수산 무진암

만수산 무진암(無盡庵)은 육화문중 성립의 사실상 그 기원을 이루고

있는 세 명의 문도 가운데 첫째인 남암당(南庵堂) 월심의 계통이 뿌리를 내린 곳이다. 충남 부여군 외산면 만수리 만수산 무량사 입구에 있는데, 무량사 가는 길에 왼쪽 3백 미터 지점 매월당(梅月堂) 김시습(金時習, 1435~1493)의 부도를 지나 안쪽으로 좀 더 가면 만날 수 있다. 첫눈에 규모가 작아 보이지 않아 이곳이 암자일까 싶은 생각이 앞선다.

『무량사약지』에 따르면 육화문중 월심계통 10세인 우진(宇振)이 1941년 부속암자인 도솔암을 중건한 기록을 볼 수 있다. 월심계통의 문중계보가 무진암과 도솔암 등 무량사를 중심으로 이루어져왔음을 알려주는 기록이다.

본절인 무량사는 계유정난(수양대군의 왕위찬탈사건) 당시 생육신의 한 사람인 매월당 김시습이 은둔생활을 하다가 생을 마감한 곳이다. 이곳에 봉안된 매월당의 진영과 부도가 역사적 아픔과 그 시사성을 말해준다. 국보급 보물 5점과 충남지방문화재 8점 등 다수의 불교문화유산을 보유하고 있다.

나. 태화산 영은암

태화산 영은암(靈隱庵)은 육화문중 성립의 사실상 그 기원을 이루고 있는 세 명의 문도 가운데 셋째인 월한의 계파가 본찰로 삼고 있는 비구니 수행도량이다. 대한불교조계종 6교구본사 마곡사 산내암자로서, 본절 가는 길에 두 갈래로 갈라지는 지점에서 오른쪽으로 가면 본절이고 왼쪽으로 오르다 보면 영은암과 만난다.

영은암은 그 규모가 단아하다고 할까 단출하다고 할까 싶지만 암자로서는 그다지 작다고 할 수 없는, 오래전부터 비구니 수행처로서 이름을 드날렸던 곳이다. 비구니 고승으로 이름난 육화문중 월한계통 11세인 담연당(湛然堂) 선경(禪敬)과 그의 은사 명덕(明德) 등 적지 않은 문도들이 이곳에서 출가한 이력을 갖고 있어 종문의 본찰로서 그 위상을 자랑하고 있기 때문이다. 선경은 천성산 내원사에서 비구니 수행자들을 지도할 당시 국내 비구니들은 물론, 외국인 출가자들도 다투어 제자 되기를 청할 정도로 수행경지가 높았던 근·현대기 대표적인 비구니 고승이다.

다. 마포 석불사

육화문중 성립의 전기를 제공한 첫 문도회합의 장소였던 마포 석불사(石佛寺)는 다음과 같은 창건 일화를 간직하고 있다.

19세기 말, 그러니까 구한말시대이다. 김해 김씨(金氏) 성을 가진 무진(無盡)거사가 하루는 꿈을 꾸었다. 서울 마포나루 가시덤불 속에 버려져 있던 돌불상이 하늘로 오르는 꿈이었다. 무진거사는 예사로운 꿈이 아니라 생각하고 잠에서 깨자마자 마포나루 가시덤불을 찾았다. 아니나 다를까 꿈속에서 보았던 돌불상이 그 곳에 있었다.

불상이 있던 그곳은 오래전 백운암이라는 정자가 있던 자리였다. 무진거사는 그런 일이 있은 후 자신의 두 딸에게 평생 부처님을 신봉하도록 당부했다. 그 인연에 힘입어 무진거사의 두 딸은 일광화(日光華)와 월광화(月光華)라는 법명을 수지하고 돌불상이 있던 자리에 사찰을 건립하고 석불암이라 이름했다.

석불사는 본래 조선 숙종 때 환성지안(喚惺志安, 1664~1729)이 창건한 것으로 보이는 백운암에서 기원한다. 뱃사람들의 무사항해와 무역활성화를 기원하는 사찰로 유명했으나, 고종 때 흥선대원군이 절을 없애고 풍월정이라는 정자를 지어 사대부들의 놀이터로 삼았다고 전한다. 무진거사가 이곳에서 돌불상을 발견하고, 두 딸들이 절을 다시 건립하게 된 인연은 그러한 역사성에 기인한 것이었다.

석불사는 6.25한국전쟁 때 칠성각만을 남긴 채 전부 불에 타버리는 비운을 접했다. 하지만 석불사가 중생을 섭수하는 자비도량으로 개방되고 경내가 보다 확장되면서 사찰의 위용을 갖추게 되는 시절인연을 맞게 되니, 육화문중 월한계통 9세인 묘령당(妙靈堂) 천일(天日)의 중창원력이 비로소 빛을 보게 된 까닭이다. 천일은 무진거사의 외손녀였고, 월광화보살의 2녀 중 둘째였다. 천일은 석불사에서 어릴 적에 출가한 후

생을 마칠 때까지 이곳을 지켰다.

외조부인 무진거사가 발견한 돌불상은 석불사 경내에 우뚝 서있는 석불입상 기단석 연화좌대에 지금도 봉안되어 있다. 석불사는 천일이 비구 운문(雲門)과 함께 1965년 마포연화어린이회를 구성하고 어린이법회를 개설 운용한 최초의 사찰이기도 하다.

현재 서울시 마포구 마포동 394번지(마포대로 4다길 23-6) 한강이 한눈에 들어오는 곳에 우뚝 자리하고 있다.

8
실상문중

실상문중(實相門中)은 초조 실상(實相)을 문중이름으로 차용했다. 실상은 제자 순동(順同)과 함께 금강산 마하연에서 수행 정진하다가 덕숭산으로 내려와 수덕사 견성암에서 깨달음을 이루었다. 이들은 실상문중의 개창조로서 19세기 중반기에 살았던 인물들이다. 모두 단일제자만을 남기고 견성암에서 입적(죽음)했다.

실상문중이 번성을 이룬 것은 3세 의선(義善, ?~1923)에 의해서다. 순동의 단일제자인 의선은 문하에 성수(性修)·도덕(道德)·성각(性覺)·성윤(性允)·만성(萬性)·상정(常淨)·성욱(性旭)·혜장(慧藏)·각원(覺圓)·응주(應住)·정원(淨源)·만혜(萬慧)·두룡(頭龍)등 무려 열세 명의 제자를 두면서 사실상 문중이 성립할 수 있는 기틀을 제공했다. 실상문도가 의선에게 문중의 기원을 둔 까닭이다. 그런데 의선은 뜻밖에도 근대기 비구 고승인 만공월면(滿空月面, 1871~1946)의 친가 모친이었다.

문중 5세손인 멱조산 화운사 선원장 월조당(月照堂) 지명(智明,

1921~2013)은 문도결집의 당위의 뜻을 세우고, 같은 항렬이자 친가 동생이기도 한 삼각산 연화사 주지 숭심당(崇深堂) 명수(明洙, 1925~2013)가 발기해 1992년 3월 1일(음 1.27) 화운사에서 첫 문도모임을 갖고 실상문도의 결집을 추동했다.

실상문도회는 이를 계기로 매년 정기모임을 개최하는 가운데 1994년 5월 2일(음 3.22) 범어사 대성암에서 문도총회를 개최해 임원을 선출하는 등 조직체계를 갖추었다. 아울러 문중계보편찬위원회를 구성해 문중계보의 발행을 추진했고, 마침내 2003년 부처님오신날인 음력 4월 초파일에 『실상문도계보』를 시방에 내놓으면서 실상문중의 태동을 공식화했다.

이에 따르면 실상문중은 덕숭산 견성암·멱조산 화운사·삼각산 연화사·가섭산 미타사·금정산 대성암을 종문의 본찰로 삼고, 이들 5개 본찰을 중심으로 하는 계통-계열로 분파·전승되어 오늘에 이르고 있다.

가. 덕숭산 견성암

덕숭산 견성암(見性庵)은 우리나라 최초의 비구니 전문선원이다. 수

덕사 산내암자인 견성암은 1916년 1월 만공월면(滿空月面)에 의해 정혜사 동쪽에 초가로 지어졌다. 비구니 도흡이 1920년에 함석집으로 개축하고, 1940년에 다시 기와집으로 개축하는 등 비구니 선원의 기능을 다할 수 있도록 각별했다. 이는 만공의 지원에 힘입은 바 컸다.

하지만 당시 비구니 선원으로는 지대가 높고 협소하다는 대중의 뜻에 따라 지금의 자리인 수덕사 서쪽 산중턱에 새로운 터를 잡았다. 수덕사를 오늘날의 대찰로 중흥한 벽초경선(碧超鏡禪, 1899~1986)에 의해 1965년 마침내 인도식 2층 석조건물로 법당을 이전 건립하니, 오늘날 비구니 총림원 견성암이 그 위용을 드러냈음이다. 1986년 당시 도감을 맡고 있던 수련(修蓮)과 재무 효명(曉明) 등이 석조건물 본당에 기와를 얹고 본당 왼쪽에 서선당(西禪堂)과 요사 등의 전각을 조성해 오늘에 이른다.

견성암은 묘리당(妙理堂) 법희(法喜)가 10여 년간 이곳의 초대총림원장을 지내면서 비구니 선풍을 새롭게 싹을 틔웠거니와, 신문학 초창기 선구적 여류문인이었던 일엽(一葉)이 수도정진했던 곳으로 유명하다. 법당 입구에는 『벽암록』 45칙 청주포삼(青州布衫: 삼베 적삼 무게가 일곱 근이라는 뜻)을 의미하는 만공의 친필현판 '칠근루(七斤樓)'가 비구니 납자들의 화두일념을 재촉하고 있다.

실상문중 견성암계통은 의선의 제자 열세 명 가운데 맏형인 성수를 비롯해 여섯째 상정·일곱째 성욱·여덟째 혜장·열째 응주계열의 계보로 내려오고 있다.

나. 멱조산 화운사

화운사(華雲寺)는 경기도 용인시 처인구 삼가동 31번지 멱조산(覓祖山) 자락에 위치한 비구니 수행도량이다. 한때 비구니 전문강원으로 위상을 드높였으며, 2015년 2월까지 글로벌 비구니 인재를 양성하는 국제불교학교가 있었던 곳이기도 하다.

화운사는 1938년 2월 20일 우암(又岩) 차재윤(車載潤)이 법당 15평 선방 12평 요사 20평 규모로 창건했다. 우암은 이후 덕 있는 출가수행자를 찾던 중 충남 서산 개심사 주지로 있던 실상문중 5세손인 지명(智明)을 참배하고 주지수락을 간청했다. 지명이 1957년 3월 주지로 부임하고, 만상좌 혜준(慧俊)과 함께 화운사를 일신해 종문의 본찰로 삼게 된 인연이 그와 같다.

지명은 주지부임 즉시 이곳에 강원을 개설해 비구니교육에 심혈을 쏟았다. 1962년 10월에는 대한불교조계종에 사찰등록을 마치고 1973년 3월 재단법인 능인학원 인가와 함께 1백91평의 대강당을 준공했다. 1977년 11월 대웅전 증개축, 1980년 종무소 증개축, 1986년 요사 신축에 이어 1987년 3월 22평에 불과하던 선원을 1백4평으로 증개축한 뒤 1988년 하안거를 기해 선원을 개원함으로써 비구니 선풍 진작의 의지처로서 화운사의 문을 활짝 열었다.

지명은 만공월면으로부터 '월조(月照)'라는 당호를 받고 이곳에서 수행종풍을 드날렸던 인물이다. 2013년 12월 세납 93세 법랍 80세로 입적(죽음)할 당시 수덕사 비구 대중이 직접 상여를 메는 기연(機緣)으로 신선한 충격을 던져주었던 화제의 주인공이기도 하다.

화운사에는 지명에 의해 어릴 적부터 이 사찰에서 자라며 학교를 다녔던 청아한 목소리에 예리한 지혜를 갖춘 비구니가 있다. 이 비구니는 지명의 지도에 힘입어 불교학 연구에 뜻을 세우고 붓다의 고향 인도로 유학을 떠나 10년간 공부에 전념했거니와, 다시 스리랑카로 건너가 10년간 원전연구에 매진했다. 두 번 강산이 변한다는 20년의 세월을 불교원전 공부에 열정을 바친 결과 2개의 박사학위를 받고 돌아온 주인공, 붓다의 원음을 한 사람이라도 더 알게 해야 한다는 간절한 소망으로 대중에게 빠알리어 원전을 한글 직역으로 직접 공부시키고 있는 이 비구니가 바로 지명의 손상좌 선일(禪壹)이다.

그래서 붓다의 원음을 들을 수 있는 곳, 아담해서 더욱 아름다운 절 화운사는 어린이들에게는 더 없이 신나는 놀이터로도 유명하다. "아이들이야말로 생기발랄한 봄기운을 몰고 올 미래의 주인공"이라는 선일의 소신 덕분에 맘껏 절을 찾는 어린이들이 사찰에 생명력을 불어넣고 있다.

그뿐만이 아니다. 화운사는 노스님 열한 분이 대중생활하면서 유유자적(悠悠自適)하는 곳이기도 하다. 언제부터인가 승려노후복지가 화두가 된 오늘날 출가승단의 실상에 비추어 그것은 분명 기이한 현상이겠다. 작금의 단위사찰은 물론이거니와 교구본사급의 큰절에서조차 일례를 찾아볼 수 없기 때문이다. 노스님들이 만년에도 일념을 놓지 않도록 일상(日常)을 살피면서 절살림을 챙기는 비구니가 있다. 도감소임을 맡고 있는 도현(道現)이다. 화운사는 그렇게 선일과 도현, 두 비구니의 원력과 보살행에 힘입어 행복과 희망을 키우는 도량으로 거듭나고 있다.

실상문중 화운사계통은 의선의 두 번째 제자 도덕계열로 문중계보를 이어오고 있다.

다. 삼각산 연화사

연화사(蓮花寺)는 서울 종로구 구기동 193번지(비봉길 119) 삼각산 자락에 위치한 아담하고 예쁜 비구니 수행도량이다.

이 사찰은 실상문중 5세인 숭심당(崇深堂) 명수(明洙)가 1968년 5월 이곳에 304평을 증여해 대웅전 35평, 요사 190평, 창고 5칸, 온실 등을 갖춰 창건한 절이다. 현대불교는 중생과 함께 호흡해야 한다는 명수의 신념과 도심포교 원력에 따른 것이다. 본래 1967년 화운사계통의 문중 5세인 성인(性仁)이 20평 남짓한 와토굴(瓦土窟)에서 수행하던 중 보다 절다운 면모를 갖춘 선도량을 조성하겠다는 원력을 세우게 되면서 명수와 인연을 맺게 된 것이라고 한다.

실상문중 연화사계통은 의선의 셋째상좌 성각계열과 넷째상좌 성윤계열의 계보를 계승하고 있다. 사찰음식의 대가인 운아(芸芽)가 주지로서 선조사들의 유지를 받들며 오늘에 이른다. 운아는 명수의 계보를 잇고 있는 혜조(慧照)의 만상좌이다.

라. 가섭산 미타사

미타사(彌陀寺)는 충북 음성군 소이면 비산리 874-2번지(소이로 61번길 164) 가섭산(迦葉山) 중턱에 자리잡은 중부내륙권 유일의 비구니 선원이다.

사기(寺記)에 의하면 630년 처음 창건했다고 하나 확실하지 않다. 출토된 유물로 미루어 보아서는 고려 중기에 창건된 것으로 추정하고 있다. 1592년(선조25) 임진왜란 때 불에 탔으나, 1636년(인조14) 병자호란 때 벽암각성(碧巖覺性)이 의병 3천여 명으로 적군을 물리치자 그 공로를 인정해 크게 중수했다고 한다. 1742년(영조18)에 다시 불이 나 전소되면서 이후 폐사로 방치되었다.

2백 년이 훨씬 지난 1964년에 실상문중 6세인 명안(明岸)이 운수행각 중 이 절터를 발견하고 복원의 대원력을 세웠다. 명안이 이 사찰의 중창 원력을 세운 배경에는 다음과 같은 일화가 전해온다.

충주에 사는 한 무당(巫堂)이 절터에 버려져 있던 높이 90㎝의 석조 아미타여래좌상의 꿈을 꾸고 불상을 산아래까지 옮겼으나 갑자기 심신이 고통스러워 가져가는 것을 포기했다고 한다. 그런 일이 있은 후 비산리 마을사람들의 꿈에 이 불상이 나타나 절터로 다시 옮겨달라고 하므로 마을사람들이 원래 자리로 옮겨놓았다는 것이다. 명안이 이러한 사연을 듣고 절터에 머물며 불상을 모셨고, 급기야 사찰복원의 대원력을 세웠던 것이다. 1964년의 일이다. 이 아미타여래좌상은 현재 삼성각에 모셔져 있다.

명안은 이듬해인 1965년 4월 8칸의 당우를 건립했으며, 1979년에 이르러 흙벽 8칸의 기와집을 헐고 그 자리에 정면 3칸 측면 2칸의 다포집 극락전과 삼성각을 비롯해 선원과 요사를 완공한 뒤 1981년부터 미타사선원을 개원해 오늘에 이르고 있다.

그런데 사찰을 복원하는 과정에서 고려 후기로 추정되는 유물들이 다수 출토되었다. 1973년 법당 뒤편에서 금동불이 발견되었는가 하면, 1976년 법당 앞 채소밭에서 지름 75㎝의 맷돌과 범자(梵字) 명문와(名文瓦), 9개의 연꽃잎이 3중으로 조각된 숫막새 등과 법당의 기초공사 때 물오리 모양의 기와 등이 출토되었다. 절에서 서쪽 700~800m 지점에 마애불이 있는데, 이는 충북 유형문화재 제130호로 지정되어 있다. 이러한 발굴유물에 따르면 미타사는 고려 후기 이전에 건립된 것으로 보는 게 타당하다고 하겠다.

미타사가 실상문중의 계파로서 종문의 본찰이 된 것은 이처럼 명안이 사찰을 복원하고 문중계보를 선대(先代)로 연계한 까닭이다. 미타사 계통이 명안의 노스님 되는 만성계열로 계보를 전승해오고 있는 배경이 그와 같다.

의선의 다섯째 제자인 만성(萬性, 1897~1975)은 수덕사 견성암에서 만공으로부터 법인가를 받은 후 1946년 만공이 입적(죽음)하자, 운수행각에 오른 지 10여 년이 되던 해인 1956년 범어사 대성암 입승으로 부임하면서 지금의 대성암선원을 있게 한 주인공이다.

마. 금정산 대성암

금정산 대성암(大聖庵)은 부산시 금정구 청룡동 546번지(범어사로 250)에 자리한 범어사 산내암자이다.

대성암은 신라 선덕여왕(재위 632~647) 때 의상(義湘)이 창건한 것으로 전하나 확실하지 않다. 1987년 2월 중수불사 때 발견된 상량문에 의하면 1680년 백암당(白巖堂) 준영(俊英)이 초창하고 1734년 월조당(月照堂) 극존(克存)이 중창하고 1789년 낙성당(洛城堂) 취규(就奎)가 3차 중창하고 1839년 2월 26일 울암당(蔚岩堂) 경의(敬儀)가 4차 중창했다.

대성암이 선원으로서 출발한 것은 1909년 10월 1일 암주 찬훈(讚勛)이 열여섯 명의 대중으로 동안거에 들어간 것이다. 당시 암자의 명칭은 대성선사(大聖禪社)였다. 대성암선원이라 이름한 것은 의선의 다섯째 제자로서 가섭산 미타사계통 문중 4세인 만성(萬性)이 1956년 입승으로 부임하면서부터다.

대성암은 이후 실상문중 대성암계통 정원계열 문중 5세인 자행(自涬)에 의해 거듭 중창되었다. 중창 횟수로는 5차에 해당한다. 1977년에 목조건물 4채 가운데 2채를 다시 짓고, 1987년 2월에 오래된 건물을 헐고 도량을 넓혀 중창기공식을 가진 후 1991년 10월에 완공했다. 지금의 대방인 각해선림(覺海禪林)과 지장전·요사채 등 입구(口)자형의 건물이 들어선 것이 그것이다.

대성암계통은 의선의 아홉째 각원계열·열첫째 정원계열·열둘째 만혜계열·열셋째 두룡계열의 계보이다. 정원계열이 대성암계통을 대표하고 있다.

9
보운문중

보운문중(普雲門中)은 1대 보운당(普雲堂) 윤함(允咸), 2대 금강당(金剛堂) 선유(善有), 3대 심월당(心月堂) 정엽(靜燁)이 금강산 신계사 보운암에서 수행한 행적을 기려 성립한 문중이다. 개창조로 추앙받는 이들은 모두 19세기 전반기에 살았던 인물들이다. 1대인 윤함은 당호를 아예 보운이라고 칭했다.

보운문중은 1984년 9월 27일(음 9.3) 당시 문도를 대표하던 성월당(性月堂) 수인(守仁, 1899~1997)의 여든 여섯 생일을 맞아 그 성립의 진전을 보았다. 수인은 이때 문도결집의 필요성을 설명하고 초조의 당호(보운)를 문중이름으로 삼으라고 했다. 당시 문도들은 매년 음력 2월 20일을 정례 회동일자로 정해 모일 때마다 문도 권속들의 이름을 정확하게 적어오기로 약속했다.

마침내 이듬해인 1985년 4월 9일(음 2.20) 진주 미륵암에서 제1차 보운문도회를 개최했다. 수인을 기준으로 세간의 직·방계 존·비속에 해당하는 사자간(師資間) 내지 사형사제간의 관계와 사실(史實)을 토대로 문도 확인에 들어간 결과, 1986년 8월 문중계보의 가제본을 만들었다. 2008년에 이르러 『보운문중계보』의 완성본을 세간에 내놓으면서 문중의 태동을 공식화했다.

보운문중은 사실상 수인의 상노(上老, 세간의 증조에 해당)스님이 되는 정엽(靜燁, 1839~1913)으로부터 시작되었다고 볼 수 있다. 정엽이 부성(富盛)과 정인(正仁)을 제자로 두면서 문도번성의 전기를 마련했거니와, 이들에 의해 비로소 비구니계 대표문중의 일원으로 그 위상을 정립해왔기 때문이다. 정엽은 보운암에서 오랫동안 주석하며 수행정진하다가 1913년 4월 18일 사시에 경남 밀양의 재약산 표충사 대원암에서 세수 75세로 입적(죽음)했다. 그의 제자 함월당(含月堂) 부성(富盛, 1864~1938)도 대원암에서 이생을 마감했다.

가. 금강산 보운암

보운암의 본절인 신계사 터

금강산 보운암(普雲庵)은 신계사 산내암자이다. 신계사를 창건한 보운(普雲)이 528년(법흥왕15)에 건립했다. 그 이후의 연혁은 자세히 알 수 없다. 다만 19세기에 들어와서 보운문중 1대 윤함(允咸), 2대 선유(善有), 3대 정엽(靜燁)이 이곳을 원찰 삼아 수행정진했다.

보운암은 근대기 비구고승인 축원진하(竺源震河, 1861~1925)가 강백으로서 행장을 시작했던 곳이거니와, 일제강점기 조선불교조계종 초대 종정으로 추대된 한암중원(漢岩重遠, 1876~1951)이 보조지눌의 『수심결』을 읽다가 첫 깨달음을 얻었던 곳이다. 1962년 통합종단 출범 당시 초대종정을 역임한 효봉원명(曉峰元明, 1888~1966)도 석두보택(石頭寶澤)을 은사로 이곳에서 출가득도했다. 1905년 5월에 불타고 1907년 석호가 중건했으나, 6.25한국전쟁 때 다시 불타버렸다.

나. 재약산 대원암

재약산 대원암(大願庵)은 보운문중 3대손 정엽(靜燁)과 그의 제자 부성(富盛)이 입멸(죽음)했던 표충사 산내암자이다. 경남 밀양시 단장면 구천리 재약산(載藥山) 자락에 있으며, 일명 원통암이라고도 한다. 1714년

(숙종40)에 비구 약봉(藥峰)이 창건하고, 1858년(철종9)에 비구니 찬인(讚仁)이 중창했다. 처음에는 서왕암이라고 불렸다고 한다. 재약산은 경남 밀양의 주산이요 영남의 알프스로 불리는 명산이다.

대원암은 문필봉을 마주하고 있거니와 병풍에 둘러싸인 듯 포근하고 아름다운 풍경이 가슴에 진하게 남는 곳이다. 특히 19세기 말에 보운문중의 정엽이 이곳에 거주하면서 개축하고, 부성이 1930년에 3창한 이래 오늘날까지 비구니 선방으로 그 위상을 확보하고 있는 곳이다. 소장하고 있는 조왕탱과 칠성탱이 각각 경남 문화재자료 제430호와 제431호로 지정되어 있다.

본절인 표충사는 사기(寺記)에 의하면 654년(진덕여왕8) 원효대사가 창건하고 죽림사(竹林寺 또는 죽원정사竹園精舍)라 칭한 데서 기원한다. 829년(홍덕왕4) 인도승 황면(黃面)이 석가모니의 진신사리를 봉안할 곳을 동방에서 찾다가 황록산 남쪽에 오색의 상서로운 구름이 감도는 것을 발견하고는 3층 석탑을 세워 사리를 봉안했다. 때마침 왕의 셋째 왕자가 몹쓸 병을 얻었으나 이곳의 약수를 마시고 황면의 법력으로 쾌유되니 왕이 찾아와 크게 칭송했다. 황면이 "이곳 유수와 산초가 모두 약수요, 약초 아님이 없다"고 하니 왕이 기뻐하고 '재약산 영정사(載藥山靈井寺)'라는 절 이름을 하사하고 크게 부흥시켰다.

그 이후 조선시대 임진왜란 당시 큰 공을 세운 사명대사의 충혼을 기리기 위해 국가에서 절 이름을 표충사라 명명했거니와, 현재 임진왜란 3대 성사인 청허휴정·사명유정·기허영규의 영정을 함께 모시고 추모하고 있다. 표충사는 조선 후기 8법당 4지전 17부속건물과 산내암자로 대원암·내원암·진불암·서상암·한계암·지장암·미타암·적조암·남무암·약수암·사자암·청하암·극락암·홍제암·동상암 등 15개를 두기도 했던 대찰이었다. 지금도 그렇거니와 당시 15암자 가운데 대원암이 으뜸이었다.

다. 호거산 청신암

호거산 청신암(靑神庵)은 운문사가 1954년 말 비구니사찰로 지정받기 전부터 줄곧 비구니들의 수도처로 내려오고 있는 운문사 산내암자이다. 경북 청도군 운문면 신원리 180-1번지(운문사길 239-35)에 위치하고 있으며, 산내암자 가운데 비구니들의 수도처로는 가장 오래된 곳이다.

사기(寺記)에 따르면 1840년 운악(雲岳)이 창건하고, 1889년 현화(玄化)가 중수한 이래 1924년·1937년·1956년에 거듭 중수했다. 창건 당시 아예 비구니사찰로 건립되었다고 전하는 이 암자는 6.25한국전쟁 이전에는 60여 명의 비구니들이 살았다고 한다.

이 암자는 비구니문중 가운데 특히 보운문중의 문도와 인연 깊은 도량이다. 1955년 8월 15일부터 1966년 12월 30일까지 운문사 주지직을 3만기 역임하는 동안 운문사가 오늘날 비구니 제일총림으로 그 위용을 바로 세우는 데 공헌했거니와, 보운문중 성립의 전기를 마련했던 6대손 성월당(性月堂) 수인(守仁)이 이곳에서 출가 정진한 이력을 갖고 있다. 수인의 은사인 행민(幸敏)은 이곳에서 출가해 이곳에서 선풍을 드날리다가 이곳에서 생을 마감했다. 수인의 수제자인 혜전당(慧田堂) 창법(昌法, 1918~1984)도 이곳에서 출가했다.

이 암자에 지어진 전각 가운데 독특한 것으로 북극전이 있다. 다른 사찰의 칠성각 또는 자응전에 해당하는 전각인데, 이곳에서 칠성기도를 하면 틀림없이 생남(生男)했다는 영험설이 지금까지도 전해오는 전각이다.

라. 진주 미륵암

미륵암(彌勒庵)은 경남 진주시 가좌동 326번지(개양로 116번길 24-75)에 위치한 아담한 절이다. 1985년 4월 9일(음 2.20) 보운문도회 1차 회의가 이곳에서 개최되면서 보운문중 탄생의 첫걸음을 시작했던 의미 깊은 곳이다. 지금은 문중 6대손 정연(定然)이 주지로 있다.

미륵암에는 고려시대 것으로 추정되는 석불입상이 모셔져 있어 참배객들의 눈길을 끈다. 이 불상은 본래 진주시 금산면 갈전리 월아산 청곡사(靑谷寺)에 있었으나, 임진왜란 당시 청곡사가 소실(1612년 중건)될 때 지금의 위치로 옮겼다. 전체 높이는 약 2m13㎝이며, 몸의 높이가 1m73㎝이다. 머리는 다소 크고 소라 모양의 나발(螺髮)이다. 그 위로 육계(肉髻)[74]가 표현되었다. 얼굴은 넓은 사각형이고 백호(白毫)[75]가 뚜렷하며, 목에는 삼도(三道)[76]가 뚜렷하다. 오른손은 펼친 채 오른쪽 허벅지 위에 내려놓았고, 왼손은 파손돼 뚜렷하지 않으나 허리 높이에서 여원인(與願印)[77]을 하고 있다.

74) 부처의 정수리에 상투처럼 우뚝 솟아오른 혹과 같은 것. 불정(佛頂)·무견정상(無見頂相)·정계(頂髻)라고도 한다. 부처의 32길상의 하나로, 지혜를 상징한다.

75) 부처의 양 눈썹 사이에 난 희고 부드러운 털. 미간백호상(眉間白毫相)이라고 한다. 부처의 32길상의 하나다.

76) 불상 목에 새겨진 세 개의 주름.

77) 손바닥을 밖으로 하여 내린 손 모양. 중생이 원하는 바를 이루게 한다는 뜻이다. 시원인(施願印) 또는 만원인(滿願印)이라고 한다.

10
일엽문중

일엽문중(一葉門中)은 근대기 신여성운동을 주도했던 여류문인으로서 만공회하에 출가한 후 40여 년간 큰 족적을 남긴 일엽(一葉, 1896~1971)의 유풍을 기리고 있는 문중이다. 근대문학 초창기로 불리는 일제강점기에 시대의 반항아로 불리며 나혜석·박인덕·신줄리아 등과 함께 '청탑회'라는 신여성모임을 결성해 여성개화운동에 앞장섰던 김원주(金元周)가 일엽의 출가 전 본명이다.

이 문중은 일엽과 그의 효상좌 경희(慶喜)가 만년에 주석했던 덕숭산 수덕사 환희대(歡喜臺)를 종문의 본찰로 삼고 있다.

일엽문중과 환희대의 인연관계는 이렇다.

1927년 추석을 앞둔 어느 날 밤, 정혜사 소림초당에 주석하고 있던 만공월면이 완월(玩月)하던 중 덕숭산 비원(秘苑)이라고 일컬어진 환희대 도량에 이르러 "좋고 좋도다! 참으로 환희로운 터로다"라고 찬탄했다.

덕숭산 환희대

그해 10월, 그 터에 간단한 초옥을 짓고 「환희암」으로 명명한 후 비구니 세 명이 정진하며 살았는데, 오랜 세월이 지나는 동안 초옥이 퇴락해 1942년 새로 기와를 올린 암자를 짓고 상량식을 거행했다.

이후 몇몇 수행자들이 이곳에 거처하며 정진했으나, 만공 입적 후에 돌보는 사람이 없어 비게 되자, 서산에 살던 김국평이라는 만공의 신도가 이 암자를 지을 때 크게 시주했다는 연고로 자신의 소유권을 주장하기에 이르렀다. 그러자 노환으로 대중처소에 머물기 어려웠던 일엽을 모시기 위해 손상좌인 월송(月松)이 대한불교조계종 총무원의 고문변호사인 황해진(黃海振) 변호사를 통해 법적인 절차를 밟아 김국평 씨에게 소정의 대금을 지불하고 환희대를 인수했다.

그 이후 일엽이 대중처소에서 열반하려는 뜻에 따라 1970년 견성암선원으로 이거(移居)할 때까지 만 10년을 환희대에 주석하며 제자들과 함께 정진했다. 1966년 덕숭총림 수덕사 제2대 방장을 지낸 벽초가 환희대 고가(古家) 옆 객실채를 신축해주었다. 1971년 일엽 입적 이후 손상좌 월송을 위시한 문도들이 힘을 모아 유고문집을 간행하고 1973년에는 환희대 앞뜰에 일엽을 기리는 5층 추모석탑을 건립했다.

1978년 월송과 정진(淨眞)은 일엽의 기념도량을 정비해 환희대 원통보전과 요사채 보광당·난야 등의 창건불사를 시작했다. 덕숭총림 수덕사 제3대 방장인 원담의 지도아래 많은 불자들의 도움으로 1984년 원통보전과 보광당의 낙성식을 봉행했다. 2007년 12월(음력 11월) 정진·월송의 불사공덕을 기리는 이니보탑(二尼寶塔)을 건립했다.

일엽문중이 종문의 본찰로 삼고 있는 환희대의 역사·유래가 그와 같다. 일엽은 1928년 금강산 서봉암에서 비구니 성혜(性慧)를 은사로 출가한 뒤 그해 10월 15일 선학원에서 만공문하로 다시 득도수계했다. 만공과의 이러한 인연으로 일엽은 오늘날 조계종 비구승가의 대표문중인 덕숭문중에 속하는 인물로 분류되기도 한다. 후학들이 1974년 일엽의 문집 『미래세가 다하고 남도록』(상·하 2권) 발간을 계기로 문도회를 결성한 뒤 일엽의 유덕을 기리며 오늘에 이르고 있다.

문도회는 일엽의 입적 30주기를 맞아 2001년 1월 그의 문집 『일엽선문』을 새롭게 출간했다. 이 문집은 1974년 발간한 『미래세가 다하고 남도록』의 내용을 간추려 일엽이 입산 후에 쓴 글들만을 모아 다시 펴낸 것이다. 문도회는 2010년 12월 비영리재단 김일엽문화재단(이사장 월송)을 공식 출범시켰다. 일엽에 대한 연구와 기념사업을 보다 전문적이고 내실 있게 추진해 일엽의 사상과 유지를 계승·발전시키겠다는 취지에서다.

11
보문종문중

보문종문중(普門宗門中)은 서울시 성북구 보문동 3가 168번지에 위치한 탑골승방 보문사를 총본산으로 삼고 있는 문중이다. 초유의 비구니 종단인 대한불교보문종의 창종 주역인 설월당(雪月堂) 긍탄(亘坦, 1885~1980)의 계보를 잇고 있다. 1972년 4월 20일 창종한 대한불교보문종은 불교 역사상 처음 있었던 일이거니와, 지금까지도 그 전례가 없는 비구니 종단이다.

보문종은 대한불교조계종과 별개의 독립적인 비구니 종단으로 분류되지만, 교단 정서상 상호교류하고 있는 현실을 감안해 비구니승가의 단일문중으로 포함했다. 보문종은 마하빠자빠띠 고따미를 종조(宗祖)로 모시고, 신라 때의 비구니 법류(法流)를 중흥조로 삼고 있다.

창종 당시 초대종정에 설월당 긍탄이, 초대총무원장에 보암당(寶庵堂) 은영(恩榮, 1910~1981)이 취임하면서 보문종문중은 이후 긍탄과 은영을 중심으로 계보를 형성하며 오늘에 이르고 있다.

현재 보문종은 긍탄의 문도와 종단의 총림격인 전주 완산 정혜사와 인연 있는 계민문중의 금룡(金龍)-일조(日照), 명주(明珠)-혜명(慧明)·혜일(慧日)·혜월(慧月), 영명(永明)-혜안(慧眼) 등의 계보를 잇고 있는 문도들을 중심으로 운영되고 있다.

탑골승방 보문사

보문동명의 유래가 된 탑골승방 보문사(普門寺)는 세계 유일의 비구니 종단인 대한불교보문종의 총본산이다. 담진(曇眞)이 1115년(예종10)에 비구니의 수련장으로 창건했다. 탑골에 있었다고 해서 줄곧 '탑골승방'이라는 별칭으로 전해오고 있다. 탑골승방은 서울의 낙산 아래 동망봉(東望峯)[78]을 경계로 청룡사·미타사 등 비구니 도량이 군집해 있어 생긴 이름이다.

보문사는 조선시대 탑골승방이라고 불렸던 두뭇개승방(종남산 미타사)·돌곶이승방(천장산 석고사)·새절승방(삼각산 청룡사)과 함께 비구니들이 거처하는 성 밖의 4대 비구니사찰 중 하나이다. 단종의 비 정순왕후와 연관된 동망봉과 청룡사·미타사가 이웃해 있어 이곳이 왕비와 후궁들의 기도처였음을 짐작할 수 있다.

이곳을 총본산으로 삼아 1972년 초유의 비구니 종단인 대한불교보문종을 창종했다. 당시 불교 교단의 상황은 1962년 출범한 통합종단 조계종을 둘러싸고 비구 측과 대처승 측의 갈등으로 혼란스럽기 짝이 없는 시절이었다. 긍탄과 은영은 보문사가 그 소용돌이에 휘말릴 위기에 직면하자 양쪽 어디에도 가담하지 않기로 결심하고 비구니의 독립적인 권리와 능력을 인정받기 위한 방안을 강구했다. 재단법인 대한불교보문원을 설립한 것이 그 하나요, 비구니와 여성의 권익과 위상을 높여 사회 발전에 공헌한다는 취지로 독립적인 비구니 종단인 대한불교보문종을 창종한 일이 또한 그 하나이다. 대한불교보문종의 출범과 탑골승방 보문사가 그 총본산이 된 배경이 그와 같다. 그해 6월에는 경주 석굴암을 본뜬 석굴암을 그대로 재현 축조했으며, 이는 지금까지도 참배객들의 신심증장 도량이 되고 있다.

78) 수양대군의 왕위찬탈 이후 단종과 자형인 정종(鄭悰, ?~1461)이 유배당하자 단종의 비 정순왕후가 시누이 되는 경혜공주와 함께 출가해 비구니가 되었는데, 그곳이 서울 숭인동의 청룡사다. 동망봉은 정순왕후가 단종의 유배지인 영월 쪽을 바라보며 단종을 그리워했다고 하는 낙산의 돌산 봉우리를 말한다. 청룡사 위쪽에 위치해 있다.

12
기타 문중

비구니승가를 형성하고 있는 기타 비구니문중으로는 대표인물 계보로 내려오는 두옥(斗玉)·봉완(奉琓)문중을 비롯해 단위사찰 계보인 청량사문중·미타사 탑골문중·종남산 미타사문중 등을 들 수 있다.

이들 문중은 역사성에 기초한 초조 내지 개창조는 물론 이후의 구체적인 계보를 알 수 없거니와, 문도결집을 통한 공식적인 문중태동의 배경이 없다는 점에서 앞에서 제시한 문중과는 그 개념을 달리하는 계보들이다.

가. 두옥문중

두옥문중(斗玉門中)은 1956년 전국비구니계의 추천으로 조계산 선암

부산 보덕사. 이 절은 광호스님이 만년을 보냈던 곳이다.

사 주지를 지낸 광호(光毫, 1915~1989)와 스러졌던 제주불교를 중흥한 봉려관(蓬廬觀, 1865~1938)의 계보를 말한다. 광호와 봉려관의 계보는 민기-재준-우청-두옥에 이르러 두옥이 유장·성수·경윤·법신 등 4명의 제자를 두었고 유장(宥藏)이 봉려관에게, 경윤이 혜원(慧圓)을 제자로 두면서 혜원이 광호·인선(仁善)에게 계보를 계승하도록 했다. 이에 따르면 봉려관과 광호는 숙질간(叔姪間)이 된다.

광호가 선암사 주지를 역임한 일은 불교 교단의 정서상 비구니가 교구본사 주지를 지낸 희유한 사례로 손꼽힌다. 계민문중 성립의 전기를 제공한 성문(性文)이 당시 팔공산 동화사 주지를 지낸 경우와 함께 지금까지도 전례가 없는 일로 기록된다. 광호는 선암사 주지를 지내고 동학사 주지로 부임해서는 강당을 복원하는 등 비구니 전문강원의 모태를 태동시켰다. 대한불교조계종 전국비구니 금강계단 존증아사리와 전국비구니회 고문 등을 역임하면서 비구니승가의 지표를 제시했다.

봉려관은 2백여 년간 찾아볼 수 없었던 제주불교의 옛 명성을 재건한 주인공이다. 그는 1907년 삭발수계한 이후 1938년 이생을 마감할 때까지 한라산 북쪽 아미산에 관음사 창건, 한라산 남쪽 중문 법정산의 법정사 및 법화사 중창, 제주 서부지역인 한림면 고산리에 월성사 창건, 제주 동부지역인 구좌면 김녕리에 백련사 창건 등을 비롯해 제주불교협회·제주불교부인회·제주불교소녀단 등을 창설하는 등 오늘날 제주불교가 있게 한 실질적인 주역으로서 그 이름을 남겼다.

나. 봉완문중

세등스님이 대전 탄방동에 세운 계룡산 세등선원

봉완문중(奉琓門中)은 대전광역시 서구 탄방동 191-3번지(탄방로 35)에 소재한 계룡산 세등선원과 탑골승방 보문사에 인연관계를 두고 있는 무변당(無邊堂) 세등(世燈, 1926~1993)의 은사인 봉완의 계보이다. 문중 성립의 단초는 세등으로부터 시작하나, 세등이 그의 은사 봉완을 문중의 시원으로 올렸다.

세등은 서울 정각사 회주인 광우(光雨)와 함께 1968년 2월 조계종 전국비구니회의 전신인 우담바라회의 결성과 1972년 4월 긍탄·은영과 함께 세계 유일의 비구니 종단인 보문종 창종에 직접적인 역할을 담당했던 인물이다. 1972년 10월 대전시 탄방동에 세등선원을 창건하고 1988년 11월 재단법인 세등선원을 설립해 납자제접에 들어가는 한편, 법인

산하에 등불유치원과 등불어린이집을 설립해 대중교화의 원력을 현실 속에 실천했다.

이 문중의 계보는 복형-봉완-세등·재운·경화·경희·재호-의선(儀先)·광우(光雨)·수인(修印)·능환(能煥)·혜정(慧淨)·지견(芝見)·광이(光二)·법주(法珠)·상득(相得, 이상 세등상좌)·묘현·경은(이상 재운상좌)·혜명·묘관·혜공·혜원(이상 경희상좌)-명호(혜명상좌) 등으로 계승되고 있다.

다. 청량사문중

서울시 동대문구 청량리동 61번지(제기로 31길 10-3)에 위치한 천장산 청량사(淸凉寺)는 자세한 연혁은 알 수 없으나, 신라 말에 창건된 것으로 보고 있다. 『동국여지승람』이나 『고려사절요』에 이 절이 삼각산에 위치한다고 기록되어 있거니와, 1117년(예종12)에 왕이 거사불교의 대표였던 이자현(李資賢)으로 하여금 이 절에 머물게 했다는 기록 등으로 보아 역사가 깊은 듯하다. 지금의 동명인 청량리의 유래가 된 절이다.

원래 지금의 홍릉 영휘원(永徽園) 자리에 있었던 청량사는 1895년 일제의 만행에 의해 명성황후가 시해된 을미정변 이후 청량사 터가 명당의 정혈이라 하여 1897년 황후의 능인 홍릉이 이곳에 조성되자 현재의 위치로 옮기게 되었다.

돌곶이절인 석고사(石串寺)를 청량사의 기원으로 보는 경향도 있으나, 김정호(金正浩, ?~1864)의 대동여지도에는 지금의 홍릉자리에 청량사가 표시되어 있고 현재의 임업시험장 자리에 돌곶이절이 분명하게 나타나 있다. 이로 보아 청량사와 돌곶이절은 별개의 사찰이었던 것으로 보인다. 홍릉 조성으로 청량사가 지금의 위치로 옮겨지고, 돌곶이절 또한 폐사되면서 합병된 것으로 보고 있다.

일제강점기에는 만해 한용운이 머물렀다. 1991년 동숙(東淑)이 정면 5칸 측면 3칸의 다포식 팔작지붕의 무량수전을 건립하는 등 사찰을 중수하면서 오늘에 이른다.

청량사문중은 자영(慈英)이 상길(相吉)·묘길(妙吉)을 제자로 두고서 계승해오고 있는 계보를 위시해 원삼(元三)-혜관(惠寬)·혜명(惠明)·혜일(惠一)-보덕(혜관상좌)·법등(法燈,혜명상좌)·광현(光玄)·성현(性賢, 이상 혜일상좌)의 계보와 재언-해은(海恩)-성법(性法)의 계보로 내려오는 문중을 말한다. 상길은 동희(東熙)·동근(東根)·자연·계진 등을 제자로 두었으며, 중요무형문화재 제50호 영산재 기능전수자인 동희가 도윤(導允)·도법(導法)에게, 동근이 은진(恩盡)에게 각각 법맥을 전했다. 묘길은 동숙(東淑)-혜전(蕙田)·정관(靜觀)·혜담(蕙潭)·혜등(慧燈)으로 계보를 잇고 있다.

라. 미타사 탑골문중

서울 성북구 보문동 보문사 일대는 탑골이라 해서 사람들은 예부터 이곳에 있는 비구니사찰을 탑골승방이라 불렀다. 보문사와 담장 하나를 두고 이 지역 대표적인 비구니사찰이었던 미타사 탑골승방도 그러한 역사성에 의해 붙여진 명칭이다.

서울 성북구 보문동 3가 51번지(보문사길 6-16)에 위치한 이 절은 950년(광종1) 혜거(惠居)가 처음 창건하고 미타사라 이름했다. 1047년(문종1)에는 석탑을 조성해 탑골승방이라고 했다. 1314년(충숙왕1)에 혜감(慧鑑)이 중건했다. 조선조에 들어와서는 단종의 비 정순왕후에 의해 중수되었다. 이곳에는 또 6층으로 된 오래된 탑이 있다. 위 3층 아래 3층이 그 시대를 달리하고 있는데, 아래 3층의 조성시기를 고려시대로 보고 있다.

이 사찰에 뿌리를 두고 명맥을 유지해오고 있는 미타사 탑골문중은 경삼(敬三)-유명(有明)-지순(芝順)-원호(元胡)·보명(寶明)·송현·나원의 계보로 계승되어 오늘에 이른다. 원호(1946~현재)가 법주(法珠)를 제자로 두었고, 보명(1954~현재)이 경륜(經輪)에게 계보를 잇도록 했다. 보명은 1988년 「한국불교연화꽃꽂이회」와 1990년 「한국불교비구니꽃꽂이회」를 창립해 불교와 꽃예술을 접목한 불교문화의 새로운 전형을 제시함으로써 이 분야의 개척자로서 이름을 남기고 있다.

마. 종남산 미타사문중

종남산 미타사문중 계보를 잇는 금보암

서울 성동구 옥수동 종남산에 위치한 미타사도 조선시대 성 밖 비구니 4대 승방 중 하나로서, 두뭇개승방이라 불렸다. 사찰연혁은 법기문중 편에서 자세히 다루었다.

이 문중은 금수암·칠성암·정수암 등의 산내암자가 법기문중으로 분류된 것과 달리 금보암과 용운암이 각각 별개의 계보로 내려오고 있는 문중을 일컫는다. 금보암은 대오(大悟)-재호(宰豪)-철은(徹恩)·광후(光厚)-성우의 계보로, 용운암은 대성(大性)-문수(紋秀)-법련(法蓮)·법래·법우(法牛)·불퇴(不退)의 계보로 내려온다.

국제문화재단 기 발행도서 총목차

(영문판·일문판 제외)

1. 韓國文化 시리즈 전 10권

① 『한국문학의 해학』(증보판), 국제문화재단 출판부, 1970.

② 『한국의 선비문화』, 국제문화재단 출판부, 1973.

③『한국의 불교문화』, 국제문화재단 출판부, 1974.

서문 ·· 전신용
원효의 사상과 생애 ··· 홍정식
신라의 조각 ·· 황수영
고려시대 불서 간행과 인쇄문화······························· 안계현
만해 한용운론 ·· 염무웅
대담 : 한국의 불교문화 ······························ 서경수·김철준

④『한국의 민속문화』, 국제문화재단 출판부, 1974.

서문 ·· 전신용
한국 신화의 몇 가지 국면 ···································· 김열규
한국 민화 속의 영웅원형·· 이부영
한국 구비문화과 민중의식의 성장······························ 조동일
한국의 무속 ·· 장주근
한국 민속음악과 무희 ································ 알란 C. 헤이만
민속극 ·· 이두현
대담 : 한국의민속문화································ 임석재·김열규

⑤『한국의 법률문화』, 국제문화재단 출판부, 1975.

서문 ·· 전신용
한국 전통법의 특색 ·· 박병호
한국의 상속제도 ··· 김용한
한국의 혼인제도 ··· 김주수
한국 여성의 법적지위 ·· 이태영
암행어사 제도 ··· 전봉덕
한국인의 법의식 ······································ 함병춘·양승두
대담 : 한국의 법률문화 ······························ 장경학·서돈각

⑥ 『한국의 사회』, 국제문화재단 출판부, 1976.

서문 ······ 전신용
가족제도 ······ 최재석
족보 ······ 송찬식
사회계층 ······ 김채윤
전통적 지배층 ······ 김영모
한국의 촌락관행 ······ 한상복
전통주의와 탈전통주의 ······ 고영복
한국사회구조론 시도 ······ 장윤식
대담 : 한국의 사회 ······ 이해영·한우근

⑦ 『한국의 민화』, 국제문화재단 출판부, 1978.

서문 ······ 김열규
개미와 여치와 물총새
선녀와 나무꾼
해순이 달순이 별순이
수리당수 나무
도깨비 방망이
각시 섬
처녀귀신과 해랑당
십정(十井)
은산별신굿
장자 늪
동명왕
이건과 간부
지옥순례
구두쇠 최첨지
샌님과 막도이
구두쇠와 옹고집 부부와 쥐

물고기 잡는 호랑이
바리공주
제석(帝釋) 풀이

⑧ 『한국의 경제생활』, 국제문화재단 출판부, 1978.

서문 …… 전신용
한국의 토지제도 …… 정창열
실학의 경제사상 …… 김영호
한국의 화폐발달사 …… 원유한
개성상인 …… 강만길
한국의 장시(場市)와 보부상 …… 유원동
한국 민족자본의 전개 …… 조기준
대담 : 한국의 경제생활 …… 조기준·강만길

⑨ 『한국인의 생활풍습』, 국제문화재단 출판부, 1980.

한국의 전통문화와 현대문화 …… 전신용
한국문화와 정신건강 …… 이부영
세시풍속과 의례 …… 최길성
두 죽음의 통과의례 비교 …… D.키스터
굿, 민속제의의 몇 가지 양상 …… 김열규
전통문화에 있어서의 인간관 …… 강신표
방자형 인물고 …… 권두환·서종문
무속의 영혼관 …… 김태곤
신화의 영혼관 …… 김열규
대담 : 전통적 관념과 풍습 …… 소광희·김열규

⑩ 『한국의 사상』, 국제문화재단 출판부, 1979.

서문 …… 전신용

2. 韓國文化 시리즈 別卷

① 『한국문화의 제문제』, 국제문화재단 출판부, 1981.

<제1부>

〈제2부〉

주식회사의 감사제도에 대한 약간의 문제 ················· 서돈각

신 국제경제질서의 역사적 배경································ 조규갑

해협 통항권에 관한 소련의 실천 ····························· 김찬규

해양법에 관한 소련의 태도····································· 김득주

해저개발에 따른 해양 경계획정에 관한 고찰 ·············· 이영준

유엔총회 결의의 집단적 합법성 부여기능 연구 ············ 이광호

② 『한국인과 한국문화』, 김포대학 출판부, 1996.

서 문 ··· 전신용

〈제Ⅰ편 : 한국인의 생활상〉

한국인의 해학 ·· 백 철·장덕순

한국인의 생활풍습 ·· 소광희·김열규

한국인의 에로스 ································ 김열규·이부영·주종연

한국인의 전통여성 ······························ 박용옥·조혜정·조옥라

〈제Ⅱ편 : 한국문화의 특성〉

한국의 선비 문화 ································ 이광린·이우성·최영호

한국의 불교 문화 ·· 서경수·김철준

한국의 민속 문화 ·· 임석재·김열규

기념사 ··· 여석기

3. 韓國文化選集 시리즈

① 『한국문화의 뿌리』, 일조각, 1989.

머리말 ··· 김열규

〈제1편 : 가문과 인간〉

집 ·· 김열규·성현경·조옥라

조선조 문학의 이상적 인간상················· 김열규·성현경·정하영

여성 ··· 박용옥·조혜정·조옥라

한국 남녀의 에로스 ······························ 김열규·이부영·주종연

무덤 ··· 김기웅·김병모·김열규

<제2편 : 문화와 의식>

아리랑 ·· 김열규·권오성·이보형

원한 ··· 김열규·오세영·강진옥

굿과 놀이 ·· 김열규·이상일·황루시

도깨비 ·· 김열규·이부영·이상일

믿음 ··· 김열규·서경수·정진홍

② 『한국의 무속문화』, 도서출판 박이정, 1998.

머리말 ··· 전신용

한국 샤마니즘의 정의 ····································· 김태곤

한국 무속의 특성 ··· 황루시

한국 신화와 무속 ··· 김열규

한국의 무가 ·· 서대석

무속의 축제와 놀이 ·· 이상일

진정 '신딸'은 아니었지만 ································ 로렐 켄달

굿과 놀이(對談) ··································· 김열규·이상일·황류시

국제문화재단 설립 30년을 회고하며························ 여석기

③ 『암행어사란 무엇인가』, 도서출판 박이정, 1999.

머리말 ··· 전신용

국왕의 귀와 눈, 암행어사 ································· 심희기

암행어사 제도의 운영과 지방통지·························· 고석규

암행어사 이야기 ··· 최래옥

설화에 나타난 암행어사 박문수 ··························· 최운식

<춘향전>을 통해 본 암행어사 이야기······················ 설성경

암행어사 소설 : 신원(伸寃)과 복수의 이야기 ················ 육재용

문학과 암행어사(對談)··················설성경·육재용·최래옥·최운식

④『한국의 풍수문화』, 도서출판 박이정, 2002.

머리말 …………………………………………………… 전신용
도선의 풍수지리설과 고려의 건국이념 ……………………… 최병헌
한국 자생풍수의 특성 ……………………………………… 최창조
양택풍수와 한국 전통 건축 ………………………………… 이상해
설화에 나타난 한국인의 풍수의식 …………………………… 최운식
한국 신화와 고소설에 나타난 풍수설 ………………………… 김창진
소설 〈명당〉에 나타난 한국인의 풍수의식 …………………… 육재용
한국인과 풍수(대담) ……………………… 김창진·육재용·최운식

⑤『한국의 판소리문화』, 도서출판 박이정, 2003.

머리말 …………………………………………………… 전신용
생활 속의 판소리문화 ……………………………………… 김대행
판소리와 한국 예술의 표현 특질 ……………………………… 김현주
판소리의 공연 방식과 사회 · 문화적 위상 …………………… 김종철
판소리 성음의 음악적 특징과 그 변화 ………………………… 박일용
판소리와 지역문화 ………………………………………… 김기형
한국문화와 판소리(대담) ………………………… 김종철·김현주·박일용
국제문화재단 설립 35주년을 기념하며 ………………………… 이현재

⑥『한국의 규방문화』, 도서출판 박이정, 2005.

머리말 …………………………………………………… 전신용
규방 공간의 형성과 여성문화 ………………………………… 김경미
조선시대 규방의 일상문화 …………………………………… 조혜란
규방의 한시문화와 가족 시회 ………………………………… 박무영
규방 여성의 교육문화 ……………………………………… 이숙인
규방 여성의 외출과 놀이 : 규제와 위반 그 틈새 ………… 정지영
규방문화 : 여성의 이야기가 있는 처소 ………………………… 임옥희

한국 여성문화의 전통과 규방(대담) ……… 김경미·이숙인·정지영

⑦ 『한국의 아리랑문화』, 도서출판 박이정, 2011.

머리말 …………………………………………………… 전신용
아리랑이란 무엇인가? ………………………………… 김태준
아리랑, 그 길고 긴 내력 ……………………………… 김연갑
아리랑의 분포와 그 양상 …………………………… 김연갑
여러 아리랑의 음악적 특징 ………………………… 김한순